A Execução dos Estados Estrangeiros e das Organizações Internacionais

Janaína Alcântara Vilela

Mestre em Direito do Trabalho Stricto Sensu pela PUC MInas (CAPES 5). Pesquisadora junto à PUC/Minas. Integrante do Grupo de Pesquisa do Instituto de Iniciação Científica de Direito, Constituição e Processo José Alfredo de Oliveira Baracho (IICCP). Especialista em Direito de Empresa pelo IEC — Instituto de Educação Continuada da PUC/MG. Especialista em Direito e Processo do Trabalho pela Universidade Anhanguera-UNIDERP. Bacharel em Direito pela Pontifícia Universidade Católica de Minas Gerais. Coordenadora de pesquisas acadêmicas da área de Processo do Trabalho do Núcleo Acadêmico de Pesquisa (NAP). Advogada. Professora Universitária.

A Execução dos Estados Estrangeiros e das Organizações Internacionais

EDITORA LTDA.
© Todos os direitos reservados

Rua Jaguaribe, 571
CEP 01224-001
São Paulo, SP – Brasil
Fone: (11) 2167-1101
www.ltr.com.br

Produção Gráfica e Editoração Eletrônica: Peter Fritz Strotbek
Projeto de Capa: Fabio Giglio
Impressão: Pimenta Gráfica e Editora

LTr 5113.2
Janeiro, 2015

Dados Internacionais de Catalogação na Publicação (CIP)
(Câmara Brasileira do Livro, SP, Brasil)

Vilela, Janaína Alcântara
    A execução dos Estados estrangeiros e as organizações internacionais / Janaína Alcântara Vilela. — São Paulo : LTr, 2015.

    Bibliografia.
    ISBN 978-85-361-3174-0

    1. Direitos fundamentais 2. Direito internacional 3. Organizações internacionais I. Título.

14-09032   CDU-341.1

Índice para catálogo sistemático:

1. Organizações internacionais : Direito internacional   341.1

*Aos meus pais, Elson e Sônia,
por fazerem dos meus sonhos os seus,
e por me ensinarem que amor,
determinação, dignidade e humildade
são valores para toda a vida.*

Agradecimentos

Agradeço aos meus pais, pelo amor e pelo apoio incondicional em toda a minha trajetória de vida. Sem eles, nada disso seria possível. À minha mãe, guerreira incansável, que me ensinou a nunca desistir dos sonhos e sempre lutar para torná-los realidade. Ao meu pai, pelo exemplo de profissional a ser seguido.

À minha irmã Tâmara, pelo carinho, pela amizade, pela alegria e pela confiança que sempre pontuou nossa relação.

Ao professor Dr. Vitor Salino de Moura Eça, querido orientador, que sempre com muita inteligência, gentileza, paciência e atenção, norteou-me com profissionalismo impecável e digno de elogios e de gratidão.

Aos demais professores do curso de Pós-Graduação em Direito da PUC Minas, pelas maravilhosas aulas, sempre motivadoras e que muito contribuíram para meu crescimento e aprendizado.

Aos colegas do curso de Mestrado, pelo companheirismo e pelo conhecimento compartilhado durante as aulas.

A todos os meus amigos que, ainda que não citados, estão guardados no coração. Cada qual, a seu modo, me ajudou na concretização deste trabalho.

Agradeço também àquelas pessoas que, direta ou indiretamente, contribuíram com a elaboração deste texto.

A todos vocês, o meu "Muito Obrigada"!

Sumário

Abreviaturas e Siglas 11

Prefácio 13

Introdução 15

1 — Direitos Fundamentais Sociais 20
1.1. Direitos Fundamentais e Direitos Sociais 20
1.2. As dimensões dos direitos humanos 21
1.3. Os direitos fundamentais sociais na constituição federal de 1988 24
    1.3.1. Eficácia dos direitos fundamentais sociais 25
    1.3.2. Efetivação judicial dos direitos fundamentais sociais 26
1.4. Reserva do possível e mínimo existencial 28

2 — Jurisdição e Competência 30
2.1. Conceito de jurisdição 30
2.2. Princípios inerentes à jurisdição 35
2.3. Características e finalidades da jurisdição 37
2.4. Conceito de competência 40
    2.4.1. A competência, nos dizeres de Fredie Didier Jr. (2009, p. 106), é exatamente o resultado de critérios para distribuir entre vários órgãos as atribuições relativas ao desempenho da jurisdição. A competência é o poder de exercer a jurisdição nos limites estabelecidos por lei 40
2.5. Competência jurisdicional internacional 41
    2.5.1. A dificuldade para distinguir jurisdição e competência agrava-se diante da existência de uma terceira ordem de limites ao poder de julgar chamada "competência internacional", terminologia que se deve na visão de Hélio Tornaghi a uma "convenção tácita" entre os autores de Direito Internacional Privado e de Processo. (MADRUGA FILHO, 2003, p. 78) 41
2.6. Competência Internacional da Justiça do Trabalho 43

3 — Entes de Direito Público Externo 49
3.1. Conceito e características 49

3.2. Estados estrangeiros.. 51

3.3. Organizações internacionais 54

4 — Imunidade de Jurisdição 63

4.1. Considerações sobre a origem da imunidade de jurisdição............ 64

    4.1.1. Das pessoas imunes à jurisdição: diplomatas e cônsules 65

4.2. Imunidade de jurisdição do estado estrangeiro 71

4.3. A teoria da imunidade de jurisdição absoluta................................. 75

4.4. A relativização do conceito de imunidade 78

4.5. Atos de império e atos de gestão.. 79

4.6. Imunidade de jurisdição na visão trabalhista 80

4.7. A jurisprudência de Portugal: estudo de caso — imunidade relativa de jurisdição 87

4.8. Imunidade de jurisdição das organizações internacionais: absoluta ou relativa?... 91

    4.8.1. Novo entendimento do Tribunal Superior do Trabalho sobre imunidade das Organizações Internacionais – OJ n. 416 SDI-I e suas implicações . 95

5 — Imunidade de Execução 99

5.1. A diferenciação dos termos: imunidade de jurisdição e imunidade de execução 99

5.2. A execução contra estado estrangeiro... 100

    5.2.1. Da renúncia à imunidade de jurisdição e de execução 102

    5.2.2. A penhora de bens dos estados estrangeiros 105

    5.2.3. A penhora em contas bancárias dos estados estrangeiros 108

5.3. A execução contra organismos internacionais................................ 112

5.4. Posição dos tribunais pátrios sobre a imunidade de execução 114

    5.4.1. A questão do pagamento pelo débito judicial trabalhista dos Estados estrangeiros e das Organizações Internacionais: a União é ou não responsável?... 119

Conclusão 127

Referências Bibliográficas 131

Anexo A – Convenção de Viena sobre Relações Diplomáticas de 1961................ 139

Anexo B – Convenção de Viena sobre Relações Consulares de 1963.................... 150

Abreviaturas e Siglas

CDI .... Comissão de Direito Internacional
CECA .... Comunidade Europeia do Carvão e do Aço
CEE .... Comunidade Econômica Europeia
CF/88 .... Constituição Federal de 1988
CIJ .... Comissão Internacional de Justiça
DI .... Direito Internacional
DIP .... Direito Internacional Público
DJT .... Diário da Justiça do Trabalho
ECOSOC ..... Conselho Econômico e Social das Nações Unidas
EURATOM... Comunidade Europeia de Energia Atômica
FMI .... Fundo Monetário Internacional
GATT .... Acordo Geral de Tarifas Alfandegárias e Comércio
IATA .... Internacional Air Transport Association
OACI .... Organização da Aviação Civil Internacional
OCDE .... Organização de Cooperação e Desenvolvimento Econômico
OEA .... Organização dos Estados Americanos
OI .... Organizações Internacionais e/ou Organismos Internacionais
OIT .... Organização Internacional do Trabalho
OJ .... Orientações Jurisprudenciais
OMS .... Organização Mundial de Saúde
ONG .... Organização Não Governamental
ONU .... Organização das Nações Unidas
OTAN .... Organização do Tratado do Atlântico Norte
OUA .... Organização da Unidade Africana
PNUD .... Programa de Desenvolvimento das Nações Unidas
SDI .... Seção de Dissídios Individuais
SEATO .... Organização do Tratado do Sudeste Asiático
STF .... Supremo Tribunal Federal

STJ .... Superior Tribunal de Justiça
TRT .... Tribunal Regional do Trabalho
TST .... Tribunal Superior do Trabalho
UNESCO ...... Organização das Nações Unidas para a Educação, Ciência e Cultura
UNICE .... Fundo das Nações Unidas para a Infância

Prefácio

Prefaciar o livro da *Professora Ms. Janaína Alcântara Vilela* é motivo de imensa satisfação. Ele é fruto de sua Dissertação de Mestrado, apresentado junto ao prestigiado Programa de Pós-graduação em Direito da PUC-Minas, qualificado com a mais alta distinção da área de direito — *CAPES 6*, trabalho este que contou com o excelente acolhimento pela banca examinadora, a qual eu tive a honra de presidir, na qualidade de orientador, e também composta pelos Professores Doutores Rodolfo Pamplona Filho, da UFBA e do Professor Doutor Milton Vasques Thibau de Almeida, da Universidade de Itaúna.

A realização agora é oferecida ao público ampliado, pelo selo da LTr Editora, com o título *A Execução dos Estados Estrangeiros e das Organizações Internacionais*, e consiste do suprimento de imensa lacuna editorial no setor, especialmente com aplicação no campo do Direito Processual do Trabalho.

Após fazer importantes digressões sobre os direitos fundamentais sociais e o clássico tema da jurisdição e competência internacional da Justiça do Trabalho, perpassa pelo conceito e características dos Estados Estrangeiros e Organismos Internacionais, para, com arrojo e criatividade enfrentar o problema da imunidade de jurisdição.

A evolução da Teoria da Imunidade Absoluta, sua aproximação com a relativização do conceito de imunidade e a compreensão de tais fenômenos por parte dos tribunais superiores e arrimo na mais abalizada doutrina torna a obra atraente do cultor do direito e extraordinariamente útil aos profissionais de lidam com estes complexos tema em suas áreas de atuação.

O peculiar tratamento da execução trabalhista de Organismos Internacionais também conta com minuciosa análise, com o notável foco de se efetivar o cumprimento das decisões judiciais, porquanto não nos parece razoável que o ente venha ao país, desfrute da mão de obra brasileira e depois cogite de deixar de honrar créditos existenciais.

Este livro transcende ao escopo monotemático, contribuí com o Direito Internacional e com o Direito Processual, mas, sobretudo significa verdadeira afirmação do direito do trabalhador e inova no plano da execução trabalhista. E o que é melhor, dando-lhes efetividade.

Uma obra indispensável em qualquer biblioteca. Recomendo-lhes uma boa leitura, com um abraço respeitoso e fraternal.

Belo Horizonte, setembro de 2014.

Prof. Dr. Vitor Salino de Moura Eça
Professor Permanente do Programa de Pós-graduação em Direito
— Mestrado e Doutorado em Direito da PUC-Minas. Pós-doutor
em Direito Processual Comparado. Doutor em Direito Processual.
Mestre em Direito do Trabalho. Especialista em Direito Empresarial.
Juiz do Trabalho junto ao TRT da 3ª Região.

Introdução

Os direitos sociais são direitos fundamentais de segunda dimensão, tendo como finalidade garantir a existência humana digna, assim como promover a justiça social. Relacionam-se, por natureza, aos direitos da igualdade. O pleno exercício dos direitos sociais exprime a manifestação da liberdade, da igualdade e da dignidade da pessoa humana.

Pertencem à categoria dos direitos humanos, apresentando proteção ao sistema internacional. Assim, os direitos sociais são tutelados pela ordem constitucional, que consagra o Estado Democrático e Social de Direito, apregoado pela Constituição Federal de 1988.

No entanto, a realidade econômica e social em que se vive no Brasil ainda deixa muitos brasileiros à margem do gozo pleno da cidadania. Isto porque não conseguem a necessária efetivação dos direitos sociais, que estão elencados na Carta Magna de 1988 e dizem respeito a todos os cidadãos brasileiros.

Diante disso, percebe-se que a pouca efetividade e a pouca eficácia desses direitos constituem obstáculo fundamental para a sua implementação. A ausência de políticas públicas prioritárias e a tímida atuação do Poder Judiciário, também, contribuem para que os direitos sociais não sejam garantidos de forma eficaz na sociedade atual.

Dessa forma, o presente trabalho visa contribuir de modo propositivo para a efetivação e a afirmação dos direitos sociais decorrentes do trabalho. A execução dos Estados estrangeiros e das Organizações Internacionais, tal como se mostra no panorama atual, não se afigura como capaz de promover a efetividade dos direitos sociais listados na Carta Magna de 1988, especialmente para aqueles nacionais que laboram nas embaixadas e nos consulados dos países estrangeiros sediados no Brasil.

Atualmente, quando um ente internacional contrata empregados no Brasil e estes se sentem lesados, invocando a tutela jurisdicional para ter cumpridos os seus direitos trabalhistas, eles veem, na imunidade de jurisdição e de execução, um entrave.

A imunidade de jurisdição e de execução dos Estados, regradas pelo Direito Internacional Público, tem enfrentado obstáculos perante o Judiciário brasileiro no que concerne à proteção dos cidadãos envolvidos em relações jurídicas com entes de direito público externo no país.

Entende-se por imunidade de jurisdição a regra do Direito Internacional, na qual os Estados são soberanos e têm igualdade de tratamento no plano internacional. Ela se traduz na máxima *par in parem non habet judicium,* que quer dizer que nenhum Estado soberano é obrigado a se submeter a julgamento ou tribunais de outro Estado-membro.

Percebe-se que a imunidade de jurisdição envolve princípios da soberania dos Estados, igualdade jurídica entre os entes internacionais, prevalência dos direitos humanos bem como legalidade e relação entre o direito interno e o internacional.

Já em relação à imunidade de execução, o tema é ainda mais controverso e polêmico, uma vez que se discute a possibilidade dos entes de direito público externo terem penhorados seus bens no país acreditante para pagamento de débitos de natureza trabalhista e para execução das sentenças aqui proferidas.

Essa dissertação desenvolveu-se nesse contexto, baseada em obras doutrinárias, decisões de tribunais nacionais e estrangeiros, legislação, Convenções Internacionais, jurisprudência nacional e pesquisa em legislação e tribunais estrangeiros. Tudo isto visando buscar um ponto de ligação entre as diversas fontes de pesquisa para fundamentar a posição aqui defendida, qual seja, a de que a União é responsável pelo inadimplemento do débito imputado ao Estado estrangeiro, baseado na teoria do risco administrativo ou integral, que serve de fundamento para a responsabilidade objetiva do Estado, e na teoria do risco social.

A justificativa pelo tema deu-se em razão da atualidade, enfocando-o de forma interdisciplinar, sugerindo um novo caminho possível a ser trilhado. Optou-se por apresentar o texto em cinco capítulos (segundo ao sexto), além da introdução e da conclusão.

No segundo capítulo dessa dissertação, principia-se a fundamentação do seu objeto. Nele, foram apresentados os direitos fundamentais sociais. Expôs-se a diferença entre direitos fundamentais e direitos humanos, relacionando as dimensões dos direitos humanos e apontando os direitos fundamentais sociais expostos na Carta de 1988. Ademais, explica-se a eficácia e a efetividade destes direitos, bem como as teorias que os cercam, como a teoria da reserva do possível e do mínimo existencial.

Concentra-se o foco desse capítulo nos direitos fundamentais de segunda dimensão, visto que são mais abrangentes que os direitos de cunho prestacional, inobstante o cunho positivo possa ser considerado marco decisivo da segunda dimensão dos direitos fundamentais.

Ademais, a utilização da palavra 'social' na expressão 'direitos fundamentais sociais' encontra justificativa no fato de tais direitos representarem o princípio da justiça social, além de corresponderem às reivindicações das classes menos favorecidas, em virtude da extrema desigualdade que caracterizava e ainda caracteriza as relações com a classe empregadora.

Assim, nesse capítulo inicial, busca-se analisar os direitos fundamentais sociais com o objetivo de apontar argumentos para fomentar a discussão além de sugerir possíveis soluções para sua efetividade e concretização frente às demandas em que litigam entes internacionais.

No terceiro capítulo, aborda-se o tema jurisdição e competência. Procura-se conceituar o fenômeno da jurisdição, por meio do estudo de vários processualistas citados ao longo do texto, determinando qual o conceito que melhor atende à definição do que seja jurisdição. Além disso, foram apresentados os princípios inerentes à jurisdição, explicando, cada qual, seus significados e peculiaridades. Também, se esboçaram as finalidades e as características da jurisdição com o intuito de trazer ao leitor uma explicação minuciosa sobre o que seja de fato jurisdição e como ela se processa.

Ainda nesse capítulo, analisou-se o conceito de competência, diferenciando-o de jurisdição, bem como foi demonstrado como se delimita a competência jurisdicional internacional no Brasil e como se aplica a competência internacional da Justiça do Trabalho no país com suas regras e limitações.

O estudo desse capítulo é importante, tendo em vista que as definições sobre competência e jurisdição são comumente confundidas em relação dos seus contentos por alguns operadores do direito. Por isso, necessária a análise desses institutos para o estudo da execução dos entes internacionais.

A jurisdição é entendida como função soberana do Estado em distribuir justiça ao compor as *lides*. O vocábulo tem origem no latim cujo significado literal é "dizer ou indicar o direito". No tocante aos seus limites, esbarra-se na questão da competência do Judiciário de um país frente a outro Estado soberano. Deste modo, há casos em que o magistrado nacional não será competente para apreciar determinada matéria. Vislumbra-se, pois, situação delicada. Eis que se devem manter boas relações internacionais, pois algumas circunstâncias não envolvem apenas o aspecto jurídico.

Todos os juízes exercem jurisdição, mas a exercem em uma certa medida, obedientes a limites preestabelecidos. São, pois, competentes somente para processar e julgar determinadas causas. A competência, assim, é "a medida da jurisdição", ou, ainda, é a jurisdição na medida em que pode e deve ser exercida pelo juiz.

Analisadas essas premissas, é estabelecida, no capítulo seguinte, uma visão geral sobre os entes de direito público externo, mais particularmente sobre dois deles: os Estados estrangeiros e as Organizações Internacionais. Neste ponto da pesquisa, abordam-se o conceito e as características e adentra-se nas peculiaridades desses entes internacionais, tais como: surgimento, definição, classificação e personalidade jurídica, importantes para a adequada compreensão do tema proposto.

Os entes de direito público externo nada mais são do que os próprios sujeitos do Direito Internacional Público. Chamados por alguns doutrinadores de "pessoas internacionais", estes entes, até o final do século XIX, eram representados pelos Estados estrangeiros e pela Santa Sé, não se fazendo menção às Organizações Internacionais.

No entanto, com a evolução, novas figuras foram surgindo, e os Estados, assim, perderam o monopólio das relações internacionais. Em meados do século XX, as Organizações Internacionais proliferaram-se e ingressaram no mundo jurídico como sujeitos de Direito Internacional Público. As mencionadas figuras foram criadas por tratados, com estrutura e constituições variadas, conforme sua finalidade. Exprimem vontade própria, distinta da vontade dos Estados-membros.

No quinto capítulo, estão concentradas as principais discussões referentes ao trabalho sobre a imunidade de jurisdição dos Estados estrangeiros e das Organizações

Internacionais. O início do capítulo traz o esboço sobre a origem da imunidade de jurisdição, além da abordagem de quais pessoas são imunes à jurisdição para, depois, adentrar propriamente no tema da imunidade de jurisdição dos Estados estrangeiros. Explicam-se, ainda, as teorias da imunidade absoluta e relativa e, também, além da origem da relatividade da imunidade de jurisdição nos Estados estrangeiros. Este capítulo informa, ainda, o que são e quais são as diferenças na doutrina para a conceituação dos atos de império e de gestão. Aduz-se como se apresenta a imunidade de jurisdição na visão trabalhista, colacionando a jurisprudência brasileira sobre o tema e mostrando notícias da relatividade da jurisdição em Portugal,confrontando o estudo de caso português ao trabalho.

A dissertação analisa ainda as jurisprudências e as Súmulas do Superior Tribunal de Justiça, do Supremo Tribunal Federal e, também, do Tribunal Superior do Trabalho. Nota-se que a jurisprudência brasileira tem evoluído no sentido de tornar relativa a imunidade de jurisdição que antes era absoluta. A evolução não é somente no Brasil, mas também no âmbito internacional. Países como Portugal já evoluíram em sua doutrina e jurisprudência de maneira tal a tornar majoritário o entendimento de que a imunidade de jurisdição é relativa. Isto se comprova por meio de julgados do Tribunal da Relação de Lisboa e do Supremo Tribunal de Justiça de Lisboa presentes no trabalho.

Por fim, ainda no quinto capítulo, adentra-se no tema da imunidade de jurisdição das Organizações Internacionais, em que se procura demonstrar as teorias absoluta e relativa da imunidade destes entes, decidindo-se por uma delas. Aliado a isto, o trabalho traz a jurisprudência dos tribunais pátrios sobre a imunidade de jurisdição em relação aos Estados Estrangeiros e às Organizações Internacionais.

Ademais, apresenta-se o tema da imunidade de jurisdição, também, na visão das Organizações Internacionais, explicitando os principais obstáculos para estas entidades na aplicação da imunidade e, expõe-se, ainda, o novo posicionamento do Tribunal Superior do Trabalho sobre a imunidade de jurisdição dos Organismos Internacionais, com seus argumentos e jurisprudência.

O sexto e último capítulo, aborda a diferenciação dos termos imunidade de jurisdição e de execução. Em seguida, é tratada a execução contra os Estados estrangeiros, abordando a renúncia à imunidade de jurisdição e execução deste ente internacional, bem como a penhora dos seus bens e contas bancárias.

O capítulo trata ainda da execução contra os Organismos Internacionais, demonstrando os principais problemas para se executar os bens dos entes mencionados. Somado a isto, informa, também, a posição dos tribunais pátrios quanto à imunidade de execução e como os tribunais brasileiros vêm lidando com as execuções travadas em território nacional. Por fim, busca-se apontar possíveis saídas ao problema da execução contra os entes internacionais, demonstrando a possibilidade de ser a União responsável pelo pagamento da dívida trabalhista deixada por tais entidades no país.

Esse capítulo é de fundamental importância para o trabalho proposto, tendo em vista que o impasse verdadeiro surge quando o ente de direito público Externo é condenado por meio de uma decisão trabalhista, sendo examinada a questão da responsabilidade da União pelo pagamento do crédito de natureza alimentar devido ao empregado.

Parte da doutrina defende que o reconhecimento da imunidade soberana nega o acesso à jurisdição e enseja a responsabilidade objetiva do Estado brasileiro, notadamente a União, por ser a condutora das relações internacionais. Para os que advogam a favor desta corrente doutrinária, o ônus suportado pelo particular deve ser distribuído entre toda a sociedade, sob pena de ofensa ao princípio da igualdade.

Assim, a presente pesquisa almeja trazer fundamentos para propiciar o debate sobre a execução dos Estados estrangeiros e das Organizações Internacionais, como fator de efetividade dos direitos sociais trabalhistas, e sobre a responsabilização da União pelo pagamento de débitos judiciais deixados no país pelos entes internacionais, tendo por embasamento a teoria do risco administrativo ou integral, bem como a teoria do risco social.

1 — Direitos Fundamentais Sociais

1.1. Direitos Fundamentais e Direitos Sociais

Um conceito homogêneo acerca da diferenciação do que seja direitos fundamentais e direitos humanos não é encontrado em nenhuma doutrina, tão pouco há consenso entre os doutrinadores.

Todavia, Ingo Wolfgang Sarlet apresenta distinção para os termos. Denomina-se direitos fundamentais "aqueles direitos do ser humano reconhecidos e positivados na esfera do direito constitucional positivo de determinado Estado", sendo os direitos humanos "os que guardariam relação com os documentos de Direito Internacional por referir-se àquelas posições jurídicas que se reconhecem ao ser humano como tal, independente de sua vinculação com determinada ordem constitucional." (SARLET, 2011, p. 29).

A expressão "direitos fundamentais" foi cunhada pelo Constituinte brasileiro inspirada na Lei Fundamental da Alemanha de 1949 e na Constituição portuguesa de 1976. Com isso, rompeu-se com a tradição do direito constitucional positivo, uma vez que na Constituição de 1824 falava-se em "Garantias dos Direitos Civis e Políticos dos Cidadãos Brasileiros", ao passo que na Constituição de 1891, apenas continha a expressão "Declaração de Direitos". Foi somente com a Constituição 1934 que se utilizou, pela primeira vez, a expressão "Direitos e Garantias Individuais." (DIMOULIS; MARTIS, 2001. p. 13).

Entende-se que, os direitos humanos são inerentes a todo ser humano, em qualquer lugar, onde quer que esteja. Por isso, são mais abrangentes, enquanto os direitos fundamentais são aqueles que se encontram positivados em cada Estado. Vinculam-se, portanto, às pessoas que pertencem ou moram em determinado Estado. Obedecem à hierarquia jurídica e possuem caráter vinculante ao sistema jurídico do qual fazem parte.

O jurista hispânico Pérez Lunõ, segundo Sarlet, entende que o critério mais adequado para determinar a diferenciação entre direitos humanos e direitos fundamentais reside no critério da concreção positiva. Assim ensina:

> [...] o termo direitos humanos se revelou conceito de contornos mais amplos e imprecisos que a noção de direitos fundamentais, de tal sorte que estes possuem sentido mais preciso e restrito, na medida em que constituem o conjunto de direitos e liberdades institucionalmente reconhecidos e garantidos pelo direito positivo de determinado Estado, tratando-se, portanto, de direitos delimitados espacial e temporalmente, cuja denominação se deve ao seu caráter básico e fundamentador do sistema jurídico do Estado de Direitos. (LUNÕ *apud* SARLET, 2011. p. 31).

A distinção entre tais termos também pode partir de uma concepção jusnaturalista para os direitos humanos, visto que são direitos inerentes à própria condição e dignidade humana, enquanto os direitos fundamentais dizem respeito a uma perspectiva positivista. Assim, tem-se que os direitos humanos acabam se transformando em direitos fundamentais, sendo incorporados ao direito positivo dos Estados. Apenas deste modo, adquirem hierarquia jurídica e força vinculante em relação aos demais poderes do Estado. (SARLET, 2011. p. 32).

Entretanto, cumpre ressaltar que a efetividade de cada um dos termos é diferente, ou seja, o grau de efetiva aplicação e proteção das normas consagradoras dos direitos fundamentais (direito interno) e dos direitos humanos (Direito Internacional) apresenta diferenças, segundo Sarlet (2011, p. 33). Para ele:

> os direitos fundamentais — ao menos em regra — atingem (ou, pelo menos, estão em melhores condições para isto) o maior grau de efetivação, particularmente em face da existência de instâncias (especialmente as judiciárias) dotadas do poder de fazer respeitar e realizar estes direitos. (SARLET, 2011. p. 33).

Assim, os direitos humanos são inerentes à pessoa humana, reconhecidos como verdadeiros para todos os Estados e positivados nas diversas Convenções e Tratados Internacionais. No entanto, para serem efetivados, dependem da boa vontade e da cooperação dos Estados individualmente considerados, como ensina Ingo Sarlet (2011, p. 34).

Ademais, aqueles direitos humanos que não integram o rol dos direitos fundamentais de determinado Estado, para terem eficácia jurídica e social, dependerão da recepção da ordem interna deste Estado e do *status* jurídico que lhe será atribuído, sob pena da falta da necessária obrigatoriedade.

1.2. As dimensões dos direitos humanos

A classificação dos direitos humanos em gerações é criticada por ampla doutrina nacional e internacional, tendo em vista que o surgimento de novos direitos fundamentais, ao longo da história e da evolução das sociedades, apresenta caráter cumulativo. Assim, o termo "geração" encontra-se ultrapassado, posto que não exprime o significado de complementaridade ou de aglutinação de valores, podendo expressar, erroneamente, o entendimento de substituição de uma geração por outra.

Dessa forma, faz-se mais correto o vocábulo "dimensões" para designar as várias etapas de expansão e aquisição de novos direitos fundamentais ao longo da evolução da sociedade, no decorrer dos séculos da história.

Cumpre, ainda, esclarecer que as dimensões abordadas não são estanques e se comunicam, visto que uma não exclui a outra, diante do caráter de indivisibilidade e interdependência.

A primeira dimensão dos direitos humanos finca suas raízes na doutrina iluminista e jusnaturalista do século XVII e XVIII. Nesta época, predominava o pensamento liberal-burguês, de cunho notadamente individualista. O Estado apresenta-se com a finalidade de preservar a liberdade do indivíduo. A primeira dimensão é caracterizada pelos direitos civis e políticos encontrados nos primeiros instrumentos constitucionais vigentes da época. Os direitos de primeira dimensão ou direitos da liberdade, como ensinado por Bonavides, "têm por titular o indivíduo, são oponíveis ao Estado, traduzem-se como faculdades ou atributos da pessoa e ostentam uma subjetividade que é seu traço mais característico." (BONAVIDES, 2011. p. 563).

Apresentam-se como direitos de cunho negativo, pois são dirigidos à prática da abstenção, ou seja, a não intervenção do Estado, sendo considerados direitos de resistência ou de oposição, segundo Paulo Bonavides (2011, p. 564). São exemplos desses direitos de primeira dimensão o direito à vida, à liberdade, à igualdade, à propriedade, à liberdade de expressão, à reunião, ao culto, à associação e o direito de participação política.

A segunda dimensão dos direitos relaciona-se aos direitos sociais, culturais e econômicos. Nasceram em meio à industrialização e aos graves problemas sociais e econômicos, que permearam toda a doutrina socialista. Trouxeram reivindicações de direitos por meio dos movimentos sociais em fins do século XIX e início do século XX.

A tônica desses direitos consiste em uma dimensão positiva, ou seja, não se cuida mais de evitar a intervenção do Estado na esfera da liberdade individual, mas, sim, de propiciar um direito de participar do bem-estar social. (LAFER, 1991. p. 126).

Assim, tais direitos de segunda dimensão têm como características outorgarem aos indivíduos direitos e prestações sociais estatais, tais como saúde, educação, trabalho, entre outros. A Constituição de Weimar de 1919 e a Constituição Mexicana de 1917 influenciaram de modo decisivo a positivação destes direitos nos instrumentos constitucionais que surgiram pós-guerra. (SARLET, 2011. p. 47).

Os direitos de segunda dimensão simbolizam o princípio da justiça social, como argumenta Sarlet (2011, p. 48), pois correspondem às reivindicações das classes menos favorecidas, ou seja, da classe operária, em virtude da extrema desigualdade que caracterizavam as relações com a classe empregadora, detentora de maior poder econômico. São exemplos desses direitos o direito à moradia, ao trabalho, à educação, aos direitos trabalhistas, à segurança social, à liberdade de sindicalização e de greve, entre outros.

A terceira dimensão dos direitos humanos é caracterizada pela fraternidade ou solidariedade. Cristalizaram-se em fins do século XX, sendo direitos que não se destinam especificamente à proteção dos interesses de um indivíduo. São voltados à proteção de grupos humanos, ao povo, sendo de titularidade coletiva ou difusa, como ensina Lafer (1991, p. 131).

Esses direitos relacionam-se com o direito à paz, à autodeterminação dos povos, ao desenvolvimento, ao meio ambiente e à qualidade de vida. Surgiram devido às novas aspirações do ser humano e à constante evolução da sociedade. O impacto tecnológico e o processo de descolonização após a Segunda Guerra Mundial acarretaram reflexos na formação da terceira dimensão dos direitos humanos.

A titularidade nessa fase dos direitos pertence à coletividade, muitas vezes indefinida ou indeterminável, que reclama novas formas de garantia e proteção desses direitos. Percebe-se que, a maior parte destes direitos tem íntima ligação com o princípio da dignidade da pessoa humana, pois estão vinculados à ideia de liberdade e autonomia, assim como à proteção da vida e outros bens fundamentais contra o Estado ou particulares, como salienta Sarlet (2011, p. 50).

Paulo Bonavides (2011, p. 571) ainda defende a existência de uma quarta dimensão dos direitos humanos, que seria representada pelo direito à paz, à democracia, à informação e ao pluralismo. Para ele, estes direitos nascem do resultado da globalização dos direitos fundamentais. A globalização política, na esfera da normatividade jurídica, introduz tais direitos que correspondem à derradeira fase de institucionalização do Estado Social. Globalizar direitos fundamentais equivale a universalizá-los no campo institucional. Só assim aufere humanização e legitimidade.

Esse mesmo autor acrescenta, como quinta dimensão de direitos fundamentais, o direito à paz. A concepção de tal direito no âmbito da normatividade jurídica configura um dos mais notáveis progressos já alcançados pela teoria dos direitos fundamentais. (BONAVIDES, 2011. p. 579).

A paz é corolário de todas as justificações em que a razão humana, sob o pálio da lei e da justiça, fundamenta o ato de reger a sociedade, de modo a punir o terrorista, julgar o criminoso de guerra, encarcerar o torturador, manter invioláveis as bases do pacto social, estabelecer e conservar, por intangíveis, as regras, os princípios e as cláusulas da comunhão política, segundo adverte Paulo Bonavides (2011, p. 590).

Classificando a paz como direito fundamental, torna-a uma espécie de poder constituinte moral que, ao lhe prescrever o reconhecimento normativo, cria um novo direito e busca, desta forma, garantir a sobrevivência do homem na idade dos artefatos nucleares e da explosão tecnológica.

Para Bonavides (2011, p. 593), a paz é axioma da democracia, tendo cunho participativo, com seus instrumentos, com sua teoria, com seus valores de igualdade e de justiça social, traduzindo-se, nas palavras do autor, no "supremo direito da Humanidade."

Nota-se, pois, que se trata de um direito já inscrito e positivado na Carta Magna de 1988, mas que ficou adormecido ao colocá-lo juntamente com os direitos de terceira dimensão. Por isso, sua relevância em torná-lo direito fundamental de quinta dimensão.

Insta esclarecer que o conceito de paz aqui será em sua dimensão perpétua, em seu caráter universal, em sua feição agregativa de solidariedade, em seu plano harmonizador de todas as etnias, de todas as culturas, de todos os sistemas, de todas as crenças, que a fé e a dignidade do homem propugnam, reivindicam, concretizam e legitimam.

Diante disso, a Declaração Universal dos Direitos Humanos, em 1948, foi um marco decisivo para consagrar valores e princípios reconhecidos internacionalmente em todas as suas dimensões. A universalidade dos direitos fundamentais, reconhecida pela ordem internacional, os coloca em alto grau de juridicidade, concretude, positividade e eficácia. Assim, os direitos da liberdade, igualdade e fraternidade se fortalecem para melhor concretizá-los. (BONAVIDES, 2011, p. 573).

1.3. Os Direitos Fundamentais Sociais na Constituição Federal de 1988

A Constituição da República Federativa do Brasil de 1988 inovou ao tratar dos direitos fundamentais, uma vez que foram positivados na Carta de 1988, após o preâmbulo e os princípios constitucionais. Isto traduziu em maior rigor lógico, posto que os direitos fundamentais constituíram parâmetro para interpretação hermenêutica e valores superiores de toda a ordem constitucional e jurídica.

O fato de os direitos fundamentais sociais ter capítulo próprio no catálogo dos direitos fundamentais informa o caráter incontestável da sua condição em autênticos direitos fundamentais, como ensina Sarlet (2011, p. 66).

Ademais, a introdução do §1º do art. 5º da CF/88 também foi de significativa relevância, tendo em vista que as normas definidoras dos direitos e garantias fundamentais possuem aplicabilidade imediata, em que pese à discussão doutrinária a respeito do alcance deste dispositivo. Assim, ficou reconhecido o caráter jurídico diferenciado e reforçado dos direitos fundamentais na Constituição de 1988. (BRASIL, 2010a).

Dessa forma, os direitos fundamentais sociais no direito constitucional pátrio é um conceito amplo, incluindo o direito a prestações e também o direito de defesa, conforme aduz Ingo Sarlet:

> Direitos Sociais, pelo menos no constitucionalismo pátrio, compõe um complexo amplo e multifacetado de posições jurídicas, de tal sorte que a denominação "direitos sociais" encontra sua razão de ser na circunstância — comum aos direitos sociais prestacionais e direitos sociais de defesa — de que todos consideram o ser humano na sua situação concreta na ordem comunitária (social), objetivando, em princípio, a criação e garantia de uma igualdade e liberdade material (real), seja por meio de determinadas prestações materiais e normativas, seja pela proteção e manutenção do equilíbrio das forças na esfera das relações trabalhistas. (SARLET, 2011. p. 146).

Assim, os direitos fundamentais sociais de defesa se dirigem a uma abstenção do Estado, implicando para este um dever de respeito a determinados interesses individuais, por meio da omissão de ingerências. Os direitos fundamentais a prestações referem-se a uma postura ativa do Estado, que se encontra obrigado a colocar à disposição dos indivíduos prestações de natureza jurídica e material. (SARLET, 2011. p. 185).

Nota-se que, os direitos sociais buscam uma liberdade igual para todos, que somente pode ser encontrada com a superação das desigualdades. Wolkmer (1994, p. 278) aduz que "os direitos sociais vinculam-se à necessidade de se assegurar as condições materiais mínimas para a sobrevivência e, além disso, para a garantia de uma existência com dignidade."

Assim, diante de um Estado Social de Direito, os direitos fundamentais sociais constituem exigência inarredável do exercício das liberdades e garantias da igualdade, inerentes à noção de uma democracia e de um Estado de Direito de conteúdo não meramente formal, mas, sim, guiado pelo valor da justiça material, conforme argumenta Schneider. (SCHNEIDER apud SARLET, 2011. p. 62).

1.3.1. Eficácia dos Direitos Fundamentais Sociais

Primeiramente, para se falar em eficácia dos Direitos Fundamentais Sociais, deve-se partir do exame do que seja eficácia e efetividade. Para tanto, recorre-se ao dicionário. Assim, segundo Aurélio Buarque de Holanda Ferreira:

> eficácia é qualidade ou propriedade de eficaz. Eficaz é o que produz o efeito desejado, eficiente. Já efetivo é que produz efeito real, positivo. Permanente, fixo. (FERREIRA, 2008. p. 334).

Segundo o dicionário jurídico escrito por Leib Soibelman:

> eficácia, derivado do latim *efficacia*, de *efficaz* (que tem virtude, que tem propriedade, que chega ao fim), compreende-se como a força ou poder que possa ter um ato ou um fato, para produzir os desejados efeitos. Efetividade, derivado de efeitos, do latim *effectivus*, de *efficere* (executar, cumprir, satisfazer, acabar) indica a qualidade ou o caráter de tudo o que se mostra efetivo ou que está em atividade. Quer assim dizer o que está em vigência, está sendo cumprido ou está em atual exercício, ou seja, que está realizando os seus próprios efeitos. Opõe-se assim ao que está parado, ao que não tem efeito, ou não pode ser exercido ou executado. (SOIBELMAN, 1983. p. 142).

Dessa forma, tem-se que a efetividade da norma jurídica é a sintonia adequada entre as suas previsões genéricas, abstratas e impessoais e o fato social de que ela se propõe a normatizar. Segundo Luis Roberto Barroso (2010, p. 221), "a efetividade ou eficácia social da norma significa a realização do Direito, o desempenho concreto de sua função social." Assim, a eficácia indica a possibilidade de qualquer norma gerar efeitos.

Cumpre, ainda, trazer a questão da aplicabilidade das normas jurídicas dos direitos fundamentais. Isto porque o §1º do art. 5º da CF/88 dispõe que: "As normas definidoras dos direitos e garantias fundamentais têm aplicação imediata." (BRASIL, 2010a. p. 11). No entanto, tal dispositivo ainda é objeto de divergências doutrinárias quanto à sua aplicação, isto é, se aplicável a todos os direitos fundamentais ou somente aos direitos individuais e coletivos do art. 5º da CF/88.

Para resolver o impasse, determinados posicionamentos se formaram. Alguns, em uma visão mais simplista, alguns entendem que os direitos fundamentais alcançam sua eficácia nos termos e na medida da lei — posição exposta por Manoel Gonçalves Ferreira Filho (1988, p. 35). Outros entendem que mesmo normas de cunho programático podem ensejar o gozo de direito individual diante de sua aplicabilidade imediata — posição defendida por Eros Grau (1997, p. 322).

Fato é que tal norma procurou evitar um esvaziamento dos direitos fundamentais, impedindo que tornassem letra morta no texto da Constituição, como ensina Sarlet (2011, p. 264).

Uma interpretação literal do §1º do art. 5º da Carta Magna de 1988 poderia supor que, diante da situação topográfica conferida a tal dispositivo, a norma refere-se somente aos direitos individuais e coletivos. No entanto, a expressão constante do dispositivo aduz "direitos e garantias individuais", o que significa que engloba todo o rol de direitos e garantias individuais constante do Título II da CF/88. Significa dizer que todos os direitos fundamentais consagrados na Carta Magna estão inseridos na aplicação direta e imediata que informa o dispositivo acima citado. Não cabe, pois, falar em interpretação restritiva da norma em comento. (BRASIL, 2010a).

.Além disso, como argumenta Sarlet (2011, p. 262), uma interpretação sistemática e teleológica conduzirá aos mesmos resultados. Ou seja, o legislador, ao introduzir o §1º do art. 5º da CF/88, não pretendeu deixar de fora do sistema de aplicação imediata os direitos de nacionalidade, políticos e sociais, apenas conferiu eficácia aos direitos de liberdade.

Assim, o capítulo reservado aos direitos sociais, presentes no art. 6º da CF/88, são entendidos pela doutrina pátria majoritária como integrantes dos direitos fundamentais, possuindo, por isso, eficácia e aplicabilidade imediata. O entendimento, inclusive, ultrapassa o contido apenas no art. 6º, incluindo como direitos fundamentais todos os constantes do art. 5º ao 17º, além daqueles encontrados em outras áreas da Carta Magna e nos tratados internacionais, como aponta Sarlet (2011, p. 263).

1.3.2. Efetivação judicial dos direitos fundamentais sociais

Os direitos sociais se efetivam por meio de prestações, as quais requerem orçamento e dotações específicas. A Constituição Federal de 1988, ao tratar dos direitos fundamentais, não prevê tratamento diferenciado para os direitos prestacionais, ou seja, não há normas específicas na Carta Magna para aqueles direitos, por meio dos quais se exige uma atuação positiva do poder público. Assim, os §§1º e 2º da CF/88 incidem sobre os direitos de defesa e os direitos sociais prestacionais.

No entanto, permanece a pergunta: os direitos sociais são exigíveis perante o Judiciário? Nota-se que a atuação do juiz neste aspecto é complexa, haja vista que, se ele concedesse a efetivação de um direito social, não estaria interferindo na separação de poderes? Não estaria desempenhando função típica do Executivo?

Há uma corrente que sustenta que os direitos sociais não são verdadeiros direitos, mas, sim, meros programas de governo, uma vez que seus dispositivos constitucionais não definem de forma clara o responsável por sua efetivação. Estes direitos seriam, pois, no ensinamento de Clèmerson Merlin Clève (2003, p. 155), "disposições dependentes de regulamentação, da atuação do legislador, sem as quais seriam inexigíveis."

Todavia, partindo-se do pressuposto de que os direitos sociais são considerados direitos fundamentais, apresentam-se, portanto, com funções e dimensões dos direitos fundamentais.

Assim, por um lado, entende-se por dimensão subjetiva a condição do titular do direito subjetivo de reclamar em juízo determinada ação (omissiva ou comissiva). Nas palavras de Dimitri Dimoulis e Leonardo Martins:

> trata-se da dimensão ou da função clássica, uma vez que o seu conteúdo normativo refere-se ao direito de seu titular de resistir à intervenção estatal em sua esfera de liberdade individual. Essa dimensão tem um correspondente filosófico-teórico que é a teoria liberal dos direitos fundamentais, a qual concebe os direitos fundamentais do indivíduo de resistir à intervenção estatal em seus direitos. (DIMOULIS; MARTINS, 2011. p. 117).

A dimensão objetiva, por outro lado, significa, nas palavras de Clèmerson Clève (2003, p. 155), "o dever de respeito e compromisso dos poderes constituídos com os direitos fundamentais (vinculação)."

A dimensão objetiva, ainda na visão do autor, vincula o Judiciário para reclamar uma hermenêutica respeitosa dos direitos fundamentais e das normas constitucionais, com o manejo do que se convencionou chamar de filtragem constitucional, ou seja, a releitura de todo o direito infraconstitucional à luz dos preceitos constitucionais, designadamente dos direitos, princípios e objetivos fundamentais. (CLÈVE, 2003. p. 155).

Diante disso, percebe-se que os direitos prestacionais originários na sua dimensão subjetiva levam seus titulares a exigir em juízo a efetivação dos seus direitos subjetivos. Ainda que o Poder Público não tenha colocado o serviço à disposição do particular ou não tenha ainda lei regulando a matéria, ao particular é dado exigir, perante o Judiciário, a concretização do seu direito. São exemplos: o direito à educação e o direito à saúde.

Por seu turno, os direitos prestacionais secundários não se realizam sem a prévia regulamentação, isto é, sem a devida criação e existência de uma política, de um serviço ou de previsão no orçamento público.

Em ambos os casos, caberá ao juiz verificar, na hipótese de omissão do Poder Público, se o direito pleiteado pelo particular é razoável e possível de atendimento pelo Estado.

Todavia, cria-se o impasse: poderia o Judiciário atuar nesses casos para dar efetividade aos direitos sociais? Há forte corrente no sentido de que os integrantes do Judiciário que não foram eleitos, estariam, deste modo, despidos de legitimidade, que somente poderia ser suprida pelo sufrágio popular. Assim, os juízes, ao determinarem o modo de ser da atuação estatal, estariam infringindo o princípio da separação de poderes.

No entanto, para Clèmerson Merlin:

> zelar pela observância dos direitos fundamentais significa, para o Judiciário, no exercício da jurisdição constitucional, proteger a maioria permanente

(constituinte) contra a atuação desconforme da maioria eventual, conjuntural e temporária (legislatura). (CLÈVE, 2003. p. 158).

Assim, é necessário que o Judiciário encontre equilíbrio para lidar com tais situações, sendo imprescindível ao juiz que não ultrapasse os limites que coloquem em risco os postulados do Estado Democrático de Direito em prol da busca pela efetividade dos Direitos Fundamentais Sociais.

1.4. Reserva do possível e mínimo existencial

Os Direitos Fundamentais Sociais não têm a finalidade de dar apenas o mínimo aos cidadãos. Eles possuem uma eficácia progressiva. Para tanto, dependem de uma atuação criteriosa do Estado e atuante da sociedade.

Entende-se por "mínimo existencial", segundo Ana Paula Barcellos (2002, p. 197), "um conjunto de situações materiais indispensáveis à existência humana digna." Continua a autora:

> existência aí considerada não apenas como experiência física — a sobrevivência e a manutenção do corpo — mas também espiritual e intelectual, aspectos fundamentais em um Estado que se pretende, de um lado, democrático, demandando a participação dos indivíduos nas deliberações públicas, e, de outro lado, liberal, deixando a cargo de cada um seu próprio desenvolvimento. (BARCELLOS, 2002, p. 198).

Nota-se, portanto, que o mínimo existencial está associado ao princípio da dignidade da pessoa humana, haja vista que o Estado tem por obrigação cumprir os direitos sociais, respeitando o mínimo existencial. Isto decorre da eficácia positiva mínima dos Direitos Fundamentais Sociais. Assim, cumpre ao juiz agir com cautela, ponderando os princípios e os bens que atuam no caso concreto, analisando ainda a reserva do possível.

Para se definir o que seja esse mínimo devido ao indivíduo, é necessário que o magistrado estude os princípios, os bens e os valores que estão alencados na Constituição e os conjugue com o caso em questão, obtendo uma decisão justa.

Clèmerson Cléve ensina que:

> o que importa é o magistrado agir com determinação e cautela, ponderando os direitos, bens e princípios em jogo, estudando o campo do possível (reserva do possível) mas, ao mesmo tempo, considerando que o Estado democrático de direito está comprometido com o avanço e não com o retrocesso social (vedação ao retrocesso social). (CLÉVE, 2003. p. 155)

No que concerne à reserva do possível, ela não pode ser entendida como obstáculo para a efetivação dos direitos sociais, mas, sim, deve ser estudada como parâmetro para que o magistrado aja com cuidado, prudência e responsabilidade ao realizar a atividade judicial.

Assim, a reserva do possível liga-se à possibilidade de se exigir do Estado o atendimento das necessidades mínimas sociais dos cidadãos.

Conforme leciona Ana Paula de Barcellos:

> a expressão reserva do possível procura identificar o fenômeno econômico da limitação dos recursos disponíveis diante das necessidades quase sempre infinitas a serem por eles supridas. [...] a reserva do possível significa que, para além das discussões jurídicas sobre o que se pode exigir judicialmente do Estado — e em última análise da sociedade, já que é esta que o sustenta —, é importante lembrar que há um limite de possibilidades materiais para esses direitos. (BARCELLOS, 2002, p. 236).

Dessa forma, é imprescindível observar se há verba pública para custear a despesa gerada pelo direito subjetivo pleiteado, uma vez que nada adianta utilizar-se de refinada técnica hermenêutica ou de previsão normativa, caso o Estado não tenha condições econômicas reais de conceder os direitos prestacionais sociais.

2 — Jurisdição e Competência

A confusão entre os conceitos de jurisdição e competência dificulta a compreensão do instituto de imunidade de jurisdição e o correto processamento da *declinatoria fori* apresentada por Estado soberano, segundo adverte Antenor Pereira Madruga Filho (2003, p. 73).

Ademais, a incompetência internacional, incompetência interna e imunidade de jurisdição são três fenômenos que se assemelham na consequência de impedir que o órgão Judiciário provocado julgue o mérito da pretensão do autor. (MADRUGA FILHO, 2003, p. 73).

Assim, necessário se faz analisar o instituto da jurisdição, bem como da competência, estabelecendo seus conceitos, suas características, suas finalidades e suas diferenças. Com isto, diminui-se o risco de se enveredar por raciocínios equivocados sobre tais institutos jurídicos.

2.1. Conceito de jurisdição

Etimologicamente, segundo João Orestes Dalazen, a palavra jurisdição deriva do latim, formando a locução verbal *ius dicere*, que tem significado literal de dizer ou indicar o direito. (DALAZEN, 1994. p.18).

Jurisdição é, assim, palavra composta pela justaposição de duas outras, de origem latina, conforme, também, ensina Wagner Giglio:

> tem-se *jus, juris*, que quer dizer direito, e *dictio*, do verbo *dicere*, que significam, respectivamente, dicção e dizer. Jurisdição tem, portanto, o sentido de dicção do direito, e consiste no poder de que todo o juiz está investido, pelo Estado, de dizer o direito nos casos concretos submetidos a sua decisão. (GIGLIO, 1993. p. 63).

Fundamental saber o conceito de jurisdição, visto que o direito de buscar a prestação jurisdicional para fazer valer o seu direito e, assim, solucionar conflitos encontrados na sociedade, configura o chamado direito à jurisdição. (ROCHA, 1993, p. 32).

O monopólio da prestação jurisdicional pelo Estado superou a fase da "justiça pelas próprias mãos", representação da barbárie de algumas civilizações humanas. O conceito de direito à jurisdição não se fez perfeito, efetivo e acabado num único momento da história. Ele acompanhou as modificações que se fizeram nos conceitos, ideias e ideologias de Estado. (ROCHA, 1993. p. 32).

Ainda que reconhecida como monopólio estatal, a jurisdição permaneceu, até meados do século XIX, encravada no rol dos direitos fundamentais formalmente reconhecidos pelo Estado. À medida que o Estado passou a ter um papel mais atuante na realização dos direitos fundamentais do ser humano, o direito à jurisdição ganhou conteúdo e contornos inéditos. (ROCHA, 1993. p. 32).

O princípio da separação de poderes definiu que o Poder Judiciário teria a função típica de prestar a jurisdição, a fim de exercê-la com imparcialidade, além de oferecer segurança a quem deveria recebê-la. Assim, para isto, criou-se a norma fundamental garantidora da apreciação dos comportamentos ameaçadores ou lesivos a direitos pelo Poder Judiciário.

Galeno Lacerda explica que "jurisdição é o poder de declarar o direito, e de aplicá-lo em caso concreto, resolvendo de uma forma definitiva a *lide* ou qualquer outra gestão de direito." (LACERDA, 2006. p.32).

Para Chiovenda, a jurisdição:

> consiste na atuação da lei mediante a substituição da atividade alheia pela atividade de órgãos públicos, afirmando a existência de uma vontade da lei e colocando-a, posteriormente, em prática. (CHIOVENDA, 1942. p. 120).

Assim, jurisdição seria a função do Estado que tem por escopo a atuação da vontade concreta da lei por meio da substituição, pela atividade de órgãos públicos, a atividade de particulares ou de outros órgãos públicos, tornando efetiva a vontade da lei.

Cumpre salientar que jurisdição, para Eduardo Couture, apresenta quatro acepções diferentes no direito latino-americano. Segundo o autor:

> no direito dos países latino-americanos este vocábulo tem pelo menos quatro acepções: como âmbito territorial; como sinônimo de competência; como conjunto de poderes ou autoridade de certos órgãos do poder público; e seu sentido preciso e técnico de função pública de fazer justiça.[1] (COUTURE, 1978. p. 27, tradução nossa).

A primeira é referida como âmbito territorial determinado. Neste sentido, entende ser a linguagem de uso diário quando se diz que ocorreu em tal jurisdição de tal departamento. (COUTURE, 1978. p. 27).

A segunda acepção tem como sinônimo competência material de um conjunto de órgãos especializados ou de uma jurisdição especial. Aqui nasceu o conceito de competência como medida da jurisdição. (COUTURE, 1978. p. 27).

O terceiro sentido é um conjunto de poderes do Estado, sendo insuficiente, visto que é um poder-dever do Estado. Como afirma Couture, "junto à faculdade de julgar, o

---

(1) Tradução livre do trecho: "En el derecho de los países latinoamericanos este vocablo tiene por lo menos cuatro acepciones: como âmbito territorial;como sinônimo de competência; como conjunto de poderes o autoridad de ciertos órganos del poder público; y su sentido preciso y técnico de funcción pública de hacer justicia. (COUTURE, 1978. p. 27).

juiz tem o dever administrativo de fazê-lo. Dever-se-ia substituir poder pelo conceito de função." (COUTURE, 1978. p. 27, tradução nossa).[2]

A quarta acepção traz referência ao sentido preciso e técnico do vocábulo de função pública em fazer justiça. Em geral, a função jurisdicional confunde-se com a função judicial, ainda que haja funções jurisdicionais a cargo de outros órgãos que não são o Poder Judicial. (COUTURE, 1978. p. 27).

Embora a palavra jurisdição vincule-se à ideia de judicial (ligada ao Poder Judiciário), é certo que a jurisdição pode ser exercida por outros órgãos estatais que não aqueles componentes do Poder Judiciário. Isto ocorre nos Estados que adotam a chamada jurisdição administrativa.

Neles, órgãos do Executivo aplicam o direito ao caso concreto, sobre o qual se litigue, em caráter definitivo e vinculante. Nos países que não adotam este sistema, tem-se o fortalecimento do conceito de jurisdição vinculado ao da atividade do Judiciário, uma vez que o Estado monopoliza essa atividade e responde pela sua prestação, exclusivamente pelo conjunto de órgãos que compõem aquele Poder. (ROCHA, 1993. p. 33).

Cármen Lúcia adverte que "para o sentido da palavra jurisdição, a atividade é mais importante para o titular do direito que para o órgão que realiza a prestação." (ROCHA, 1993. p. 33).

Assim, tem-se que o direito à jurisdição é o direito público subjetivo constitucionalmente assegurado ao cidadão de exigir do Estado a prestação daquela atividade. Quanto a jurisdição, uma parte é direito fundamental do cidadão, outra, é dever do Estado. (ROCHA, 1993. p. 33).

Percebe-se, portanto, que jurisdição é uma atividade, por meio da qual o Estado, com eficácia vinculativa plena, elimina a *lide*, declarando ou realizando o direito em concreto.

Dessa forma, ressalta a autora, que jurisdição apresenta-se em três fases que se encadeiam e se completam, a saber: a) o acesso ao poder estatal prestador da jurisdição; b) a eficiência e a prontidão da resposta estatal à demanda de jurisdição; e c) a eficácia da decisão jurisdita.

O acesso aos órgãos jurisdicionais é a garantia plena, facilitada e desembaraçada do acesso de todos aos órgãos competentes para prestá-la. A jurisdição é direito de todos e dever do Estado. É um dever positivo que não se pode descumprir a pessoa estatal, acarretando sua responsabilidade integral.

Para Cármen Lúcia, o acesso aos órgãos prestadores de jurisdição, por parte do cidadão, depende de um desempenho prévio do Estado, que se desdobra em dois comportamentos preliminares, quais sejam: "de um lado, impõe-se a facilitação do exercício do direito à jurisdição pela sua declaração normativa expressa e, de outro, deve-se dar a saber ao povo de todos os direitos que lhe são assegurados." (ROCHA, 1993. p. 34).

---

(2) "Junto a la facultad de juzgar, el juez tiene el deber administrativo de hacerlo. El concepto de poder debe ser sustituido por el concepto de funcción." (COUTURE, 1978, p. 27).

Tais pressupostos são imprescindíveis e devem ser cumpridos para que o direito à jurisdição não seja uma mentira legal ou uma possibilidade oficial, somente exercida por aqueles que dispõem de boas condições econômicas para arcar com os custos de um processo. "A jurisdição não pode ser privilégio de uns e miragem oficial de muitos", segundo enfatiza Cármen Lúcia (1993, p. 34).

A segunda fase da jurisdição pugna pela eficiência na prestação jurisdicional. Entende-se que não basta que se assegure o acesso aos órgãos prestadores da jurisdição para que se tenha por certo que haverá estabelecimento da justiça ao caso posto em exame.

Isso porque, segundo elucida a autora, é necessário que a jurisdição seja prestada, como os demais serviços públicos, com a presteza que a situação impõe. Afinal, às vezes, a justiça que tarda falha. E falha exatamente porque tarda. (ROCHA, 1993. p. 37).

Assim, a presteza da resposta jurisdicional pleiteada contém-se no próprio conceito do direito-garantia que a jurisdição representa. Desta forma, não se quer apenas a adoção de providências que tenham como única finalidade a prestação rápida da jurisdição, mas, sim, que ela seja consentânea com os fins da resposta do direito e de realização de justiça a que ela se propõe, pois, deste modo, será eficiente a prestação jurisdicional.

Ademais, nas palavras de Cármen Lúcia, "a jurisdição é um direito ativo, vale dizer, é verbo de ação, que demanda agente para vivificá-lo (partes), meio para exercê-lo (processo) e modo de assegurá-lo (procedimento)." (ROCHA, 1993. p. 38).

Por fim, tem-se a terceira fase da jurisdição em que a decisão deve ser eficaz. O direito à jurisdição, como exposto no sistema constitucional contemporâneo, inicia-se com a demanda da prestação e aperfeiçoa-se com a eficácia da decisão jurisdicional proferida.

Assim, segundo Cármen Lúcia:

> não basta que se afirme o direito no litígio dado a exame do Estado. É necessário que a decisão seja executada, que o seu conteúdo se realize e que o direito nela afirmado seja aplicado. A solução do caso julgado depende da execução da decisão jurisdita. (ROCHA, 1993. p. 41).

Logo, a jurisdição completa-se, pois, quando a decisão prolatada ganha eficácia, vale dizer, produz os efeitos e as modificações no mundo a que ela se propõe.

Nos dizeres da autora:

> sentença sem eficácia é jurisdição sem vida. A ineficácia da decisão jurisdicional frauda o direito afirmado e, principalmente, frustra o próprio direito à jurisdição constitucionalmente assegurada. Quando, entretanto, o processo finda e o seu desdobramento lógico e necessário, garantidor do direito à jurisdição, não se faz sentir, ocorre a fraude que torna a afirmação processual do direito uma ficção. (ROCHA, 1993. p. 41).

Desse modo, nota-se que, faltando uma das três fases da jurisdição, não se tem a realização do direito à jurisdição conforme assegurado constitucionalmente. Assim, o direito à jurisdição depende do encontro dinâmico e vigoroso de todos os elementos que o compõem para que possa dizê-lo verdadeiro.

Ademais, como informa Araken de Assis (2002, p. 52), o verdadeiro ato jurisdicional, ou processo jurisdicional, distingue-se dos atos dos demais órgãos do Estado, pela finalidade de eliminar-se uma *lide*, conceituada a *lide* em sentido amplo, abrangendo os conflitos de interesses tanto de ordem privada como de ordem pública. A eliminação tratada aqui é revestida de caráter definitivo.

Dalazen ressalta também a essência e a finalidade da jurisdição. Todavia, informa que não há um consenso doutrinário a respeito do tema. De acordo com o autor:

> a corrente subjetivista sustenta que a jurisdição colima à tutela dos direitos subjetivos, ou seja, à reparação dos direitos subjetivos vulnerados. É um ponto de vista inaceitável, como ressalta Zanzucchi, porque contém uma petição de princípios, concebendo a tutela de uma tutela: por definição, o direito subjetivo já é o interesse juridicamente tutelado, de modo que não faz sentido supor que o tutele a jurisdição. De resto, não explica a atividade jurisdicional inequivocamente desenvolvida no interior do processo (por exemplo, resolvendo questões ou incidentes processuais alusivos à competência ou à suspeição do juiz). A teoria objetivista advoga que a jurisdição visa à atuação do direito objetivo, por meio da aplicação da norma jurídica ao caso concreto e sua efetivação coercitiva. Redargue-se a tal entendimento, todavia, que ao realçar na função jurisdicional a incidência da lei a situações concretas, declina-se uma característica que não é específica da jurisdição: a Administração Pública igualmente aplica a lei a casos conflituosos, por exemplo, ao infligir sanção disciplinar a funcionário público; o mesmo se dá com o particular que espontaneamente coaduna sua conduta aos mandamentos do direito objetivo, circunstância em que também o atua ou aplica. (DALAZEN, 1994. p. 19).

José Frederico Marques afirma que, "em sentido técnico processual, só o poder judiciário é que tem jurisdição, ou seja, o poder de julgar, de dizer o direito entre as partes, sem estar subordinado a nenhum outro poder." (MARQUES, 1971. p. 13).

Importante ressaltar que o emprego do termo jurisdição, segundo Antenor Pereira Madruga Filho, nos países de tradição romano-germânica, refere-se à:

> função de dizer o direito, ora alargando-o, tanto à atividade legislativa, quanto à judiciária, ora reduzindo-o na função exercida pelo Poder Judiciário, ou melhor, pelos órgãos jurisdicionais, haja vista que não existem apenas no Poder Judiciário. (MADRUGA FILHO, 2003. p. 71).

Assim, alargando-se o conceito de jurisdição, pode-se falar em jurisdição legislativa ou jurisdição administrativa, ao lado da judiciária. Este sentido mais amplo, *lato sensu*, denota uma ideia de medida ou de limites das funções do Estado, como se, ao empregá-lo, se pretendesse dizer que as funções estatais se exercem em um determinado espaço, ou seja, na sua jurisdição. (MADRUGA FILHO, 2003. p. 72).

Quando se busca sentido restrito para o termo jurisdição, ele se apresenta como sinônimo para o poder de aplicar o direito ao caso concreto, função precípua dos tribunais. (MADRUGA FILHO, 2003. p. 72).

Nesse sentido estrito, Cintra, Grinover e Dinamarco afirmam que:

> o objetivo-síntese do Estado contemporâneo é o bem comum e, quando se passa ao estudo da jurisdição, é lícito dizer que a projeção particularizada do bem comum nessa área é a pacificação com justiça. (CINTRA; GRINOVER; DINAMARCO, 2005. p. 27).

Cumpre alertar que, para os fins desse estudo, o termo jurisdição será empregado em seu sentido estrito, como sinônimo de função jurisdicional. Logo, ao se referir à imunidade de jurisdição, será analisada a prerrogativa de ser imune diante da função jurisdicional do Estado, ao passo que competência deverá ser entendida como uma delimitação da jurisdição *stricto sensu*.

2.2. Princípios inerentes à jurisdição

Os princípios da jurisdição orientam o legislador e possibilitam a compreensão do momento histórico, ético e moral da elaboração da norma processual, segundo adverte Wambier, Almeida e Talamini (2000, p. 65).

Antônio Lamarca reconhece os princípios pertencentes à jurisdição como sendo: da investidura; da aderência ao território; da indelegabilidade; da inevitabilidade; da indeclinabilidade; e do juiz natural. (LAMARCA, 1979. p. 21).

O princípio da investidura assegura que a jurisdição somente pode ser exercida por quem tenha regularmente investido na autoridade de juiz. Sem ter investido nesta condição, ninguém poderá exercer a função jurisdicional. (DIDIER JUNIOR, 2009. p. 85).

Em relação ao princípio da aderência ao território, chamado por alguns autores apenas de territorialidade, a jurisdição somente atua nos limites territoriais do Estado em que os magistrados têm autoridade. A jurisdição, como manifestação da soberania, exerce-se sempre em um dado território.

Cumpre esclarecer, segundo alerta Fredie Didier Junior, que não se pode confundir a territorialidade da jurisdição com o lugar onde a decisão irá produzir efeitos. A decisão judicial produzirá efeitos onde tiver de produzi-los: por exemplo, uma decisão brasileira pode produzir efeitos no Japão, basta que se tomem as providências para a sua homologação em território japonês. Assim, o lugar onde a decisão deve ser proferida não se confunde com o lugar em que ela deve produzir seus efeitos. (DIDIER JUNIOR, 2009. p. 86).

O princípio da indelegabilidade consiste em não se delegar a outrem o exercício da função jurisdicional. Não pode o órgão jurisdicional delegar funções a outro sujeito. Há, contudo, hipóteses em que se autoriza a delegação de outros poderes judiciais, como o poder instrutório, o poder diretivo do processo e o poder de execução das decisões. (DIDIER JÚNIOR, 2009. p. 89).

A inevitabilidade implica o princípio, segundo o qual as partes devem se submeter ao quanto decidido pelo órgão jurisdicional. A situação de ambas as partes perante o Estado-juiz é de sujeição. (DIDIER JÚNIOR, 2009. p. 88). Ensina Lamarca que, por este princípio, as partes não podem furtar-se à jurisdição nem pactuar o contrário do que a lei estabelece. (LAMARCA, 1979. p. 21).

Assim, não assiste ao juiz ou ao órgão colegiado judicante o direito de duvidar. Isto é, ou ele aprecia o mérito, atingindo, assim, o processo, sua finalidade precípua, ou extingue o processo sem julgamento do mérito, nos casos de invalidade do processo ou de carência de ação. Porém, de qualquer maneira, ele é obrigado a pronunciar-se. Nisso consiste a jurisdição ser indeclinável.

O princípio da inafastabilidade ou do controle jurisdicional, expresso na Constituição Federal de 1988, no art. 5º, inciso XXXV, garante a todos o acesso ao Poder Judiciário, o qual não pode deixar de atender a quem venha a juízo deduzir uma pretensão fundada no direito e pedir solução para ela, segundo ensina Cintra, Grinover e Dinamarco (2005, p. 147).

Entende-se, pois, segundo esse princípio, que "a lei não excluirá da apreciação do Poder Judiciário lesão ou ameaça a direito." (BRASIL, 2013a). Ademais, não pode o juiz, a pretexto de lacuna ou obscuridade na lei, escusar-se de proferir decisão, nos termos do art. 126 do CPC.[3]

Cumpre ressaltar uma única exceção no tocante a esse princípio quando se trata de Justiça Desportiva, na qual as ações concernentes à disciplina e às competições esportivas só podem ser levadas ao Judiciário após se esgotarem, no prazo máximo de sessenta dias, as instâncias da Justiça Desportiva, consoante art. 217, §§ 1º e 2º da CF/88. (BRASIL, 2013a).

Por juiz natural observa-se que ninguém pode ser privado do julgamento por juiz independente e imparcial, indicado pelas normas constitucionais e legais. (CINTRA; GRINOVER; DINAMARCO, 2005. p. 148). Trata-se de garantia fundamental não prevista expressamente, segundo ensina Didier. Para ele, esse princípio nasce da conjugação de duas normas constitucionais: o art. 5º, inciso LIII, da CF/88, o qual aduz que "ninguém será processado nem sentenciado senão pela autoridade competente" (BRASIL, 2013a), combinado com a proibição prevista na Constituição Federal de 1988 que remete à criação de tribunais de exceção, formados para julgar determinadas pessoas ou crimes de determinada natureza, sem previsão constitucional, como aduz o art. 5º, inciso XXXVII da CF/88[4].

Luigi Ferrajoli menciona que esse princípio significa três coisas diferentes: "necessidade de que o juiz seja pré-constituído pela lei e não constituído *post factum*; a impossibilidade de derrogação e a indisponibilidade das competências; a proibição de juízes extraordinários e especiais." (FERRAJOLI, 2002. p. 472).

---

(3) Art. 126 CPC – O juiz não se exime de sentenciar ou despachar alegando lacuna ou obscuridade da lei. No julgamento da lide caber-lhe-á aplicar as normas legais; não as havendo, recorrerá à analogia, aos costumes e aos princípios gerais de direito. (BRASIL, 2013a, p. 418).

(4) Art. 5º, inciso XXXVII – Não haverá juízo ou tribunal de exceção. (BRASIL, 2013a, p. 70).

Assim, juiz natural é o juiz devido. O exame do direito fundamental ao juiz natural tem um aspecto objetivo, formal e um aspecto substantivo e material, segundo Didier. Para ele:

> formalmente, o juiz natural é o juiz competente de acordo com as regras gerais e abstratas previamente estabelecidas. Não é possível a determinação de um juízo *post facto ou ad personam*. A determinação do juízo competente para a causa deve ser feita por critérios impessoais, objetivos e pré-estabelecidos. (DIDIER JÚNIOR, 2009. p. 92).

Desse modo, o princípio do juiz natural consiste na prévia individualização dos juízes por meio de leis gerais; na garantia da justiça material, decorrente da independência e da imparcialidade dos juízes; no estabelecimento de critérios objetivos para a fixação da competência dos juízes e na exata observância das determinações referentes à divisão funcional interna.

Assim, encontra-se vetada a designação, a substituição ou a convocação de juízes por parte do Executivo ou do Legislativo, sendo reservada tal tarefa somente ao Judiciário.

2.3. Características e finalidades da jurisdição

A função jurisdicional caracteriza-se por três elementos: inércia, substitutividade e natureza declaratória. (CÂMARA, 2008. p. 69). Outros autores preferem utilizar-se das características da lide, inércia e definitividade. (CINTRA; GRINOVER; DINAMARCO, 2005. p. 142).

A inércia da jurisdição estabelece que o Estado-juiz só atua se for provocado. É também chamado de princípio da demanda ou da inércia consagrado no art. 2º do CPC, que aduz: "nenhum juiz prestará a tutela jurisdicional senão quando a parte ou o interessado a requerer, nos casos e forma legais" (BRASIL, 2013a), segundo informa Alexandre Freitas Câmara (2008, p. 70).

Ou seja, o processo não é iniciado de ofício pelo juiz, devendo ser provocado pelos interessados. A jurisdição é inerte e, para sua movimentação, exige a provocação do interessado, como ressalta Cintra, Grinover e Dinamarco (2005, p. 59).

Assim, os juízes não saem em busca das lides para resolvê-las, mas aguardam que os interessados, frustradas eventuais tratativas amigáveis, busquem espontaneamente a intervenção estatal, propondo a demanda.

O princípio da inércia do julgador é um princípio democrático fundamental, segundo Calmon de Passos (2008, p. 220). Isto porque, se o fundamental nas democracias é que ao indivíduo tudo é permitido (princípio da liberdade), ressalvado o que a lei proíbe ou impõe, ele se deve deferir a decisão sobre seu interesse ou necessidade de valer-se do aparato judicial para solucionar os conflitos em que se envolver.

No entanto, comportam exceções tal princípio, haja vista que o art. 878 da CLT é claro ao dispor que "a execução poderá ser promovida por qualquer interessado, ou *ex officio* pelo próprio juiz ou presidente ou Tribunal competente, nos termos do artigo anterior." (BRASIL, 2013a).

Dessa forma, o Estado age quando provocado, pois nenhum juiz prestará a tutela jurisdicional senão quando a parte ou o interessado requerer, conforme disposto em lei, segundo Antônio Lamarca (1979, p. 22).

A segunda característica da jurisdição diz respeito à substitutividade. Por ela, o Estado passou a prestar a jurisdição, substituindo a atividade das partes e realizando em concreto a vontade do direito objetivo. Em outros termos, o Estado, ao exercer a função jurisdicional, está praticando uma atividade que anteriormente não lhe cabia, a defesa de interesses juridicamente relevantes. Ao agir assim, o Estado substitui a atividade das partes, impedindo a justiça privada, como ensina Alexandre Câmara (2008, p. 71).

A atividade jurisdicional seria de natureza substitutiva, segundo Chiovenda (1942, p. 140). Deste modo, se os que deveriam afirmar ou realizar determinada vontade concreta da lei negam-se a fazê-lo ou permanecem omissos, a atividade jurisdicional realizará, em caráter substitutivo, o mandamento legal.

Assim, por exemplo, o contratante deveria cumprir determinada prestação em favor do outro contratante, mas permaneceu inadimplente; o juiz, substitutivamente, condenará o faltoso e assegurará ao demandante o recebimento da prestação devida.

Nota-se, pois, que o Judiciário estaria agindo em lugar do devedor, em substituição ou sub-rogação da atividade de outros sujeitos.

Cândido Rangel Dinamarco (2000, p. 115) ensina que, a jurisdição é a atividade pública e, exclusiva, com a qual o Estado substitui atividade das pessoas interessadas e propicia a pacificação de pessoas ou grupos em conflito, mediante a atuação da vontade do direito em casos concretos. Ele o faz revelando esta vontade concreta mediante uma declaração (processo de conhecimento) ou provendo com meios práticos os resultados por ela apontados (execução forçada).

Por natureza declaratória, tem-se que o Estado, ao exercer a função jurisdicional, não cria direitos subjetivos, mas, tão somente, reconhece direitos preexistentes. (CÂMARA, 2008. p. 71).

Nota-se, portanto, que o processo, ou seja, a atividade jurisdicional é "fonte autônoma de bens" (expressão cunhada por Chiovenda, 1942. p. 45). Isto porque, não se podem conseguir tais bens a não ser no processo. Deste modo, a certeza jurídica resultante da sentença é insubstituível, pois nenhuma declaração extrajudicial, por mais formal e solene que seja, da parte do devedor, poderá equivaler, em seus efeitos, à certeza jurídica decorrente da sentença.

Para Marinoni, as finalidades da jurisdição são divididas em fins jurídicos, sociais e políticos. Os jurídicos se referem "à atuação da vontade concreta do direito, para conciliar-se com o ideal de acesso à ordem jurídica justa, realizando os fins do Estado e os valores da sociedade." (MARINONI, 1993. p. 103).

O escopo jurídico da jurisdição "é a atuação (cumprimento, realização) das normas de direito substancial (direito objetivo)", nas palavras de Cintra, Grinover e Dinamarco (2005, p. 141).

Alexandre Câmara (2008, p. 80) enfatiza que o escopo jurídico é a atuação do direito objetivo. O Estado, ao exercer a função jurisdicional, tem por finalidade manter íntegro o ordenamento jurídico, atuando a vontade das normas nos casos concretos que lhe sejam levados por aqueles que se consideram titulares de direitos lesados ou ameaçados.

O segundo escopo da jurisdição é social. Ele se forma pela junção de dois elementos: pacificar com justiça e educar a sociedade, segundo Alexandre Câmara (2008, p. 55).

O primeiro elemento decorre do fato de que o processo é relevante meio de solução dos conflitos, que surgem na sociedade. A justiça das decisões está intimamente ligada à sua adequação ao direito objetivo. Juiz justo é aquele que aplica ao caso concreto a vontade do direito objetivo, de acordo com os fins sociais a que a lei se destina e com o bem comum.

O segundo elemento componente do escopo social da jurisdição é o educacional. Isto é, ensina-se o que as pessoas não podem fazer, sob pena de violarem o ordenamento jurídico e serem, em consequência, sancionadas, e, ao mesmo tempo, ensina-se, também, aos titulares de direitos lesados ou ameaçados, como fazer para obter a tutela de seus interesses.

Cumpre salientar, conforme ensina Cintra, Grinover e Dinamarco (2005, p. 141), "o mais elevado interesse que se satisfaz por meio do exercício da jurisdição é, pois, o interesse da própria sociedade (ou seja, do Estado enquanto comunidade)."

Os escopos políticos da jurisdição são três: a afirmação do poder estatal, o culto às liberdades públicas e a garantia de participação dos jurisdicionados nos destinos da sociedade. (CÂMARA, 2008. p. 80).

O primeiro escopo político significa que o Estado precisa afirmar seu poder para se sustentar. O poder está por trás de todos os atos e provimentos do Estado, pois sem isto ele não teria condições de impor condutas aos jurisdicionados. Assim, ao afirmar o seu poder, o Estado garante os meios necessários para alcançar todos os seus outros escopos.

O culto às liberdades públicas traduz-se no objetivo de o Estado assegurar a observância dos direitos fundamentais dos jurisdicionados, por meio do exercício da sua função jurisdicional. A palavra liberdade não deve ser entendida apenas como liberdade de ir e vir ou liberdade de expressão. O termo liberdade é empregado, aqui, segundo o autor, no sentido mais amplo que se pode ter, significando garantia fundamental. Liberdades-públicas: isto, sim, é o que deve ser assegurado pelo Estado-juiz no exercício da função jurisdicional. Trata-se de uma limitação do poder estatal, o qual não pode ser absoluto, sob pena de se contrariarem os cânones do Estado Democrático de Direito. (CÂMARA, 2008. p. 80).

Tem-se, ainda, o escopo político da participação dos jurisdicionados nos destinos da sociedade. Para tanto, utiliza-se de instrumentos tais como: ação civil pública, em que a participação se faz por meio de associações e instituições de defesa dos interesses da sociedade, como o Ministério Público; ação popular, em que tal participação é deferida diretamente aos cidadãos, entre outras. A participação da sociedade na fixação de seus destinos é essencial para a caracterização de um Estado Democrático de Direito.

Segundo Cintra, Grinover e Dinamarco (2005, p.141), "ao criar a jurisdição no quadro de suas instituições, visou o Estado garantir que as normas de direito substancial contidas no ordenamento jurídico efetivamente conduzam a resultados enunciados." Desta forma, espera-se que o Estado atinja, em cada caso concreto, os objetivos das normas de direito material. No entanto, tais objetivos são sociais, pois trata-se de garantir que o interesse da sociedade prevaleça.

Antônio Lamarca ainda menciona que a jurisdição possui poderes que se dividem em: poder de decisão, coerção e documentação. O primeiro diz respeito à atividade do juiz, ou seja, exame de pressupostos processuais e relativos à decisão de mérito. Quanto ao poder de coerção, este é mais nítido na atividade de execução em relação às partes e às testemunhas – conduta coercitiva. E, por fim, tem-se o poder de documentação, o qual se revelam por que os atos processuais são, em regra, realizados por escrito. (LAMARCA, 1979. p. 20).

Assim, os atos de direção, coerção e documentação são imprescindíveis ao exercício da jurisdição também para José Frederico Marques (1962, p. 133). Segundo José Marques, embora a declaração da *voluntas legis* seja o núcleo da jurisdição, ou o ato jurisdicional por excelência, jurisdicionais são, também, os demais atos que no processo o magistrado pratica em preparação à sentença.

Cândido Rangel Dinamarco entende que "a jurisdição é, portanto, uma função estatal e o seu exercício constitui exteriorização da capacidade que tem o Estado de se impor para cumprir seus objetivos, ou seja, exteriorização do poder." (LAMARCA, 1979. p. 20).

Esclarece, ainda, Jorge Pinheiro Castelo, que a jurisdição pode ser considerada um poder, devido à soberania do Estado. Sob a ótica das atribuições estatais, pode ser vista como função e, no âmbito processual, como atividade. Assim, pode ser vista como uma função de caráter substitutivo para realização do direito objetivo, culminando na solução da lide. (CASTELO, 1993, p. 56).

2.4. Conceito de competência

2.4.1. A competência, nos dizeres de Fredie Didier Jr. (2009, p. 106), é exatamente o resultado de critérios para distribuir entre vários órgãos as atribuições relativas ao desempenho da jurisdição. A competência é o poder de exercer a jurisdição nos limites estabelecidos por lei.

Segundo Liebman (1985, p. 55), "competência é a quantidade de jurisdição cujo exercício é atribuído a cada órgão ou grupo de órgãos."

Canotilho define o que seja competência:

> Por competência entender-se-á o poder de acção e de actuação atribuído aos vários órgãos e agentes constitucionais com o fim de prosseguirem as tarefas de que são constitucional ou legalmente incumbidos. A competência envolve, por conseguinte, a atribuição de determinadas tarefas bem como os meios de acção ("poderes") necessários para a sua prossecução. Além disso, a competência delimita o quadro jurídico de actuação de uma unidade organizatória relativamente a outra. (CANOTILHO, 2002. p. 539).

Importante salientar que todos os órgãos do Judiciário exercem a função jurisdicional na mesma medida, uma vez que a jurisdição é indivisível. A questão não é quantidade de jurisdição, mas os limites em que cada órgão jurisdicional pode legitimamente exercer esta função estatal, como adverte Alexandre Câmara (2008, p. 92).

Assim, define-se competência como o conjunto de limites dentro dos quais cada órgão do Judiciário pode exercer legitimamente a função jurisdicional. Em outras palavras, embora todos os órgãos do Judiciário exerçam a função jurisdicional, cada um desses órgãos só pode exercer tal função dentro de certos limites estabelecidos por lei. (CÂMARA, 2008. p. 92).

A jurisdição, como expressão do poder estatal, é uma só, não comportando divisões ou fragmentações: cada juiz ou cada tribunal é plenamente investido dela. Contudo, o exercício da jurisdição é distribuído pela Constituição e pela lei ordinária, entre os muitos órgãos jurisdicionais, cada qual, a exercerá dentro de determinados limites. A isto denomina-se competência. (CINTRA; GRINOVER; DINAMARCO, 2005. p. 237).

Essencial, portanto, é a verificação dos critérios de sua fixação, ou seja, a averiguação dos parâmetros empregados pelo ordenamento jurídico para estabelecer os limites dentro dos quais cada órgão do judiciário pode exercer a função jurisdicional.

2.5. Competência jurisdicional internacional

2.5.1. A dificuldade para distinguir jurisdição e competência agrava-se diante da existência de uma terceira ordem de limites ao poder de julgar chamada "competência internacional", terminologia que se deve na visão de Hélio Tornaghi a uma "convenção tácita" entre os autores de Direito Internacional Privado e de Processo. (MADRUGA FILHO, 2003, p. 78).

Hélio Tornaghi esclarece que:

> por uma convenção tácita, os autores de Direito Internacional Privado e de Processo denominam competência internacional a que é atribuída à justiça de um Estado país, em casos nos quais também se justificaria a intervenção do Poder Judiciário de outro Estado. (TORNAGHI, 1974. p. 302).

Antenor Pereira Madruga Filho ensina que duas premissas são fundamentais no estudo de jurisdição e competência internacional. Explica o autor:

a) O poder que possui o Estado para solucionar conflitos é amplo, não se encerrando nos seus limites territoriais, mas não é ilimitado; b) não interessa ao Estado usar todo esse poder, pois há casos que, embora possam ser submetidos à sua jurisdição, são irrelevantes aos propósitos da atividade jurisdicional ou que podem ser mais bem solucionados por outra jurisdição. (MADRUGA FILHO, 2003. p. 86).

Assim, postas tais premissas, pode-se inferir uma conveniência do Estado em limitar a sua atividade jurisdicional. Esta conveniência de limitação da jurisdição traduz-se em regras de competência geral (internacional). Estas regras de competência internacional informam ao Poder Judiciário quais são as causas que podem ser submetidas ao seu julgamento. (MADRUGA FILHO, 2003. p. 86).

No Brasil, a competência internacional é definida em lei, segundo informam os arts. 88 e 89 do Código de Processo Civil.

O *caput* do art. 88 do CPC diz: "É competente a autoridade judiciária brasileira quando:"[5] (BRASIL, 2013a) e os incisos que se seguem retratam as hipóteses, em que o legislador entendeu convenientes ao julgamento pelo Estado brasileiro. Já o *caput* do art. 89 do CPC diz: "Compete à autoridade judiciária brasileira, com exclusão de qualquer outra:"[6] (BRASIL, 2013a) e segue uma lista de matérias cujos conflitos não são apenas convenientes ao conhecimento do Judiciário brasileiro, mas, sim, exclusivos dele.

Dessa forma, observa-se que em ambos dispositivos prevalece regra com sentido positivo, ou seja, regra atribuindo um poder à autoridade judiciária brasileira. No entanto, o sentido da norma de competência internacional é exatamente o oposto, negativo, pois visa limitar o âmbito de atuação jurisdicional legítima do Estado brasileiro.

Vale lembrar que "competência é limitação de um poder maior, a jurisdição." (MADRUGA FILHO, 2003. p. 90). Portanto, nota-se que o propósito das regras de competência internacional é fixar uma autolimitação à regra de jurisdição. Assim, dentro do espaço ou da matéria em que o Direito Internacional reconhece válida a jurisdição do Estado, este, por critérios próprios, determina ao seu Judiciário um âmbito de atuação ainda mais estreito (competência internacional).

---

(5) Art. 88 CPC: É competente a autoridade judiciária brasileira quando:

I – O réu, qualquer que seja a sua nacionalidade, estiver domiciliado no Brasil;

II – no Brasil, tiver que ser cumprida a obrigação;

III – a ação originar-se de fato ocorrido ou ato praticado no Brasil.

Parágrafo único: Para o fim do disposto no n. I, reputa-se domiciliada no Brasil a pessoa jurídica estrangeira que aqui tiver agência, filial ou sucursal.

(6) Art. 89 CPC: Compete à autoridade judiciária brasileira, com exclusão de qualquer outra:

I – conhecer de ações relativas a imóveis situados no Brasil;

II – proceder a inventário e partilha de bens, situados no Brasil, ainda que o autor da herança seja estrangeiro e tenha residido fora do território nacional. (BRASIL, 2013a)

Segundo o autor, a distinção entre jurisdição e competência ocorre porque aquela é limite externo do poder jurisdicional do Estado, enquanto competência é o limite interno desse mesmo poder. (MADRUGA FILHO, 2003. p. 91).

Guido Soares ensina que os limites à abrangência espacial da jurisdição estatal podem advir de disposições legais do próprio sistema legal, o que ele chama de autolimitação, ou de outro sistema legal, situado fora do referencial desta autolimitação e a ele superior, chamado de heterolimitação. (SOARES, Guido,1984. p. 18).

Na autolimitação, encontram-se dois tipos de normas, conforme ensina Guido Soares:

a) as regras internas de conflitos que reconhecem a jurisdição estabelecida em outros países, chamadas regras sobre competência judiciária internacional, ou em sistemas jurídicos concorrentes com o sistema estatal, as chamadas normas estaduais, locais e municipais, que permitem sua existência ao lado das normas estatais e;

b) as regras internas que permitem a mais ampla eleição contratual da jurisdição, seja esta uma jurisdição estatal – cláusulas de eleição de foro – seja uma jurisdição construída pelas partes – cláusulas compromissórias. (SOARES, Guido, 1984. p. 18).

Importante ressaltar que, na autolimitação, os Estados julgam quais matérias mais conveniente para submeter à sua jurisdição.

No caso da heterolimitação da jurisdição estatal, aparecem normas do Direito Internacional, consuetudinárias e convencionais, estas de duas espécies:

a) multilaterais, constantes de tratados especiais sobre imunidade de jurisdição, como a Convenção de Viena de 1961, ou presentes em tratados genéricos de instituição de Organismo Internacional e;

b) bilaterais, formuladas entre dois Estados ou um Estado e um Organismo Internacional, nos quais se estabelecem as imunidades dos agentes e dos funcionários de uma pessoa em relação aos tribunais judiciários da outra. (SOARES, Guido,1984. p. 18).

Cumpre salientar que, no Brasil, a determinação da jurisdição brasileira se filia ao critério da competência jurisdicional internacional fixada por normas internas de definição da competência territorial. (SOARES, Guido, 1984. p. 22).

2.6. Competência Internacional da Justiça do Trabalho

Atualmente, a Constituição da República Federativa do Brasil de 1988 prevê, no seu art. 114, inciso I, que compete à Justiça do Trabalho processar e julgar as ações oriundas da relação de trabalho, abrangidos os entes de direito público externo e da administração pública direta e indireta da União, dos Estados, do Distrito Federal e dos Municípios. (BRASIL, 2013a).

A competência internacional da Justiça do Trabalho advém justamente da expressão "abrangidos os entes de direito público externo." (BRASIL, 2013a).

Importante ressaltar que, mencionado preceito constitucional, ao atribuir esta competência à Justiça do Trabalho, cuidou tão somente dos empregados dos entes públicos externos. Isto porque, quando se tratar de ação movida por funcionário diplomático ou consular, o foro competente é a Justiça Federal, consoante art. 109, inciso II, da Constituição Federal de 1988.[7] (FRANCO FILHO, 1998. p. 16).

Assim, tem-se que há uma competência trabalhista limitando o poder daqueles que detêm a jurisdição. Somente o juiz trabalhista tem competência para apreciar as matérias elencadas no art. 114 da CF/88, inclusive, as que envolvam relações trabalhistas com sujeitos de direito internacional público.

Ademais, as Convenções de Viena sobre Relações Diplomáticas (1961) (ANEXO A) e sobre relações Consulares (1963) (ANEXO B), quando tratam da jurisdição civil, incluem nela a jurisdição trabalhista, uma vez que existem países que não dispõem de órgão judiciário especializado, tal como conhecido no Brasil. Logo, quando se fala em jurisdição civil também se cuida de jurisdição trabalhista, os quais estão sob a competência da Justiça do Trabalho. (FRANCO FILHO, 1998. p. 17).

Carlos Henrique Bezerra Leite (2006, p. 175) ressalta que o art. 114, inciso I da CF/88, com a nova redação dada pela Emenda Constitucional N. 45/2004, alargou a competência da Justiça do Trabalho. A relação de trabalho é gênero, tendo a relação de emprego como uma de suas espécies. Pode-se dizer, assim, que a Justiça do Trabalho é competente para as demandas de relação de trabalho e, consequentemente, para as de emprego.

Nas palavras de Sérgio Pinto Martins, competência:

> é uma parcela da jurisdição, dada a cada juiz. É a parte da jurisdição atribuída a cada juiz, ou seja, a área geográfica e o setor do Direito em que vai atuar, podendo emitir suas decisões. Consiste a competência na delimitação do poder jurisdicional. É, portanto, o limite da jurisdição, a medida da jurisdição, a quantidade da jurisdição. A jurisdição é o todo. A competência é a parte. A competência não abrange a jurisdição, mas esta envolve aquela. (MARTINS, 2006. p. 91).

Competência vem do latim *competentia*, de *competere*, que significa estar no "gozo ou no uso de ser capaz, pertencer ou ser próprio", segundo adverte Sérgio Pinto Martins (2006, p. 91).

A competência da Justiça do Trabalho para os entes de direito público externo anterior à modificação da EC n. 45/2004 tinha a seguinte redação:

> Art. 114 – Compete à Justiça do Trabalho conciliar e julgar os dissídios individuais e coletivos entre trabalhadores e empregadores, abrangidos os entes de direito público externo e da administração pública direta e indireta dos Municípios, do Distrito Federal, dos Estados e da União, e, na forma da lei, outras controvérsias decorrentes da relação de trabalho, bem como os litígios que tenham origem no cumprimento de suas próprias sentenças, inclusive coletivas. (BRASIL, 2013a).

---

(7) Art. 109 CF/88: Aos Juízes Federais compete processar e julgar:
 II – as causas entre Estado estrangeiro ou Organismo Internacional e Município ou pessoa domiciliado ou residente no país;

Pós Emenda Constitucional 45/2004, que acrescentou inciso I ao art. 114 da Constituição Federal de 1988, assim ficou disposta a competência dos entes públicos externos:

Art. 114 – Compete à Justiça do Trabalho processar e julgar:

I – as ações oriundas da relação de trabalho, abrangidos os entes de direito público externo e da administração pública direta e indireta da União, Estados, Distrito Federal e Municípios. (BRASIL, 2013a).

Nota-se, portanto, que a reforma do judiciário trouxe modificação no conceito de relação de trabalho, abrangendo todas as relações jurídicas em que há prestação de trabalho, tanto no âmbito de contrato de trabalho como no de prestação de serviços e, mesmo em outros contratos em que haja trabalho.

Ademais, nas constituições anteriores, não havia previsão alguma quanto aos entes de direito público externo estarem inseridos na competência da Justiça do Trabalho.

Silvana Mandalozzo, fazendo retrospecto histórico das Cartas Constitucionais do Brasil, ensina que:

> nas Constituições brasileiras de 1946 a 1967, nada estava previsto acerca da competência da Justiça do Trabalho em relação aos entes de direito público externo. Isto se observa pela redação contida no *caput* de tais diplomas legais. No art. 123 da Constituição dos Estados Unidos do Brasil, de 1946 constava: Compete à Justiça do Trabalho conciliar e julgar os dissídios individuais e coletivos entre empregados e empregadores, e as demais controvérsias oriundas do trabalho regidas por legislação especial. O art. 134 da Constituição do Brasil de 1967 dispunha que: "Compete à Justiça do Trabalho conciliar e julgar os dissídios individuais e coletivos entre empregados e empregadores e as demais controvérsias oriundas de relações de trabalho regidas por lei especial". O art. 142 da Emenda Constitucional n. 1 de 1969, estabelecia: "Compete à Justiça do Trabalho conciliar e julgar os dissídios individuais e coletivos entre empregados e empregadores e, mediante lei, outras controvérsias oriundas de relação de trabalho." (MANDALOZZO, 2001. p. 58).

A Súmula N. 83 do antigo Tribunal Federal de Recursos surgiu para definir de quem era a competência quando figurasse na causa ente de direito público externo. Assim, dispunha a Súmula: "compete à Justiça Federal processar e julgar reclamação trabalhista movida contra representação estrangeira, inclusive para decidir sobre a preliminar de imunidade de jurisdição." (BRASIL, 2013a).

Todavia, muitos doutrinadores entendiam que a competência cabia à Justiça do Trabalho quando se tratasse de reclamações trabalhistas envolvendo entes de direito público externo, de um lado e, embaixadas e consulados, de outro.

Esse, inclusive, foi o pensamento do Ministro Sydney Sanches no julgamento do processo 9696-3-SP (*leading case* Genny de Oliveira). Assim, informa:

> não há imunidade judiciária para o Estado estrangeiro, em causa de natureza trabalhista. Em princípio, esta deve ser processada e julgada pela Justiça do Trabalho, se ajuizada depois do advento

da Constituição Federal de 1988 (art. 114). Na hipótese, porém, permanece a competência da Justiça Federal, em face do disposto no parágrafo 10 do art. 27 do ADCT da CF/88, c/c art. 125, II, da EC 1/69. Recurso Ordinário conhecido e provido pelo Supremo Tribunal Federal para se afastar a imunidade judiciária reconhecida pelo Juízo Federal de primeiro grau, que deve prosseguir no julgamento da causa, como de direito. (BRASIL,1989).

Nota-se, pois, que antes da promulgação da Carta Magna de 1988, a competência pertencia à Justiça Federal, de acordo com o art. 27, § 10 do ADCT, o qual dispõe:

Art. 27 ADCT – O Superior Tribunal de Justiça será instalado sob a Presidência do Supremo Tribunal Federal: § 10 – Compete à Justiça Federal julgar as ações nela propostas até a data da promulgação da Constituição, e aos Tribunais Regionais Federais bem como ao Superior Tribunal de Justiça julgar as ações rescisórias das decisões até então proferidas pela Justiça Federal, inclusive daquelas cuja matéria tenha passado à competência de outro ramo do Judiciário. (BRASIL, 2013a).

Assim, com o advento da Constituição Federal de 1988, cujo art. 114 foi alterado pela Emenda Constitucional N. 45/2004, estabeleceu-se a competência da Justiça do Trabalho para julgar reclamatórias trabalhistas contra entes de direito público externo, encerrando-se tal discussão.

Cumpre salientar que o Princípio da Imunidade não foi excluído com esta nova competência da Justiça Especializada. Isto é o que ensina Valentin Carrion:

mas, para pensar-se que o art. 114 da CF com seis palavras suprimiu toda uma longa construção costumeira, legislativa e judiciária, que respeita a soberania, seria necessário que o dissesse expressa e taxativamente, o que não se depreende do texto. Ainda mais que o Brasil se rege nas suas relações internacionais pela 'igualdade entre os Estados' (art. 4º, V) e a 'solução pacífica dos conflitos' (VI). A igualdade é origem do brocardo consagrado desde a idade média, *par in parem non habet imperium* (o igual não tem império sobre o semelhante). A simples afirmação de competência para julgamento não afastaria o princípio da imunidade. A Constituição anterior dava à Justiça Federal competência genérica para julgar as ações de Estados estrangeiros (art. 122, II), e o princípio nunca deixou de ser respeitado. Assim, o art. 114 poderia ter o efeito de afastar a competência de outra jurisdição nacional para conhecer de ação trabalhista, superando, assim, a Súmula n. 83 do TRF. (CARRION, 2002. p. 480).

Maria de Assis Calsing adverte que "logo após a promulgação da Constituição Federal de 1988 houve uma tendência generalizada nos tribunais trabalhistas de nosso país de entender que a imunidade de jurisdição havia terminado." (CALSING, 2002. p. 204).

Explica a autora que:

a imunidade de jurisdição do Estado estrangeiro (e, quiçá, outra qualquer) havia terminado, pelo menos em matéria trabalhista, pela simples transferência da competência antes afeta constitucionalmente à Justiça Federal para a Justiça do Trabalho, de conciliar e julgar os conflitos entre trabalhadores e empregadores, abrangidos os entes de direito público externo (art. 114 da CF/88). (CALSING, 2002. p. 204).

Entretanto, o disposto no art. 114 da CF/88 em nada alterou o tema da imunidade soberana, por se tratar de mera regra de competência constitucional interna.

Importante explicar que o Ministro Sydney Sanches, ao proferir seu voto no caso de Genny de Oliveira *versus* República Democrática Alemã, em 1989, no Brasil (*leading case*), equivocou-se nos conceitos de jurisdição e competência, entendendo que a matéria sobre imunidade de jurisdição tratada no caso deveria ser resolvida, por meio de aplicação de normas constitucionais, e não internacionais.

Isso é o que se verifica em parte do voto do Ministro, transcrito a seguir, extraído do julgado Apelação Cível 9696-3-SP do STF. Assim informa:

> [...] O Supremo Tribunal Federal continua competente para o julgamento do presente Recurso Ordinário, pois ainda não se instalou o Superior Tribunal de Justiça. Por outro lado, o art. 114 da nova Constituição estabeleceu: "compete à Justiça do Trabalho conciliar e julgar os dissídios individuais e coletivos entre trabalhadores e empregadores, abrangidos os entes de direito público externo". Assim, reclamação de natureza trabalhista, como é a hipótese dos autos, que envolve, de um lado, a viúva de empregado, a pleitear anotação em sua carteira de trabalho, e, de outro, a Embaixada da República Democrática Alemã, passou à competência da Justiça do Trabalho. Na hipótese dos autos, a causa, de natureza trabalhista, remanesce na competência da Justiça Federal, pelas razões que expus, (art 27, parágrafo 10 do ADCT), não vejo razão para tratá-la diversamente, afirmando, quanto a ela, a subsistência da imunidade, que já não subsiste quando a competência é da Justiça do Trabalho. Afinal, o que ditou a eliminação da imunidade foi a natureza da causa — trabalhista — e não a competência deste ou daquele órgão do Poder Judiciário. (BRASIL, 1989).

Nota-se, pois, que o Ministro Sydney Sanches confundiu-se em três afirmações, quais sejam: enganou-se na troca do conceito de competência com jurisdição - entendeu que foi o novo texto constitucional de 1988 - que trouxe substrato dogmático a fundamentar a alteração da antiga jurisprudência do Supremo Tribunal Federal, que não admitia, até então, o Estado estrangeiro ser processado perante o juiz nacional e; afirmou que a jurisprudência anterior estava calcada na Convenção de Viena sobre Relações Diplomáticas, que não dispõe sobre imunidade do próprio Estado, mas, sim, de seus representantes diplomáticos.

Diante de tais fundamentações, o Ministro Francisco Rezek divergiu de algumas premissas aduzidas pelo Ministro Sydney Sanches. Em primeiro lugar, o Ministro Rezek elucida em seu voto que as Convenções de Viena sobre Relações Diplomáticas ou Consulares não tratam, em nenhum instante, da imunidade do próprio Estado estrangeiro, mas apenas dos seus representantes. Isto é o que se extrai do seu voto:

> ficou claro, não obstante, que nenhum dos dois textos de Viena diz da imunidade daquele que, na prática corrente, é o réu preferencial, ou seja, o próprio Estado estrangeiro.

> Essa imunidade não está prevista nos textos de Viena, não está prevista em nenhuma forma escrita de direito internacional público. Ela resulta, entretanto, de uma antiga e sólida regra costumeira do Direito das Gentes. Tal foi, nas derradeiras análises da matéria, a tese que norteou as deliberações do Supremo. (BRASIL, 1989).

Ademais, o Ministro Rezek explicou em seu voto que, com o advento do art. 114 da CF/88, não havia possibilidade de submeter o Estado estrangeiro ao juiz nacional. Para o ministro, este dispositivo tratava de norma constitucional de competência, e ensinou:

tudo quanto há de novo, no texto de 1988, é um deslocamento da competência: o que até então estava afeto à Justiça Federal comum passou ao domínio da Justiça do Trabalho. Não há mais, no art. 114, que uma regra relacionada com o foro hábil para dar deslinde a esse gênero de demanda, sem embargo da eventual subsistência de normas que possam excluir a jurisdicionalidade do demandado, quando seja este pessoa jurídica de direito público externo.

O art. 114, porquanto sua redação exprime, diz apenas da competência da Justiça do Trabalho, e não exclui a possibilidade de que essa competência resulte acaso inexercitada, se concluímos que a norma consagratória da imunidade prossegue valendo entre nós. [...]. (BRASIL,1989).

Após a argumentação do Ministro Francisco Rezek em seu voto, o Ministro Sydney Sanches modificou o voto que havia proferido, adotando fundamentações do Ministro Rezek e acrescentando que: "o disposto no art. 114 da CF de 1988 vale, ao menos, como mais um argumento em favor do desaparecimento da imunidade de jurisdição, quando inclui, entre os demandáveis, entes de direito público externo". (BRASIL, 1989).

Diante disso, percebe-se que o Ministro Sanches insistiu na premissa de que o art. 114 da CF/88 havia derrubado a imunidade de jurisdição, quando entes de direito público externo demandassem em reclamatórias trabalhistas no país.

Importante salientar que, ao se estabelecer os critérios de distribuição da função jurisdicional entre os órgãos judiciários brasileiros, a Constituição não tratou da imunidade de jurisdição, mas de suas competências internas, segundo afirma Antenor Pereira Madruga Filho (2003, p. 78).

Assim, não pairam dúvidas de que a redação anterior do art. 114 da CF/88 bem como sua modificação dada pela EC N. 45/2004 não têm a função de acabar com a imunidade de jurisdição dos entes de direito público externo, quando for parte em demandas no país. Isto porque o Brasil rege-se, nas suas relações internacionais, com outros Estados estrangeiros, pelos princípios da independência nacional e igualdade entre os Estados, consoante art. 4º, incisos I e V da CF/88.

Logo, os Estados soberanos somente podem exercer a jurisdição uns sobre os outros quando houver alguma norma internacional autorizando-os, e não simplesmente por meio de direito interno, sob pena de violação aos princípios acima mencionados.

3 — Entes de Direito Público Externo

Os entes de direito público externo nada mais são do que os próprios sujeitos do Direito Internacional Público. Os pressupostos para a caracterização destas pessoas são:
a) fins compatíveis com a sociedade internacional;
b) organização que lhe permita entrar em relações com os demais sujeitos internacionais, segundo Orlando Soares (1979, p. 96-97).

Com a evolução, foram surgindo novas figuras, que também passaram a se enquadrar na referida concepção. Depois do século XIX, os Estados não têm mais o monopólio das relações internacionais. Elas são concorrenciadas pelo desenvolvimento das Organizações Internacionais. Nas palavras de Irineu Strenger, "certamente o Estado continua o ator privilegiado do jogo, mas não é o único." (STRENGER, 1998. p. 103).

Ademais, os doutrinadores despendem maiores atenções para esses entes como bem argumenta Francisco Rezek:

> sujeitos de direito público internacional — ou pessoas jurídicas de direito internacional público — são os Estados soberanos (aos quais se equipara, por razões singulares, a Santa Sé) e as Organizações Internacionais. (REZEK, 2011. p. 181).

Assim, nem todos os sujeitos de Direito Internacional serão abordados no presente trabalho, mas tão somente dois deles: os Estados soberanos e as Organizações Internacionais porque, estes sim, são os que figuram no polo passivo de uma demanda trabalhista.

Diante disso, necessária se faz a análise das características e das peculiaridades dos entes de direito público externo.

3.1. Conceito e características

Os entes de direito público externo estão delimitados no art. 42 do Código Civil, o qual preconiza que:

Art. 42. São pessoas jurídicas de direito público externo os Estados estrangeiros e todas as pessoas que forem regidas pelo direito internacional. (BRASIL, 2013a. p. 252).

Por sua vez, a Constituição Federal de 1988, em seu art. 114, I, dispõe que:

Art. 114. Compete à Justiça do Trabalho processar e julgar: I – as ações oriundas da relação de trabalho, abrangidos os entes de direito público externo e da administração pública direta e indireta da União, dos Estados, do Distrito Federal e dos Municípios. (BRASIL, 2013a. p. 106).

Nota-se, portanto, que são pessoas jurídicas de Direito Internacional Público os Estados soberanos e as Organizações Internacionais em sentido estrito. Para Ian Brownlie, "os sujeitos de direito internacional são entidades com capacidade para possuir direitos e deveres internacionais e para defender os seus direitos por meio de reclamações internacionais." (BROWNLIE, 1997. p. 71).

Para Celso de Albuquerque Mello, as pessoas internacionais são "os destinatários das normas jurídicas internacionais." (MELLO, 2004. p. 345). Explica o autor, referindo-se à teoria de Barberis, que é sujeito de direito aquele que tem direito ou obrigações perante a ordem jurídica internacional, ou seja, aquele cuja conduta está prevista direta e efetivamente pelo direito das gentes como conteúdo de um direito ou de uma obrigação. (BARBERIS apud MELLO, 2004. p. 346).

Antes, essa qualidade era própria dos Estados, agora, entretanto, outras entidades, carentes de base territorial e de dimensão demográfica, ostentam também a personalidade jurídica de direito das gentes. Para Francisco Rezek, elas estão habilitadas à titularidade de direitos e deveres internacionais, em uma relação imediata e direta com aquele corpo de normas. (REZEK, 2011. p. 181).

Hildebrando Accioly e Geraldo Eulálio da Silva entendem que:

> sujeito do Direito Internacional Público (DIP) é toda entidade jurídica que goza de direitos e deveres internacionais e que possua a capacidade de exercê-los. Esta noção foi definida com clareza pela Comissão Internacional de Justiça em seu parecer consultivo de 11 de março de 1949, no tocante às reparações por danos sofridos a serviço das Nações Unida. (ACCIOLY; SILVA, 2000. p. 64).

Os sujeitos de Direito Internacional (DI) não têm sido os mesmos por meio dos tempos. A cada comunidade histórica da vida internacional, correspondem diferentes sujeitos de direito, como afirma Celso de Mello (2004, p. 347).

Assim, em Roma, as normas eram dirigidas mais ao indivíduo do que ao Estado. No período medieval, a comunidade política ingressava no plano jurídico internacional de modo definitivo. O Estado foi, entretanto, exercendo um papel monopolizador no mundo jurídico internacional, que acabou por se reduzir, no século XIX, a uma aristocracia de Estados, como ensina Celso de Mello (2004, p. 347).

O ente de Direito Internacional Público tem capacidade de celebração de tratados e de direito de legação. O tratado, nos dizeres de Accioly e Geraldo Silva, "é o ato jurídico por meio do qual se manifesta o acordo de vontades entre duas ou mais pessoas internacionais." (ACCIOLY; SILVA, 2000. p. 64). Eles podem ser firmados não só pelos Estados estrangeiros, mas, também, pelas demais pessoas de direito internacional, tais como as Organizações Internacionais.

O direito de legação[8], por sua vez, tem como fundamento a manutenção de boas relações entre os Estados, recebendo e enviando representantes diplomáticos. (ACCIOLY; SILVA, 2000. p. 23).

---

(8) O Direito de Legação é a faculdade de enviar e receber agentes diplomáticos. Apenas gozam deste direito as pessoas de Direito Internacional Público, como os Estados soberanos e as organizações internacionais. A faculdade de enviar representantes diplomáticos recebe o nome de Direito de Legação Ativo, a de recebê-los, de Direito de Legação Passivo.

No que se refere aos Estados, o Direito de Legação decorre da soberania no seu aspecto externo, isto é, o não reconhecimento de autoridade superior à do próprio Estado. Assim sendo, somente os Estados que sejam soberanos gozam do direito de legação - os semi-soberanos só o exercem com autorização do Estado ao qual estão vinculados.

O Direito de Legação deriva do princípio da igualdade jurídica dos Estados e é regulado pelo princípio do consentimento mútuo. (MELLO, 1986. p. 932).

No século XX, a sociedade internacional sofreu uma profunda transformação. A universalização do mundo jurídico internacional, iniciada no século XIX, chegou ao seu fim. O domínio dos Estados diminuiu. O homem voltou a ter direitos e deveres perante a ordem internacional. As Organizações Internacionais entraram no campo jurídico como, um dos principais e mais atuantes, sujeitos de direito, elucida Celso de Mello. (2004, p. 347).

3.2. Estados estrangeiros

Os Estados são os principais sujeitos de direito internacional. Eles são os sujeitos primários e os fundadores da sociedade internacional, segundo afirma Aguilar Navarro citado por Celso de Mello. (NAVARRO *apud* MELLO, 2004. p. 355).

Os Estados estrangeiros são um contingente humano a conviver, sob alguma forma de regramento, dentro de certa área territorial, sendo certo que a constituição não passa do cânon jurídico desta ordem, assim definido por Francisco Rezek (2011, p. 182).

A Convenção Pan-americana sobre Direitos e Deveres dos Estados (Montevidéu, 1933) considera que o Estado, para ser pessoa de Direito Internacional, deve ter os seguintes requisitos:

a) povoação permanente;

b) território delimitado;

c) governo; e

d) capacidade de entrar em relações com os demais Estados. (MELLO, 2004. p. 355).

A personalidade jurídica do Estado, no Direito Internacional, diz-se originária, enquanto derivada das Organizações. Isto porque ele ostenta três elementos conjugados, quais sejam: uma base territorial, uma comunidade humana estabelecida sobre esta área e uma forma de governo não subordinado a qualquer autoridade exterior. (REZEK, 2011. p. 193).

Para Celso de Mello (2004, p. 355), o Estado é aquele que reúne três elementos indispensáveis para a sua formação:

a) população, composta de nacionais e estrangeiros;

b) território, que não precisa ser completamente definido, sendo que a ONU tem admitido Estados com questões de fronteira, por exemplo, Israel; e

c) governo, que deve ser efetivo e estável. Todavia, o Estado, pessoa internacional plena, é aquele que possui a soberania.

Em um Estado pode faltar-lhe o governo, no caso dos períodos anárquicos, e pode, também, faltar-lhe a disponibilidade de ter efetivamente um território. Todavia, o elemento humano é o único que se supõe imune a qualquer desaparecimento e sua existência ininterrupta corresponde ao princípio da continuidade do Estado. Este princípio é explicado pela atração da matéria pela matéria. Nas palavras de Rezek, "a pretensão ocupacionista do descobridor avança pelo território adentro até quando possível, em geral, encontrar a resistência de uma pretensão alheia congênere." (REZEK, 2011. p. 195).

A soberania, hoje, não é mais entendida no seu sentido absoluto, pelo contrário, ela é tomada como dependendo da ordem jurídica internacional. O Estado soberano deve ser entendido, segundo Celso de Mello:

> como sendo aquele que se encontra subordinado direta e imediatamente à ordem jurídica internacional, sem que exista entre ele e o Direito Internacional (DI) qualquer outra coletividade de permeio. É, assim, sujeito de DI com capacidade plena o Estado que tem a 'competência da competência' na linguagem dos autores alemães. (MELLO, 2004. p. 365).

Diversos doutrinadores têm proposto o abandono da palavra 'soberania', uma vez que o poder do Estado não é mais absoluto e, desta forma, deveria ser utilizada a palavra 'independência'. No entanto, a palavra 'soberania' continua a ser empregada no seu sentido moderno, isto é, relativo. Ela tem a vantagem de designar o mais alto poder, estando aí, talvez, a maior razão para a sua manutenção, segundo explica Celso de Mello (2004, p. 366).

A soberania, segundo Rezek, não se configura como quarto elemento do Estado estrangeiro. Para ele:

> A soberania não é elemento distinto: ela é atributo da ordem jurídica, do sistema de autoridade, ou mais simplesmente do terceiro elemento, o governo, visto este como síntese do segundo – a população – e projetando-se sobre seu suporte físico, o território. (REZEK, 2011. p. 263).

Nota-se, portanto, que a soberania, atributo fundamental do Estado, o faz titular de competências que não são ilimitadas, haja vista a existência da ordem jurídica internacional.

A população do Estado define-se como o conjunto das pessoas instaladas em caráter permanente sobre seu território, composta, na sua grande maioria, de nacionais e, na sua minoria, — variando de acordo com o Estado estrangeiro — de estrangeiros residentes. (REZEK, 2011. p.212).

Os nacionais possuem direitos políticos, bem com se encontram sujeitos ao serviço militar, direitos e deveres estes que não são dados aos estrangeiros. O ideal de todo Estado é que sua população se torne uma nação. É o Estado que cria a nação. O aspecto quantitativo da população é irrelevante para o Direito Internacional Público, apesar de, no campo da política internacional, o número de habitantes poder se constituir em um elemento que fortaleça o poder do Estado, como ensina Celso de Mello (2004, p. 366).

Além disso, pode-se, também, mencionar o nível ou a qualidade dos habitantes, isto é, se existem dentro da população pessoas com nível cultural suficiente para assegurarem os serviços essenciais do Estado. Isto porque, caso não os haja, a dependência deste Estado em relação a outras potências pode aumentar, segundo alerta Celso de Mello (2004, p. 366).

O autor ainda explica que:

> é impossível a um Estado sobreviver por longo espaço de tempo sem conseguir assegurar um mínimo de serviços em funcionamento, tendo em vista a

interdependência, que cada vez mais se acentua no plano internacional, bem como a intensificação das comunicações, que conduzem os habitantes a uma constante comparação com os Estados estrangeiros. (MELLO, 2004. p. 367).

Gerson de Mello Boson entende que a população do Estado não é apenas a nação, mas todo o povo que viva no território. Salienta que o conceito de povo é flexível, sendo qualquer porção de gente qualificável, enquanto o de nação tem as características de permanência e continuidade. (BOSON, 1994. p. 221).

Nação, segundo Carlos Roberto Husek, é o conjunto de indivíduos que têm a mesma origem, as mesmas tradições, os mesmos costumes, geralmente professam a mesma religião e com a mesma língua, podendo existir uma nação distribuída em vários territórios e sob distintos governos (HUSEK, 2004. p. 44).

O território do Estado define-se pela sua área terrestre, somada aos espaços hídricos de topografia puramente internos, como os rios e os lagos que se circunscrevem no interior desta área sólida. Sobre o território, o Estado estrangeiro exerce sua jurisdição geral e exclusiva (REZEK, 2011. p. 193).

Assim, o território é uma fração delimitada do planeta em que o Estado se mantém com os seus demais elementos, com a sua população e com os seus órgãos componentes (BOSON, 1994, p. 222).

O território é um dos fundamentos essenciais do Estado. Ele apresenta um critério de organização da vida internacional, vez que a jurisdição é predominantemente, não exclusivamente, territorial. A alteração do território acaba por atingir o Estado, pelo menos politicamente, sem que isso venha a afetar a sua continuidade, isto é, a sua personalidade no plano internacional. Para ser Estado "é suficiente que tenha um território efetivamente governado", nas palavras de Celso de Mello (2004, p. 367).

O território estatal abarca, ainda, o espaço aéreo e determinados espaços marítimos (águas interiores e mar territorial) e não se limita ao domínio terrestre.

Os doutrinadores têm apontado o território como sendo o elemento característico do Estado, vez que é o elemento que o distingue das demais corporações. O Estado seria a corporação territorial, como ensina Celso de Mello (2004, p. 367).

O tamanho e a qualidade do território são irrelevantes para o Direito Internacional Público (DIP), apesar de apresentarem grande importância no campo da política internacional, por meio de fatores como: localização estratégica e recursos, entre outras coisas. Assim, dependendo do tamanho do seu território, o Estado poderá aumentar ou diminuir a sua dependência externa (MELLO, 2004. p. 367).

Ian Brownlie ressalta que a comunidade política deve controlar determinada área, mas não se exige que ela tenha fronteiras totalmente definidas. (BROWNLIE, 1997. p. 84-85).

Identifica-se um Estado estrangeiro quando encontrar-se, sobre determinado território delimitado, uma população estável e sujeita à autoridade de um governo que não se subordina a qualquer outro que lhe seja superior.

Governo, para Celso de Mello (2004, p. 367), é o terceiro elemento do Estado e é a sua organização política. O poder existe em toda sociedade como uma necessidade de se manter a própria organização social. O Direito Internacional público não impõe uma forma de governo para os Estados. A organização política é uma decorrência da soberania do Estado e é assegurada pela ordem jurídica internacional.

Assim, governo é a organização estável política, podendo se relacionar com os demais Estados, segundo ensina Carlos Roberto Husek (1995, p. 33-34).

Os Estados podem ser classificados quanto à sua estrutura em simples e compostos. Os primeiros não apresentam maiores problemas para o Direito Internacional, explica Celso de Mello (2004, p. 375), vez que apresentam um poder único e centralizado. A personalidade internacional é única.

Os Estados compostos apresentam uma estrutura complexa e a centralização do poder não é tão grande. Esta categoria, por sua vez, classifica-se em:

a) Estados compostos por coordenação e

b) Estados compostos por subordinação. (MELLO, 2004. p. 375).

Carlos Husek explica que os Estados compostos por coordenação são constituídos pela associação de Estados soberanos, com autonomia para cada unidade estatal, mas um poder soberano central. Elucida o autor que:

> estão nesse caso a "união pessoal" (dois ou mais Estados unidos temporária ou acidentalmente sob a autoridade de um soberano), a "união real" (reunião, sob o mesmo monarca ou chefe, de dois ou mais Estados por acordo mútuo, delegando os Estados a um órgão único os poderes de representação externa), a "união federal" ou "federação" (dois ou mais Estados conservam sua autonomia interna, sendo a soberania externa exercida por um governo federal) e a "confederação" (uma associação de Estados soberanos que conservam sua autonomia e personalidade internacional, mas, para certos fins especiais, cedem o poder a uma autoridade central). (HUSEK, 2004. p. 46).

Os compostos por subordinação, prossegue o autor, são os "vassalos" que gozam de autonomia interna e devem vassalagem a outro Estado — suserano — nos negócios externos; os "protetorados" são aqueles que, em virtude de um tratado, colocam-se sob proteção e direção de outro Estado; os "Estados-clientes" são os que confiam a outro Estado a defesa de alguns de seus negócios e interesses e, por fim, os "tutelados" são aqueles que se acham sob o regime de tutela previsto nos arts. 75º a 85º da Carta das Nações Unidas. (HUSEK, 2004. p. 46).

Assim, o Estado estrangeiro pode participar de uma relação jurídica, desde que sua lei interna admita tal atuação e não viole a legislação de outro Estado cuja relação jurídica esteja vinculada.

3.3. Organizações internacionais

Além do Estado, que por excelência é considerado Ente de Direito Público Externo, figuram também como entes do DIP as Organizações Internacionais, que passaram a ser estudadas recentemente. São chamadas ainda de Organismos Internacionais. (HUSEK, 2004. p. 46).

O século XX é marcado pela existência de novas pessoas de Direito Internacional, que convivem com os Estados nas relações internacionais: os chamados Organismos Internacionais, como ensina Guido Soares (1984, p. 161).

A Constituição Federal de 1967 foi o primeiro texto constitucional a mencionar os Organismos Internacionais, no que não foi alterada pela vigente Emenda N. 01/69. Assim, o art. 7º dispõe que conflitos internacionais deverão ser resolvidos por negociações diretas, arbitragens e outros meios pacíficos, com a cooperação dos Organismos Internacionais dos quais o Brasil participa. (SOARES, Guido,1984. p. 193).

Diferentemente dos Estados estrangeiros, eles não possuem a dupla dimensão material, ou seja, um espaço territorial sobre o qual vive uma comunidade de seres humanos, como alerta Francisco Rezek. Segundo o autor, eles "são produto exclusivo de uma elaboração jurídica que resultou da vontade conjugada de certo número de Estados." (REZEK, 2011. p. 182).

Assim, o Organismo Internacional é apenas uma realidade jurídica, sua existência, não encontra apoio senão no tratado constitutivo, cuja principal virtude não consiste, assim, em disciplinar-lhe o funcionamento, mas em haver-lhe dado vida, sem que nenhum elemento material preexistisse ao ato jurídico criador. (REZEK, 2011. p. 182).

Importante esclarecer que, as Organizações Internacionais referem-se, segundo Ricardo Antônio Silva Seitenfus, "a uma sociedade entre Estados, constituída por meio de um Tratado, com a finalidade de buscar interesses comuns por uma permanente cooperação entre seus membros." (SEITENFUS, 2008. p. 32-33).

No entanto, cumpre esclarecer que as Organizações Internacionais possuem extraordinária heterogeneidade. Variam de acordo com seu alcance geográfico, com seu quadro de pessoal ou com seu orçamento, mas, sobretudo porque todas elas não visam a uma mesma intenção comum. Assim, variam sua finalidade, dependendo do objetivo para o qual foram constituídas.

Francisco Rezek aponta que os diferentes significados que o termo Organizações Internacionais adota refletem também nos objetivos e nas finalidades traçadas por elas.

Assim, as Organizações Internacionais propriamente ditas, para o autor, "são aquelas criadas e integradas por Estados, e por eles dotadas de personalidade própria em direito das gentes." (REZEK, 2011. p. 285).

A heterogeneidade das Organizações Internacionais sempre é usada quando não se sabe exatamente sobre o que se está falando, pontua o autor. Rezek, ainda, explica:

> essa miraculosa expressão concebida para socorrer-nos quando não sabemos exatamente de que estamos falando: se de uma verdadeira Organização Internacional, como a UNESCO, ou a OACI; se de um órgão componente de organização internacional, como o UNICEF ou Corte Internacional de Justiça; se de uma personalidade de direito interno, cuja proteção internacional não

tenha exato contorno jurídico, como o Comitê Internacional da Cruz Vermelha; se de um mero Tratado multilateral, cujo complexo mecanismo de vigência produza a ilusão da personalidade, como o GATT; ou ainda — extrema impertinência — se de uma associação internacional de empresas, situada à margem do direito das gentes, como o IATA. (REZEK, 2011. p. 285).

Nota-se, portanto, que as Organizações Internacionais podem corresponder a diferentes formas de existência de pessoas jurídicas de Direito Internacional.

As Organizações Internacionais possuem, assim, personalidade jurídica independente dos Estados que as compõem. Constituem objeto de estudo do Direito Internacional contemporâneo e surgiram das Relações Internacionais e da cooperação existente entre os Estados.

Segundo Manuel Diez de Velasco Vallejo, as Organizações Internacionais são:

> associações voluntárias de Estados estabelecidas por acordo internacional, dotadas de órgãos permanentes, próprios e independentes, encarregados de administrar uns interesses coletivos e capazes de expressar uma vontade jurídica distinta de seus membros.[9] (VALLEJO, 1997. p. 41, tradução nossa).

Cumpre ressaltar que as Organizações Internacionais são carentes de base territorial, por isso precisam que um Estado faculte a instalação física de seus órgãos em algum ponto do território. Isto pressupõe sempre a celebração de um tratado bilateral entre a Organização e o Estado, que é chamado de acordo de base, como informa Francisco Rezek (2011, p. 299).

O Tratado Constitutivo de uma Organização Internacional objetiva estabelecer os direitos e as obrigações dos Estados-membros com as Organizações Internacionais e, muitas vezes, entre os Estados-membros.

Alguns autores, como Paul Reuter citado por Ricardo Seitenfus, entendem que somente existe uma Organização Internacional quando esta pode, por meio de órgãos próprios e independentes, manifestar uma vontade distinta daquelas expressas pelos Estados-membros, pois, caso contrário, "significaria simples continuidade da atuação externa tradicional dos Estados-membros." (REUTER *apud* SEITENFUS, 2008. p. 33).

As principais características das Organizações Internacionais, para Celso D. de Albuquerque Mello (2004, p. 602), são: a) associação voluntária de sujeitos do Direito Internacional (DI); b) ato institutivo internacional da Organização; c) personalidade internacional; d) ordenamento jurídico interno; e) existência de órgãos próprios; e f) exercício de poderes próprios.

Por associação voluntária de sujeitos do Direito Internacional, deve-se entender que apenas os Estados, via de regra, são sujeitos de DI. Assim, ao ingressarem em uma

---

(9) "unas asociaciones voluntarias de estados establecidas por acuerdo internacional, dotadas de órganos permanentes, propios e independientes, encargados de gestionar unos intereses colectivos y capaces de expresar una voluntad juridicamente distinta a la de sus miembros." (VALLEJO, 1997. p. 41).

Organização Internacional, passam a ter *status* de membro. Todavia, o ingresso é sempre ato voluntário do Estado, ou seja, nenhum Estado é obrigado a ser membro de uma organização contra sua vontade (MELLO, 2004. p. 602).

As Organizações Internacionais são criadas por meio de Tratados ou Convenções. Entretanto, uma vez criadas, não se referem apenas aos Estados signatários, podendo abarcar novos Estados. Deste modo, as Organizações têm, assim, uma composição variável. (MELLO, 2004, p. 603).

O Tratado Institutivo apresenta-se como uma norma constitucional para as Organizações Internacionais e possui características peculiares, tais como: a) não tem prazo de duração; b) a execução é feita por vários atos; c) a própria Organização os interpreta; d) no silêncio do tratado, os Estados não podem denunciá-lo; e ainda, e) o Tratado Institutivo tem primazia sobre outros tratados. (MELLO, 2004. p. 603).

Importante ressaltar, nas palavras de Celso Mello (2004, p. 604), que "a interpretação de um texto constitucional em uma Organização pode servir de precedente para outra Organização Internacional."

As Organizações Internacionais passam a ter personalidade independente da de seus membros ao se constituírem. Pode-se acrescentar, ainda, que um Estado não pode concluir um tratado que viole o Tratado Institutivo de Organização Internacional de que faça parte. A sua personalidade começa a existir no momento em que começa efetivamente a funcionar, aplicando-se o princípio da efetividade, diferentemente dos Estados, que nascem por meio do ato declaratório. (MELLO, 2004. p. 604).

Para Ian Brownlie, a personalidade jurídica das Organizações Internacionais pode ser aferida pelos seguintes critérios: a) uma associação permanente de Estados, que prossegue fins lícitos, dotada de órgãos próprios; b) uma distinção, em termos de poderes e fins jurídicos, entre a Organização e os seus Estados-membros; c) a existência de poderes jurídicos que possam ser exercidos no plano internacional, e não unicamente no âmbito dos sistemas nacionais de um ou mais Estados. (BROWNLIE, 1997. p. 709-710).

Reafirma Brownlie que, a prova da capacidade jurídica das Organizações Internacionais deve ser buscada no Tratado Constituinte da entidade. Além disso, ensina que a personalidade jurídica internacional das Organizações não significa automaticamente o poder de concluir tratado, pois, isto depende do tratado que as cria. (BROWNLIE, 1997. p. 711).

A existência da personalidade jurídica das Organizações Internacionais começou a ser debatida entre os estudiosos, em 1948, quando a Organização das Nações Unidas (ONU) enviou o Conde Folke Bernadotte, diplomata sueco, como seu mediador na Palestina. Ele foi assassinado em Jerusalém, em 17 de setembro de 1948. Por estar a serviço das Nações Unidas, a Organização decidiu exigir do Estado, no qual ocorreu o ato, as indenizações e reparações devidas, como elucida Ricardo Seitenfus (2008, p. 62).

No entanto, a indefinição de sua personalidade jurídica tornava impossível a formalização da demanda. Para contornar o problema, a Assembleia Geral da ONU fez uma consulta à Corte Internacional de Justiça (CIJ) sobre sua capacidade de demandar junto aos Estados e, portanto, sobre a existência ou não de sua personalidade jurídica no Direito Internacional. (SEITENFUS, 2008. p. 62).

A Corte Internacional de Justiça, em marcante parecer datado de 11 de abril de 1949, tentou colocar termo à discussão. Alegou que a ONU possui personalidade jurídica internacional, pois constitui atualmente o tipo mais elevado de Organização Internacional, e não poderia corresponder às intenções de seus fundadores, caso ela fosse desprovida de personalidade jurídica.

Continua o parecer Consultivo da CIJ no caso de reparação de danos sofridos durante o serviço das Nações Unidas:

> a Corte julga que cinquenta e um Estados, representando uma muito larga maioria dos membros da Comunidade Internacional, têm o poder, conforme o direito internacional, de criar uma entidade titular de uma personalidade jurídica internacional objetiva — e não simplesmente uma personalidade reconhecida somente pelos Estados membros. (SEITENFUS, 2008. p. 63).

Ademais, mesmo possuindo personalidade jurídica distinta da dos Estados, a CIJ chega à conclusão de que a Organização é uma pessoa internacional. No entanto, ressalta-se que "não equivale a dizer que a Organização seja um Estado, o que ela não é certamente, ou que sua personalidade jurídica, seus direitos e deveres sejam os mesmos de um Estado". Também não seria a Organização um super-Estado, qualquer que seja o sentido dessa expressão. (SEITENFUS, 2008. p. 63).

Assim, a ONU e, por conseguinte, todas as Organizações Internacionais são reconhecidas com capacidade para alcançar os objetivos contidos em sua carta constitutiva. (SEITENFUS, 2008. p. 64).

As Organizações Internacionais, para Franco Filho:

> são sujeitos de Direito Internacional Público formados pela associação de Estados e equiparados a estes, constituídos através de tratados, dotados de personalidade jurídica própria distinta da de seus membros, que se unem com objetivos comuns e definidos. (FRANCO FILHO, 1986. p. 65).

As Organizações Internacionais têm personalidade jurídica distinta da dos Estados estrangeiros, sendo necessário cumprir três requisitos básicos, segundo Antônio Augusto Cançado Trindade, quais sejam: ser criados originalmente por um acordo internacional entre Estados; ser dotados de órgãos que expressam uma vontade distinta da dos Estados--membros e; possuir determinados propósitos a serem realizados no exercício de suas funções e poderes. (TRINDADE, 2003. p.12).

Assim, possuem esses entes internacionais personalidade interna para criar, organizar e gerir seus órgãos de funcionamento interno e, também, a personalidade jurídica internacional, sendo considerada esta imprescindível para que estes entes internacionais sejam capazes de possuir direitos e obrigações perante o Direito Internacional, determinadas nas suas normas fundadoras da Organização Internacional, expressa ou implicitamente.

O ordenamento jurídico das Organizações Internacionais regula as relações entre os seus órgãos. Isto decorre do fato de elas serem um ente social. O direito interno das Organizações não tem aspecto convencional, sendo uma manifestação de vontade da própria Organização, nos dizeres de Celso de Albuquerque Mello (2004, p. 605).

A estrutura de um ente internacional varia de acordo com as suas finalidades. De modo geral, segundo Celso Albuquerque, ela apresenta: um Conselho, que corresponde ao órgão executivo, no qual estão representados apenas alguns Estados; uma Assembleia, que representa todos os membros e, um Secretariado, que responde pela parte administrativa da Organização Internacional.

Naquelas menos desenvolvidas, há a presença apenas de um único órgão, qual seja, a Assembleia, que é dotado de poderes do governo. (MELLO, 2004. p. 605).

Para Rezek, os órgãos que compõem as Organizações Internacionais são, pelo menos, dois: uma Assembleia Geral e uma Secretaria. O autor explica que:

> a Assembleia Geral tem função de dar aos Estados-membros voz e voto, em condições de igualdade, podendo configurar o centro de uma possível competência legislativa da entidade. Por sua vez, a Secretaria é órgão de administração, de funcionamento permanente, integrada por servidores neutros em relação à política dos Estados-membros, principalmente em relação àquela de seus próprios Estados patriais. (REZEK, 2011. p. 293).

O exercício de poderes próprios de uma Organização Internacional é fixado pelo tratado que a cria. Visa atender às finalidades comuns de seus membros.

As Organizações Internacionais, ao exercerem os seus poderes, criam, por meio de deliberações, normas constitucionais. Estas deliberações, entretanto, nem sempre têm valor obrigatório. É o que ocorre com as recomendações, com os votos e com os ditames. Já as resoluções, os regulamentos e as decisões têm valor obrigatório.

Cumpre esclarecer que as decisões das Organizações não têm nulidade absoluta, a não ser que violem normas de *jus cogens*[10]. Há uma presunção em favor de sua legalidade, segundo ensina Celso de Albuquerque (2004, p. 608).

Carlos Roberto Husek afirma que existem dois elementos que aparecem em todas as Organizações: um deles é o elemento organização, que implica em permanência e vontade própria. Significa que a Organização possui uma sede e um mínimo de estrutura orgânica e de condições que permitem o seu funcionamento. O segundo elemento é ser internacional, porque criada por meio de tratado, para ser um sujeito de direito internacional, ou seja, para atuar na sociedade internacional e cumprir a finalidade para a qual foi criada. Tem-se, assim, o elemento internacional. (HUSEK, 2004. p. 133).

As Organizações Internacionais podem ser classificadas da seguinte forma, comenta Husek: a) quanto ao objeto; b) quanto à sua estrutura jurídica; e c) quanto ao seu âmbito territorial de ação ou de participação. (HUSEK, 2004, p.133).

---

(10) Normas imperativas de Direito Internacional geral. Retirado do Glossário do livro *Princípios de Direito Internacional Público.* BROWNLIE, 1997. p. 10.

A classificação quanto ao seu objeto pode ser de fins gerais e de fins especiais. Os primeiros são, em regra, predominantemente políticos, com multiplicidade de fins. Cita-se como exemplo: a Organização das Nações Unidas (ONU), a Organização dos Estados Americanos (OEA) e a Organização da Unidade Africana (OUA). As de fins especiais visam a um objeto determinado, subdividindo-se em: Organizações de cooperação política, como o Conselho da Europa; Organização de cooperação econômica, sendo exemplo o Fundo Monetário Internacional (FMI); Organização de cooperação militar, tendo a Organização do Tratado do Atlântico Norte (OTAN) e a Organização do Tratado do Sudeste Asiático (SEATO) como exemplos; Organização de cooperação social e humanitária tais como: a Organização Internacional do Trabalho (OIT), a Organização Mundial de Saúde (OMS) e Organização dotada de finalidades culturais, sendo exemplo a Organização das Nações Unidas para a Educação e a Ciência (UNESCO). (HUSEK, 2004. p. 134).

Quanto ao seu âmbito territorial, as Organizações Internacionais podem ser classificadas observando-se o critério de maior ou menor dimensão no âmbito de sua atuação e, assim, tem-se: as Organizações parauniversais e as Organizações regionais. As primeiras são aquelas que podem abarcar todos os Estados da sociedade internacional. Dentre seus exemplos, estão: a ONU, a OIT e o FMI. Já as Organizações regionais estão abertas a um número reduzido de Estados-membros. Podem ser definidas segundo critério geográfico, como a OEA e o Conselho da Europa; segundo critério ideológico ou geopolítico, como a Organização de Cooperação e Desenvolvimento Econômico (OCDE). (HUSEK, 2004. p. 135).

Celso de Albuquerque ainda lembra que outra categoria tem sido incluída, a quase--regional, citando como exemplo a OTAN. (MELLO, 2004. p. 619).

Podem ser classificadas as Organizações Internacionais segundo sua estrutura jurídica, sendo divididas em: a) Organizações Intergovernamentais e b) Organizações Supranacionais. As primeiras têm como principal objetivo fomentar relações multilaterais de cooperação. (HUSEK, 2004. p. 134).

Tais Organizações apresentam como características a constituição dos seus órgãos por representantes dos Estados, decisões tomadas por unanimidade ou maioria qualificada e a decisão dos órgãos executadas pelos próprios Estados, segundo ensina Celso Albuquerque de Mello (2004, p. 619).

As Organizações Supranacionais limitam a soberania dos Estados, transferindo poderes dos Estados para a Organização. (HUSEK, 2004. p. 134). Celso de Albuquerque complementa que tais entidades se caracterizam pela existência de órgãos em que os titulares atuam em nome próprio e não como representantes dos Estados. Nas deliberações, adotou-se a forma majoritária e as decisões dos órgãos legislativos e judiciais das Organizações são diretamente exequíveis no interior dos Estados-membros. Tais decisões são obrigatórias no território dos Estados e não dependem de qualquer "exequatur". Nestas Organizações, os Estados abdicam de suas competências em favor delas, em sentido mais amplo do que as Organizações Internacionais do modelo clássico. São exemplos a Comunidade Europeia do Carvão e do Aço (CECA), a Comunidade Econômica Europeia (CEE) e a Comunidade Europeia da Energia Atômica (EURATOM). (MELLO, 2004. p. 619).

Celso de Albuquerque ainda acrescenta mais uma classificação, além das já mencionadas anteriormente. Para ele, as Organizações Internacionais também podem ser classificadas quanto aos poderes recebidos. Assim, tem-se: a) as Organizações de Cooperação e b) as Organizações de Integração. As primeiras são mais comuns e procuram coordenar as atividades dos membros, enquanto as de subordinação, como as de integração, impõem suas decisões. Deste modo, o autor explica que as Organizações de Cooperação exercem pressão sobre os Estados, enquanto nas de Integração, os Estados diminuem o alcance da atuação das Organizações. (MELLO, 2004. p. 619).

Assim, diante das características das Organizações Internacionais apontadas acima, a definição mais exata parece ser conferida por Angelo Piero Sereni citado por Celso Albuquerque:

> a Organização Internacional é uma associação voluntária de sujeitos de direito internacional, constituída por ato internacional e disciplinada nas relações entre as partes por normas de direito internacional, que se realiza em um ente de aspecto estável, que possui um ordenamento jurídico interno próprio e é dotado de órgãos e institutos próprios, por meio dos quais realiza as finalidades comuns de seus membros mediante funções particulares e o exercício de poderes que lhe foram conferidos (SERENI *apud* MELLO, 2004. p. 601).

Desse modo, tem-se, nos dizeres de Ricardo Seitenfus (2008, p. 63-64), que "a Organização Internacional é um sujeito de direito internacional, possui a capacidade de ser titular de direitos e deveres internacionais e a capacidade de fazer valer os seus direitos."

Cumpre ressaltar a existência das Organizações Não Governamentais, as chamadas ONGs. Este termo surgiu no final da II Grande Guerra e foi consagrado pelo art. 71 da Carta das Nações Unidas, o qual dispõe:

> Art.71 – O Conselho Econômico e Social poderá entrar em entendimentos convenientes para a consulta com Organizações Não-Governamentais que se ocupam de assuntos no âmbito de sua própria competência. Tais entendimentos poderão ser feitos com Organizações Internacionais e, quando for o caso, com Organizações Nacionais, depois de efetuadas consultas com o membro das Nações Unidas interessado no caso. (MAZZUOLI, 2011).

As ONGs estavam antes adstritas à Conselho Econômico e Social (ECOSOC) sem, no entanto, haver explicitação do que era exatamente uma ONG. A Resolução 2 de 21 de junho de1946 regulamentou o mecanismo de consulta com as Organizações Não Governamentais e lhes deu uma definição, segundo Carlos Husek, afirmando que eram estabelecidas por acordo não governamental. (HUSEK, 2004. p. 51).

Não há estatuto jurídico internacional que regulamente tais Organizações, o que dificulta, e muito, o seu desempenho jurídico. Sem um estatuto internacional, as ONGs ficam dependentes da legislação de cada Estado-membro onde são constituídas e do lugar onde se propõem a funcionar, enfatiza Carlos Husek (2004, p. 51).

As ONGs assumem, em geral, a forma de associação de direito interno, não obstante reunirem indivíduos que pertencem a nacionalidades diferentes. (AMARAL JUNIOR, 2008. p. 164).

Possuem características particulares, tais como: a) ausência de fins lucrativos; b) não dependência administrativa dos Governos, embora recebam contribuições governamentais; c) dedicação a matérias mais alinhadas à sociedade civil, como questões referentes às minorias, às mulheres, ao meio ambiente, às populações indígenas, aos direitos humanos, à assistência humanitária, entre outras. (HUSEK, 2004, p. 51).

Além disso, as ONGs apresentam *status* consultivo em diversos organismos. Participam das reuniões realizadas, mantendo relacionamento com as próprias Nações Unidas e demais Organizações espalhadas pelo mundo, com efetiva atuação nos assuntos internacionais anteriormente citados. (HUSEK, 2004. p. 52).

Importante ressaltar que nem todos os doutrinadores admitem-nas como sujeitos na área internacional, todavia não se pode fechar os olhos à sua existência cada vez maior no mundo atual.

4 — Imunidade de Jurisdição

Cumpre, primeiramente, estabelecer a distinção entre imunidade e privilégio, tendo em vista o estudo, neste capítulo, da imunidade de jurisdição. Geralmente, conceitua-se imunidade, como uma exceção ao dever do Estado, isto é, dizer o direito dentro do seu território. Este privilégio, por sua vez, está ligado a determinadas áreas em que a lei estadual não tem aplicabilidade sobre os entes internacionais, como as leis tributárias. Imunidade, portanto, não é tecnicamente um privilégio (*stricto sensu*), pois não liberta os entes internacionais de nenhuma obrigação. As leis permanecem aplicáveis, apenas não podem ser impostas pelos tribunais do Estado. (SILVEIRA, 2007. p. 23).

A imunidade de jurisdição não é regra do Direito Internacional Público, mas, sim, constitui exceção. A regra geral é que, por ser titular de soberania, o Estado exerce a jurisdição sobre todas as pessoas e bens que se encontram em seu território. Todavia, incidem sobre tal prerrogativa restrições quanto à sua aplicação, como ocorre no caso dos privilégios e imunidades asseguradas aos agentes diplomáticos e consulares.

A imunidade de jurisdição, segundo Arion Sayão Romita, consiste na faculdade assegurada aos entes de Direito Internacional Público de não serem submetidos, sem seu expresso consentimento, aos efeitos da jurisdição penal, civil e administrativa exercida pelo Estado, em virtude de normas jurídicas internacionais, inicialmente costumeiras e, hoje, constantes de tratados e convenções, sendo, ainda, a jurisdição trabalhista abrangida pela civil. (ROMITA, 2005).

Três são as teorias que explicam e garantem a imunidade de jurisdição dos entes estrangeiros. A primeira, conceituada de extraterritorialidade, defendida por Hugo Grócio, explica que "segundo o Direito das Gentes, como um embaixador representado por uma espécie de ficção, a própria pessoa do seu Senhor, ele é também considerado, por semelhante ficção, como se estivesse fora do território do Estado junto ao qual exerce suas funções." (GRÓCIO *apud* ROMITA, 2005). No entanto, atualmente, encontra-se totalmente ultrapassada tal teoria.

A segunda teoria se funda na soberania e igualdade jurídica dos Estados, expressadas no princípio *par in parem non habet judicium*[11], ou seja, um igual não exerce jurisdição sobre outro igual. (REZEK, 2011. p. 207). Assim, um Estado soberano não pode ser juiz de outro.

E, por fim, uma terceira teoria, a do interesse da função. Nela se explica e se fundamenta a Convenção de Viena de 1961, que estabelece privilégios e imunidades nas

---

(11) *Par in parem non habet judicium*: nenhum Estado Soberano pode ser submetido contra a sua vontade à condição de parte perante o foro doméstico de outro Estado. (REZEK, 2011. p. 207).

relações diplomáticas. O exercício da função dos embaixadores não alcançará seu fim, caso eles não sejam dotados de prerrogativas necessárias para assegurar o êxito legítimo da sua função. Para tanto, deverão agir com toda a segurança e liberdade. Trata-se de um benefício da função, e não de um benefício pessoal. (ROMITA, 2005).

4.1. Considerações sobre a origem da imunidade de jurisdição

As imunidades surgem quase que concomitantemente com o aparecimento dos Estados modernos, por meio de práticas diplomáticas. A origem das imunidades, a princípio, está ligada a determinados lugares nos quais o culto ao divino não permitia o exercício de atividades que não fossem estritamente relacionadas aos serviços religiosos, encontrando-se, pois, sua primeira manifestação relativa a casos em que a autoridade local teve sua jurisdição subtraída.

Na Grécia Clássica e em todos os períodos da civilização romana, no interior dos templos, nos cemitérios e em locais onde os adivinhos realizavam suas atividades, havia entendimento de que os poderes das autoridades locais cessavam, atuando os seres superiores a quem aqueles lugares estavam dedicados. (SOARES, Guido, 2002. p. 26).

Interessante notar que a sacralidade de determinados locais estendeu-se aos mosteiros e conventos, mas sempre esteve presente o conceito de que, em tais locais as autoridades leigas não tinham poder algum. Ali, era consagrado o culto a um único Deus ou às pessoas que estavam a seu serviço. (SOARES, Guido, 2002, p. 26).

Percebe-se, assim, que antes da formação dos Estados modernos, existia, na época medieval, uma multiplicidade de ordenamentos jurídicos, cada qual com sua autoridade própria, sem subordinação recíproca.

Já na Idade Média, com seu sistema rígido de superposição hierárquica, os privilégios e as imunidades jurisdicionais eram determinados pelo fato de a pessoa pertencer a um estrato social, ou a uma determinada origem familiar, independente do lugar onde se encontrasse. Cada organização medieval tinha suas próprias leis e a hierarquia era determinada por discriminações e privilégios. (SOARES, Guido, 1984. p. 3).

Observa-se que, no período medieval, predominava o entendimento de que o direito tinha uma vigência pessoal, relacionada às atividades que as pessoas realizavam na sua comunidade local. As imunidades passaram a relacionar-se com o *status* da pessoa, sem ocorrer qualquer distinção entre as qualidades da pessoa e os atos que praticavam.

Segundo Guido Soares, a sacralidade de locais logo se estenderia à sacralidade das funções neles exercidas e, portanto, aos poucos, emerge a noção de que, igualmente, as pessoas que exercem funções em locais sacros se encontrariam fora do poder das autoridades leigas, uma vez que a elas se estenderiam os privilégios e as regalias concedidas às suas funções. (SOARES, Guido, 2002. p. 27).

Nota-se, pois, que as imunidades para a prática de certos atos anteriormente concedidos às pessoas nos locais sagrados logo cederia espaço para a figura da pessoa que representava o monarca e praticava atos relacionados à função do soberano.

Com o surgimento dos Estados modernos, nos quais se tem a separação dos poderes e regidos por leis constitucionais, e tendo a democracia como sua característica, o Poder Judiciário somente dita as regras dentro de seus limites, em relação a pessoas e a fatos, assim como as condições de exercício dos direitos dos cidadãos nas hipóteses especificadas na lei.

Segundo entendimento de Guido Soares, a regra é que o Poder Judiciário tem poderes totais e abrangentes para conhecer e julgar qualquer fenômeno que se passa em uma sociedade ou que a ela interessa, porém as limitações de tal poder devem ser claras e contempladas no próprio ordenamento jurídico no qual se insere. (SOARES, Guido, 2002. p. 27).

Assim, percebe-se que, nos Estados modernos, as imunidades se alargaram e entraram para a prática diplomática. O princípio do direito divino dos reis tornava os monarcas absolutistas totalmente imunes à jurisdição comum. No entanto, à medida que a eficácia da lei restringia-se a uma base territorial, os enviados diplomáticos passaram a gozar da imunidade em razão da pessoa, pouco importando a natureza do ato que praticavam.

A imunidade de jurisdição, no decorrer da história, era determinada em razão do local onde se praticava o ato. Sendo o lugar sagrado, as autoridades locais não tinham qualquer jurisdição. Mais tarde, esta imunidade foi transferida para a pessoa que realizava os atos. Logo, as pessoas que exerciam determinadas ações eram consideradas imunes à jurisdição da autoridade local, mesmo que fossem praticados atos fora de lugares religiosos. Nesta fase, importava-se muito mais o *status* da pessoa. Por fim, nos Estados modernos, o Poder Judiciário determina os limites para se dizer o direito, tanto em relação às pessoas quanto em relação aos fatos, mas tudo dentro das hipóteses contempladas na lei. Tem-se, pois, que os foros privilegiados, os procedimentos especiais, as imunidades em razão dos governantes, tudo deve estar abarcado no ordenamento jurídico.

4.1.1. Das pessoas imunes à jurisdição: diplomatas e cônsules

As imunidades concedidas aos agentes diplomáticos e consulares previstos nas Convenções de Viena de 1961 e 1963 não tem relação com a imunidade de jurisdição contemplada pelos Estados. No entanto, seu estudo faz-se necessário para compreender a imunidade dos Estados estrangeiros, visto que a precederam.

Ressalta-se que, as primeiras manifestações referentes às imunidades dos representantes diplomáticos e dos funcionários do serviço consular dos dias atuais originaram-se daquelas atribuídas aos representantes do soberano na Antiguidade.

Desse modo, não pairavam dúvidas de que o soberano era imune à jurisdição, assim como também o eram os seus representantes diplomáticos e os consulares enviados frente a governos de outros Estados, já durante o século XX. Foi necessário buscar uma definição jurídica para aqueles agentes do Estado que atuavam no exterior e que estavam amparados por norma internacional, que lhes concedia imunidade de jurisdição.

Assim, "diplomata *stricto sensu* é o agente do Estado, frente aos órgãos de outra pessoa de Direito Internacional Clássico, com funções de representá-lo, negociar em seu nome e informar-se de assuntos que lhe dizem respeito", conforme ensina Guido Soares (1984, p. 45). Já cônsul é entendido como o representante comercial ou funcionário de agências estatais no exterior, sendo ambos subordinados ao Ministro das Relações Exteriores.

Diante dos privilégios e regalias atribuídos aos diplomatas e cônsules, fez-se imperioso estipular as regras oriundas dos usos e costumes internacionais, para que ficassem claras as normas sobre as imunidades de tais pessoas. Procurou-se evitar, desta forma, os abusos que poderiam ser cometidos pelos representantes diplomáticos e consulares estrangeiros dentro do território dos Estados acreditados[12], sendo acobertados por suas imunidades e privilégios. Além disso, era premente esclarecer os exatos contornos dos direitos concedidos aos representantes diplomáticos e consulares dos Estados estrangeiros, posto que exprimiam exceções ao exercício da soberania dos Estados acreditados

Assim, surgiram quatro importantes convenções internacionais. São elas: o Regulamento de Viena de 1815, sobre a ordem de precedência dos Agentes Diplomáticos, complementado pelo protocolo de Aix-La-Chapelle de 1818; a Convenção Relativa a Funcionários Diplomáticos, adotada pela VI Conferência Internacional Americana em Havana no dia 20 de fevereiro de 1928; as Convenções de Viena de 1961, sobre Relações Diplomáticas; e a de 1963, sobre Relações Consulares. (SOARES, Guido, 1984. p. 40).

O Regulamento de Viena de 1815 sobre a Ordem de Precedência dos Agentes Diplomáticos e sua regulamentação em 1818, com o Protocolo de Aix-La Chapelle, trouxe as primeiras normas internacionais escritas sobre imunidades e privilégios dos diplomatas. (SOARES, Guido, 2002. p. 30). Foco central deste documento era deixar explícito quais eram as regras para atuação dos enviados de um Estado em outro, principalmente no tocante à aquisição de suas propriedades em territórios de outros Estados, bem como relativo às atividades de seus agentes diplomáticos.

Diante de tal documento, fixou-se o entendimento de que os embaixadores não mais representavam o monarca, mas sim seu Estado e, com isto, as regras de precedência surgiram não da importância do monarca, mas, sim, da ordem de antiguidade do corpo diplomático, a quem incumbia defender os interesses do Estado estrangeiro frente ao Estado acreditado.

O Acordo de 1815 de Viena e os princípios nele contido, nas palavras de Guido Soares:

> São de grande importância porque, além de codificarem um costume nascido da necessidade, servirão de base ao ulterior desenvolvimento da doutrina e jurisprudência internas em matéria de imunidade diplomática, até o advento das atuais regras, que se acham parcialmente consolidadas nas Convenções de Viena sobre Relações Diplomáticas de 1961 e sobre Relações Consulares de 1963. (SOARES, Guido, 1984. p. 7).

---

(12) Estados acreditados são aqueles em cujos territórios instalam-se as Missões diplomáticas estrangeiras e onde se permitem as atividades de pessoal a serviço de um Governo estrangeiro. (SOARES, Guido, 2002. p. 67).

Nota-se que a teoria da imunidade de jurisdição do pessoal diplomático ganha relevo e, aos poucos, as imunidades e os privilégios concedidos são outorgados não *intuitu personae*, mas para resguardar a função pública exercida. Isto porque os serviços diplomáticos, no Regulamento de 1815, já se achavam organizados e estabelecidos como um serviço da Administração Pública, com seus privilégios e imunidades assentados na prática diplomática.

O segundo documento contendo regras internacionais codificadas relativas à imunidade de jurisdição foi a Convenção de Havana sobre Funcionários Diplomáticos, promulgada pelo Brasil em 1929. (SOARES, Guido,1984. p.12).

A Convenção de Havana resultou do abandono da ideia de Epitácio Pessoa de apresentar seu projeto de código de Direito Internacional Público em 1911, cujos arts. 104 ao 150 continham regras sobre agentes diplomáticos. (SOARES, Guido, 1984. p. 41). Diante de tal situação, preferiu-se elaborar convenções sobre assuntos tópicos, ao invés de realizar uma codificação geral sobre todas as normas de Direito Internacional.

No entanto, a base do projeto de Epitácio Pessoa, quanto aos agentes diplomáticos, serviu de modelo para que a Comissão Internacional dos Jurisconsultos Americanos elaborasse um projeto. Em 1928, durante a VI Conferência Internacional Americana em Havana, converteu-se o projeto na Convenção de Havana de 1928 sobre os Funcionários Diplomáticos. Este documento continha 27 artigos, tendo por finalidade regular os direitos e deveres dos funcionários diplomáticos. (SOARES, Guido, 1984. p. 41).

Já em seu art. 1º ressaltava, segundo o embaixador Geraldo do Nascimento e Silva: "O direito de legação, ao reconhecer que os Estados têm o direito de se fazer representar uns ante os outros, por meio de funcionários diplomáticos." (SILVA, G., 1967. p. 14).

A codificação do direito diplomático, ocorrida com a Convenção de Havana de 1928 sobre Funcionários Diplomáticos, foi pioneira, visto que refletiu em ato único de feições multilaterais e natureza internacional que regulou a instituição diplomática. Entretanto, poucos foram os países que ratificaram tal Convenção, figurando, dentre eles, o Brasil.

A Convenção de Viena sobre Relações Diplomáticas, firmada em 18 de abril de 1961, surgiu da necessidade crescente de regulamentar, em nível global, os privilégios e as imunidades dos diplomatas e, também, dos agentes consulares, por meio da Convenção sobre as Relações Consulares em 1963.

A Convenção sobre as Relações Diplomáticas define as categorias de pessoas que são abarcadas com os atributos da imunidade de jurisdição. Assim, duas grandes são as categorias: a) pessoas empregadas do Estado acreditante[13], com vínculo de trabalho com o Estado acreditante e que são chamadas de "membros do pessoal da Missão", englobando chefe da Missão, membros da Missão, membros do pessoal da Missão, membros do pessoal diplomático, agente diplomático, membros do pessoal administrativo e técnico e membros

---

(13) Estado acreditante é aquele que mantém uma Missão diplomática e que envia seus representantes, os quais devem ser credenciados perante o Governo do outro Estado. (SOARES, Guido, 2002. p. 67).

do pessoal de serviço; b) a outra categoria é integrada por pessoas do serviço doméstico que não sejam empregados do Estado acreditante e que a Convenção denomina de "criado particular." (SOARES, Guido, 2002. p. 330).

Nota-se, assim, que o conteúdo e as extensões dos privilégios e das imunidades conferidos a tais pessoas dependerão da categoria, na qual se encaixem, bem como do quesito relativo à nacionalidade e à residência e, ainda, da espécie de atos por elas praticados.

O art. 31, item 1, da Convenção de Viena de 1961, aduz que:

1. O agente diplomático gozará de imunidade de jurisdição penal do Estado acreditado, da imunidade civil e administrativa, a não ser que se trate de:

a) Uma ação real sobre imóvel privado situado no território do Estado acreditado, salvo se o agente diplomático o possuir por conta do Estado acreditante para os fins da missão;

b) Uma ação sucessória na qual o agente diplomático figure, a título privado e não em nome do Estado, como executor testamentário, administrador, herdeiro ou legatário;

c) Uma ação referente a qualquer profissão liberal ou atividade comercial exercida pelo agente diplomático no Estado acreditado fora de suas funções oficiais. (MAZZUOLI, 2011. p. 415).

Além disso, a imunidade da jurisdição penal engloba os membros de sua família, desde que com ele vivam e não sejam nacionais do Estado acreditado, conforme disposto no art. 37, item 1 da Convenção de Viena de 1961. (MAZZUOLI, 2011. p. 417). A imunidade civil e administrativa conferida ao agente diplomático também se estende aos membros de sua família, salvas as exceções contidas nas alíneas a, b e c do art. 31, acima transcrito.

Ao agente diplomático que não seja nacional do Estado acreditante ou que nele não tenha residência permanente, bem como aos integrantes dos membros do pessoal administrativo e técnico e dos membros do pessoal de serviço da Missão não se concedem quaisquer imunidades penais e, quanto às civis e administrativas, somente gozam daqueles privilégios se não forem nacionais do Estado acreditado e apenas para os atos praticados no exercício de suas funções, nos termos dos arts. 37 e 38 da Convenção Viena de 1961. (MAZZUOLI, 2011. p. 417).

Já em relação aos criados particulares dos membros da Missão, que não sejam nacionais do Estado acreditado nem nele tenham residência permanente, estão isentos de impostos e taxas sobre os salários que receberem pelos seus serviços, conforme item 4 do art. 37 da Convenção Viena de 1961. Nos demais casos, só gozarão de privilégios e imunidades na medida reconhecida pelo referido Estado. (MAZZUOLI, 2011. p. 417).

Salienta-se, desse modo, que a imunidade de jurisdição contida na Convenção de Viena de 1961 sobre Relações Diplomáticas existe com exceções, sendo aplicada de acordo com os titulares dos privilégios e das imunidades a que se destina. Ademais, cumpre ressaltar que ela não esgotou todo o assunto, posto que no seu preâmbulo há afirmação de que "as normas de Direito Internacional consuetudinário devem continuar regendo as questões que não tenham sido expressamente reguladas nas disposições da presente Convenção." (MAZZUOLI, 2011. p. 411).

Desse modo, ela consagra uma normatividade mínima no tocante à imunidade de jurisdição, deslocando para a responsabilidade de o Estado acreditante estender tais normas a outras pessoas, mas, não, restringi-las abaixo do padrão já convencionado.

Por fim, a Convenção de Viena sobre Relações Consulares de 1963 contempla direitos menos extensos se comparados com os da Convenção sobre Relações Diplomáticas.

Cabe ressaltar que as repartições consulares, diferentemente das Missões diplomáticas, executam "o exercício de uma função pública de um Estado estrangeiro, num segmento do território nacional do Estado receptor.[14]" (SOARES, Guido, 2002. p. 35). A isso se denomina jurisdição consular, que nas palavras de Guido Soares, define-se:

> como uma competência territorial de autoridades a serviço de um Estado estrangeiro, que não se encontra paralelo na Missão Diplomática, em princípio, com jurisdição sobre todo o território dos Estados onde têm sua sede. (SOARES, Guido, 2002. p. 35).

São membros da repartição consular, conforme disciplinado no art. 1º da Convenção de Viena sobre Relações Consulares:

O funcionário consular, toda pessoa, inclusive o chefe da repartição consular, encarregada nesta qualidade do exercício de funções consulares;

O empregado consular, toda pessoa empregada nos serviços administrativos ou técnicos de uma repartição consular;

O membro do pessoal de serviço, toda pessoa empregada no serviço doméstico de uma repartição consular;

O membro do pessoal privado, a pessoa empregada exclusivamente no serviço particular de um membro da repartição consular. (MAZZUOLI, 2011. p. 421).

Deve-se observar que os membros do pessoal de serviço e do pessoal privado geralmente são funcionários contratados nos locais das repartições consulares e nacionais do Estado receptor. Assim, os direitos trabalhistas, previdenciários e tributários devem reger-se pelas leis locais do Estado receptor.

Cumpre esclarecer que as regras sobre as imunidades conferidas aos representantes consulares encontram-se nos arts. 41 a 45 da Convenção de Viena de 1963.

A principal diferença relativa à imunidade dos representantes consulares, em relação aos diplomáticos, reside no fato de que não existe imunidade criminal absoluta para eles e a imunidade de jurisdição civil dos representantes consulares não se estende aos atos praticados a título particular. (SOARES, Guido,1984. p. 62).

Assim, para os cônsules, é aplicada a regra *ne impediatur officium*, ou seja, o Estado não pode criar empecilhos à atividade consular. (SOARES, Guido,1984. p. 62).

---

(14) Estado Receptor – sinônimo de Estado acreditado.

Isso significa que o Estado receptor possui limites de atuação a fim de não turbar a cooperação entre os Estados. Exemplo disto encontra-se no art. 42 da Convenção de Viena de 1963, quando explica que:

> em caso de detenção, prisão preventiva de um membro do pessoal consular ou de instauração de processo penal contra o mesmo, o Estado tem a obrigação de notificar imediatamente o chefe da repartição consular. Se este último for o objeto de tais medidas, o Estado receptor levará o fato ao conhecimento do Estado que enviar, por via diplomática. (MAZZUOLI, 2011. p. 431).

Ainda no tocante à imunidade de jurisdição criminal dos representantes consulares, a Convenção prevê que, para os casos de detenção ou prisão preventiva, só acontecerá nos crimes graves e após decisão da autoridade judiciária competente, conforme disciplina item 1 do art. 41 da Convenção de 1963. (MAZZUOLI, 2011. p. 431).

Caso ocorra a decretação judicial de prisão preventiva, o Estado receptor tem o dever de fazer o processo iniciar-se sem a menor demora, como demonstra o item 3 do art. 41 da mesma Convenção. Sendo instaurado processo penal contra funcionário consular, a Convenção exige que as diligências sejam conduzidas com "as deferências devidas a sua posição oficial" e de maneira que "perturbe o menos possível o exercício das funções consulares", nos termos do art. 43 da Convenção. (MAZZUOLI, 2011. p. 431).

Ademais, a imunidade de jurisdição civil dos representantes consulares não se estende aos atos praticados a título particular, ou seja, restringe-se apenas "aos atos realizados no exercício das funções consulares." (MAZZUOLI, 2011. p. 432), conforme esclarece o art. 41, item 1, da Convenção de 1963.

Exceção a essa regra somente ocorrerá "no caso de ação civil que resulte de contrato que o funcionário ou empregado consular não tiver realizado implícita ou explicitamente como agente do Estado que envia[15]" (art. 43, item 2, alínea 'a', Convenção de Viena de 1963). (MAZZUOLI, 2011. p. 432). E também no caso de a ação civil ser proposta por terceiro como consequência de danos causados por acidente de veículo, navio ou aeronave, ocorrido no Estado receptor, conforme menciona o art. 42, item 2, alínea 'b' da referida Convenção.

No tocante à obrigação de prestar depoimento, os representantes consulares "poderão ser chamados a depor como testemunhas no decorrer de um processo judiciário ou administrativo, conforme ensina art. 44 da Convenção de Viena de 1963." (MAZZUOLI, 2011. p. 432), diferentemente do que ocorre com os agentes diplomáticos, que não são obrigados a prestar depoimento como testemunha, conforme vaticina art. 31, item 2, da Convenção de Viena de 1961. (MAZZUOLI, 2011. p. 416).

No entanto, caso os representantes consulares recusem-se a prestar depoimento, nenhuma medida coercitiva ou sanção será aplicada ao funcionário consular. Nota-se, pois, tratar-se de uma obrigação natural, sem penalidades.

Insta salientar que os membros da família dos componentes da repartição consular não estão incluídos automaticamente na classe das pessoas imunes à jurisdição do Estado receptor.

---

(15) Estado que envia — sinônimo de Estado acreditante.

Para Guido Soares, "a razão parece estar em que as imunidades consulares, menos abrangentes que as diplomáticas, se baseiam no resguardo da função e só alcançam as pessoas se o exercício da jurisdição estatal vier a tolher a mesma." (SOARES, Guido, 1984. p. 65).

Nota-se, pois, que os agentes consulares, além de atuarem na proteção dos interesses do Estado de origem, atuam principalmente na defesa dos interesses singulares e coletivos dos respectivos nacionais, quando eles se encontrarem fora de seu território. (BROWNLIE, 1997. p. 382). Desse modo, não estão incumbidos de funções políticas no sentido estrito do termo, e sim de funções possuidoras de caráter essencialmente burocrático-administrativo. (PELLET; DAILLIER; DINH, 2003, p. 773).

Percebe-se, assim, que a imunidade de jurisdição dos cônsules refere-se primordialmente ao exercício de suas funções oficiais no Estado receptor, visando conservar e proteger a independência e a autonomia de tais funções.

4.2. Imunidade de jurisdição do Estado Estrangeiro

Para se compreender a imunidade de jurisdição do Estado, faz-se necessário esclarecer que o seu surgimento se deu em fins do século XIX e, significou outro tipo de imunidade, diferente daquelas que a antecederam, ou seja, das diplomáticas ou das consulares. A imunidade de jurisdição do Estado visa examinar questões perante os tribunais judiciários de outros Estados cujas consequências serão sentidas nos assuntos que tratam da imunidade de execução, que será abordada no próximo capítulo. (SOARES, Guido, 2002. p. 45).

Assim, a princípio, nota-se que a imunidade de jurisdição do Estado é distinta dos regimes aplicáveis às imunidades consulares e diplomáticas. Enquanto estas são formadas por normas escritas, aquela tem por base normas consuetudinárias. Insta esclarecer que os juízes brasileiros, em um primeiro momento, entenderam negar a imunidade de jurisdição do Estado, posto que ela não estava disposta nas Convenções de Viena sobre Relações Diplomáticas nem sobre as Relações Consulares, tampouco em qualquer outro documento escrito do direito brasileiro. (MADRUGA FILHO, 2003. p. 122).

É o que se comprova no julgamento do caso Walter José Arantes *versus* República Cooperativa da Guiana, referente à Apelação Cível n. 9697-1, julgada em 30 de abril de 1986, cujo Relator foi o Ministro Djaci Falcão, que no seu voto aduz a seguinte fundamentação:

> No mérito, tem razão o apelante porquanto a reclamada Republic of Guyana, é imune à jurisdição nacional, *ex vi* da Convenção de Viena sobre Relações Diplomáticas de 18.4.1961, referendada pelo Decreto n. 66.435 de 8.6.1965. (BRASIL, 1986).

Nota-se, portanto, que os juízes basearam-se na imunidade de jurisdição prevista para os diplomatas, contida na Convenção de Viena de 1961, para que deferissem imunidade de jurisdição à República Cooperativa da Guiana, quando, na verdade, tratava-se não da imunidade de jurisdição do diplomata, mas, sim, do Estado soberano.

No entanto, o Supremo Tribunal Federal, ao julgar o caso Nogueira *versus* Estados Unidos da América, entendeu de forma acertada que a imunidade de jurisdição dos Estados originava-se de normas consuetudinárias internacionais e não daquelas descritas nas Convenções de Viena de 1961 e 1963.

O Recurso Extraordinário N. 94.084, julgado em 12 de março de 1986, traduz tal entendimento do Supremo Tribunal Federal, por meio do voto do Ministro Francisco Rezek, que fundamenta:

> as Convenções, efetivamente, versaram imunidades e outros privilégios do pessoal diplomático e do pessoal consular. Aos Estados pactuantes — entre os quais o Brasil — não pareceu necessário lançar no texto daquelas avenças a expressão escrita de uma norma costumeira sólida, incontrovertida, plurissecular e óbvia como a que poupa todo Estado soberano de uma submissão involuntária ao juízo doméstico de qualquer de seus pares. Ignorar essa norma, a pretexto de que ausente dos repositórios legislativos é, de certo modo, nulificar uma garantia decorrente do regime e dos princípios que a lei fundamental adota, tão só porque não especificada tal garantia no próprio texto da Carta ou da legislação ordinária. (BRASIL, 1986)

Percebe-se, então, que o Supremo Tribunal Federal, no julgamento do caso mencionado anteriormente, faz nítida separação entre o entendimento da imunidade de jurisdição do Estado e das imunidades dos agentes diplomáticos e funcionários consulares, contidos nas Convenções de Viena 1961 e 1963, respectivamente.

A imunidade do Estado surge, originalmente, nas palavras de Márcio Garcia, "para protegê-lo das vicissitudes dos sistemas legais domésticos, bem como para estimular o estabelecimento de boas relações entre os membros da comunidade internacional." (GARCIA, 2002. p. 84).

Assim, surge a regra *par in parem not habet judicium*, que significa não haver jurisdição entre pares. No entanto, para se chegar à conclusão de que o Estado estaria imune à jurisdição de tribunais internos de outro Estado, foi necessário que se entendesse de outra forma, qual seja: *the King can do no wrong*[16].

A separação de poderes foi estabelecida, primeiramente, por Aristóteles, em sua obra *Política*, na qual o pensador entendia existir três funções distintas, exercidas pelo soberano: a função de editar normas, a de aplicar tais normas ao caso concreto e a função de julgamento, em que conflitos eram dirimidos ao se executar as normas gerais nos casos concretos. (LENZA, 2011. p. 433).

Somente mais tarde Montesquieu aprimorou essa teoria ao dizer que tais funções estariam ligadas a três órgãos distintos e não, apenas, centralizadas na figura do rei.

Assim, a ideia *the King can do no wrong* forjou a concepção da imunidade do rei à sua própria jurisdição. Ou seja, ele era absoluto dentro das suas terras. Estado e soberano se fundiam em uma só pessoa. Isto fez com que a imunidade interna se projetasse também na esfera externa, consolidando-se o entendimento de que um Estado soberano não deve ser demandado perante o tribunal de outro. (GARCIA, 2002. p. 84).

O mencionado modelo funcionava no Estado liberal, não intervencionista, no qual o Estado não interferia para resolver questões ligadas a desentendimentos entre particulares, ao mesmo tempo em que eles não demandavam contra a Administração.

---

(16) Tal expressão significa: "o Rei não erra".

Entretanto, no momento em que o Estado passa a adotar postura ativa, intervindo nas relações privadas entre os particulares e mantendo posicionamento atuante frente à economia interna, as relações comerciais internacionais e os atos negociais, entre particulares e Estados estrangeiros, tornam-se mais comuns no cenário internacional.

O Estado passa a criar entidades descentralizadas muito semelhantes às particulares. Deste modo, inicia-se o processo de submissão da Administração Pública ao controle Judiciário interno dos Estados. (SOARES, Guido, 2002. p. 46).

Os primeiros enfrentamentos nos quais houve a presença de Estados estrangeiros perante tribunais internos de outros Estados ocorreram na Inglaterra, em causas ligadas ao direito marítimo. Eram ações reais que envolviam navios de propriedade de Estados estrangeiros. (SOARES, Guido, 2002. p. 47).

Ensina Guido Soares que:

> principiaram os tribunais ingleses a aplicar ao Estado estrangeiro, por analogia, a teoria da imunidade da Coroa britânica perante os tribunais do Rei (a citada regra: the King can do no wrong) e, por conseguinte, a não admitirem a jurisdição de conhecimento e de exequibilidade naquelas matérias. A partir de tais fatos, começou a doutrina a tipificar tal procedimento como decorrente de uma doutrina de imunidade absoluta do Estado estrangeiro. (SOARES, Guido, 2002. p. 47).

Todavia, foi nos EUA que a primeira norma jurídica escrita entrou em vigor, referindo-se às questões das imunidades dos Estados estrangeiros perante tribunais internos. A lei federal *Foreign Sovereign Immunities Act of 1976,* conhecida pela sua sigla FSIA, foi uma lei federal que enumerava expressamente quais atividades empreendidas pelo Estado estrangeiro não se beneficiavam da imunidade de jurisdição. Este exemplo foi rapidamente seguido por outros países, dentre eles o Reino Unido, com o seu *United Kingdom State Immunity Act of 1978*. Assim, as demais atividades que não estivessem listadas nessas leis escritas eram de inteira responsabilidade de suas autoridades judiciárias. (SOARES, Guido, 2002. p. 48).

A Convenção Europeia sobre Imunidades do Estado e o Protocolo Adicional, adotado na Brasileia, em 16 de junho de 1962, aberto à assinatura dos Estados Partes do Conselho da Europa, foram os primeiros textos internacionais que regularam os conflitos nascidos das relações entre as pessoas de direito privado e os Estados estrangeiros em relações comerciais. (SOARES, Guido, 1984. p.140).

A influência dessa Convenção Europeia foi decisiva na elaboração das primeiras leis escritas dos EUA e do Reino Unido, acima mencionadas. Além disso, tem sido considerada modelo de legislação de um assunto complexo. Ela guarda quatro princípios fundamentais, segundo aponta I. M. Sinclair, nos dizeres de Guido Soares:

> a) além de regular questões de imunidades de jurisdição, estabelece elementos de conexão com bases suficientes para permitir o reconhecimento e a execução de sentenças passadas contra o Estado estrangeiro;

b) entre estabelecer uma listagem, exaustiva ou ilustrativa dos atos *jure imperii* e *jure gestionis*, ou estabelecer uma paridade do Estado estrangeiro ao próprio Estado perante suas cortes, ou ainda manter, em geral a imunidade do Estado estrangeiro e excepcionar certas categorias de atos, optou-se pela terceira possibilidade: os arts. 1 a 14 contêm casos em que a imunidade não pode ser invocada, e no art. 15, regras residuais de imunidade absoluta;

c) não se permite execução no Estado do foro, contra bens de Estado contratante, mas, em contrapartida, há um sistema de obrigações que assegura o cumprimento da sentença, com salvaguardas adicionais, tais as que existem nas convenções internacionais para o reconhecimento e execução recíprocos de sentenças estrangeiras;

d) cria um regime opcional, no art. 24, que tenta conciliar os critérios de vinculação nos países signatários e que podem chocar-se com os critérios internos. (SINCLAIR *apud* SOARES, 1984. p. 140-141).

Cumpre observar que a Convenção Europeia de 1972, também chamada de Convenção da Brasileia, baseia-se no fato de os Estados renunciarem à imunidade nas relações mútuas e se submeterem à jurisdição de outro Estado, comprometendo-se a cumprirem com as obrigações impostas pelos julgamentos passados contra tais Estados. (SOARES, Guido, 1984. p. 140).

Percebe-se que sua finalidade, nos dizeres de Guido Soares:

> é de limitar os casos de concessão de imunidades, baseada na maior autonomia da vontade dos Estados e temperada por um regime correlato da faculdade de o Estado aceitar um julgamento de tribunal estrangeiro passado contra ele. (SOARES, Guido, 1984. p. 140).

As preocupações sentidas pelos Estados, quanto a regularizar questões relacionadas às imunidades de jurisdição dos Estados estrangeiros frente a outros tribunais internos refletiu-se em foros internacionais, tais como a ONU. A Comissão de Direito Internacional da Assembleia Geral da ONU estudou o assunto e elaborou um projeto de convenção, inicialmente com vinte e dois artigos.

O Projeto de Convenção da Comissão de Direito Internacional (CDI) sobre Imunidades Jurisdicionais do Estado e Seus Bens representa uma tentativa de estabelecer regras de Direito Internacional, vigentes em todos os sistemas jurídicos internos dos Estados Partes da futura Convenção. (SOARES, Guido, 2002. p. 52).

O Projeto da Comissão de Direito Internacional baseou-se na Convenção Europeia, de 1972, sobre Imunidades dos Estados, revestindo-se, agora, de normas de caráter universal. Ele foi discutido na Assembleia Geral da ONU, já tendo sido aprovado como texto definitivo de uma proposta de Convenção, que se denomina Convenção sobre Imunidades Jurisdicionais dos Estados e de Seus Bens, composta atualmente de trinta e três artigos, adotada pela Assembleia Geral em 2004[17].

---

(17) *The General Assembly, in resolution 55/150 of 12 December 2000, decided to establish an Ad Hoc Committee on jurisdictional immunities of States and their property, open also to participation by State members of the specialized*

Suas normas, quando entrarem em vigor, terão um duplo efeito, como assegura Guido Soares:

> tanto criarão um dever para o eventual Estado Parte da possível Convenção, de conferir respeito às imunidades de Estados estrangeiros perante os seus tribunais internos, quanto instituirão direitos subjetivos que aquele Estado poderá usufruir perante os tribunais internos dos Estados estrangeiros, igualmente partes da Convenção. (SOARES, G., 2002. p. 52).

Nota-se, portanto, que tem a Convenção Sobre Imunidades Jurisdicionais dos Estados e Seus Bens a finalidade de estabelecer normas aceitáveis em todos os territórios de quaisquer Estados e destes exigíveis, independente do sistema do qual participem, se *Common Law* ou Romano-Germânico.

4.3. A teoria da imunidade de jurisdição absoluta

A teoria da imunidade de jurisdição absoluta baseava-se na interpretação equivocada do adágio *the King can do no wrong*, em que a imunidade do Estado, assimilada à pessoa do soberano, pudesse ser transportada para as relações internacionais, rapidamente, consagrada pelos tribunais britânicos, conforme ensina J. F. Lalive, citado por Guido Soares (1984, p.113).

Após a assinatura da Convenção Europeia sobre Imunidades dos Estados de 1972, o Reino Unido elaborou o *State Immunity Act 1978*, assim como os Estados Unidos da América produziram a lei federal *Foreign Sovereign Immunities Act of 1976*. Diante de tais diplomas legais, a imunidade absoluta foi relativizada.

O caso *The Schooner Exchange versus Mcfaddon*, além de servir de fundamento, ilustra corretamente a teoria da imunidade absoluta. Trata-se de lide envolvendo restituição de embarcação de propriedade de dois norte-americanos que tiveram sua embarcação confiscada por tropas francesas em decorrência de violação ao embargo naval decretado contra a Inglaterra e seus aliados. (MADRUGA FILHO, 2003. p. 158).

Menos de um ano depois do confisco, viajando da Europa às Índias sob bandeira, nome e comando franceses, a escuna *Exchange* precisou aportar em território dos Estados Unidos, devido a intempéries em alto mar, permitindo aos proprietários desapossados arguirem a jurisdição territorial de seu Estado. (MADRUGA FILHO, 2003. p. 157).

Nessa lide, os Estados Unidos empenharam-se em não criar desentendimentos diplomáticos com a França. Assim, houve por bem reformar a decisão da Suprema Corte,

---

agencies, to further the work done, consolidate areas of agreement and resolve outstanding issues with a view to elaborating a generally acceptable instrument based on the draft articles on jurisdictional immunities of States and their property adopted by the International Law Commission at its forty-third session, and also on the discussions of the open-ended working group of the Sixth Committee and their results. The Ad Hoc Committee on jurisdictional immunities of States and their property held three sessions, from 4 to 15 February 2002, from 24 to 28 February 2003 and from 1 to 5 March 2004. At its third session, on 5 March 2004, the Ad Hoc Committee adopted its report, containing the Draft United Nations Convention on jurisdictional immunities of States and their property. In December 2004, the General Assembly adopted the United Nations Convention on Jurisdictional Immunities of States and their property. (UNITED NATIONS, 2010).

restituindo a McFaddon e a William Greetham a embarcação de sua propriedade. Isto porque uma decisão contrária admitida pela Corte norte-americana provavelmente não teria dado ensejo ao surgimento da teoria da imunidade absoluta. (MADRUGA FILHO, 2003. p. 157).

Dessa forma, os atos praticados por um país em ascensão podem servir de exemplo de costume internacional a ser seguido pelos demais Estados, como se observa nas palavras de Antenor Madruga Filho:

> não é de se estranhar que a prática unilateral de uma potência, cuja ascensão se verifica justamente na primeira metade do século XX, venha a ter um papel fundamental no costume internacional que se forma nesse período. Convém relembrar que, apesar de os tribunais belgas e italianos jamais terem aplicado a imunidade absoluta dos Estados estrangeiros e não obstante a resolução do Instituto de Direito Internacional, firmada em 1891, já propor uma imunidade apenas relativa, firmou-se inicialmente um costume internacional próximo à prática norte-americana, conferindo à prerrogativa de imunidade um caráter quase absoluto. (MADRUGA FILHO, 2003. p. 208).

Nota-se que até 1952, os Estados Unidos da América reconheceram uma imunidade de jurisdição quase absoluta aos Estados soberanos estrangeiros, fundando-se no precedente estabelecido no caso *"The Schooner Exchange versus Mcfaddon"*, julgado pela Suprema Corte dos Estados Unidos, em 24 de fevereiro de 1812. (MADRUGA FILHO, 2003. p. 158).

Assim, a imunidade própria do Estado surge da imunidade que se reconhecia à pessoa do soberano. Nas palavras de Antenor Madruga Filho:

> não houve a criação de uma nova imunidade, apenas a transferência da titularidade da imunidade, que deixa de ser atributo pessoal do governante, tido como soberano, passando a ser atributo da pessoa jurídica do Estado. Neste caso, a mutação estaria não no instituto da imunidade, mas na feição externa do soberano. (MADRUGA FILHO, 2003. p. 160).

No estudo sobre a imunidade de jurisdição do Estado, J. F. Lalive aponta os três princípios fundamentais que a explicam. São eles: o princípio da territorialidade, que corresponde ao fato de o Estado, em seu território, poder exercer com plenitude e exclusividade sua jurisdição, devendo as exceções serem previstas. O princípio da soberania, no qual o Estado soberano limita os poderes de jurisdição de um Estado em outro. E, por fim, o princípio da legalidade, em que o Estado deve respeito à regra jurídica. Tal dever é controlado pelo Judiciário. (LALIVE apud SOARES, G., 1984. p. 34).

Por essa teoria de Jean-Flavien Lalive, os dois primeiros princípios reconhecem a imunidade absoluta do Estado estrangeiro, devendo os Estados se declararem incompetentes, porém o princípio da legalidade vem neutralizar ou temperar o efeito absoluto dos demais, dando nascimento à teoria da imunidade relativa da jurisdição. (LALIVE *apud* SOARES, G., 1984. p. 35).

Nesse mesmo sentido, é o entendimento de Gérson Boson quanto à imunidade absoluta do Estado:

> na verdade, os seus fundamentos originários se acham nos princípios da exclusividade jurisdicional do Estado no seu território e da igualdade soberana das ordens jurídicas estatais análogas, estatuidores do direito absoluto do Estado de se organizar, de não depender senão de seus próprios órgãos, cujos pressupostos eram válidos em termos do isolacionismo em que viviam os Estados; ausentes do vasto campo das atividades privadas, no qual hoje se desdobram por constituir um dos setores da sua mais importante e permanente atualização. A teoria clássica assentava, pois, em benefício do Estado estrangeiro, uma imunidade jurisdicional absoluta, salvo renúncia. Os tribunais deveriam se dar por incompetentes 'ex officio.' (BOSON, 1972. p. 9).

O princípio da legalidade teria nascido no direito público interno, segundo Lalive, constituindo a "submissão do Estado às regras que ele próprio cria e o controle de legalidade dos atos da Administração e Legislativo e do próprio Judiciário, pela Justiça", passando depois ao Direito Internacional, diante do crescente intervencionismo estatal nas atividades econômicas. (LALIVE *apud* SOARES, G., 1984. p. 35).

Importante se faz distinguir os campos de incidência dos princípios sobre imunidade de jurisdição. No caso das imunidades diplomáticas e consulares, existem normas internacionais constantes de tratados e costumes que os tribunais internos reconhecem de maneira diferente de país para país. Referente à imunidade de jurisdição dos Estados, há princípios gerais bem mais imprecisos cuja interpretação pelos tribunais internos pode levar a resultados contraditórios no direito comparado. (SOARES, G., 1984. p. 36).

Diante disso, tem-se que no campo das imunidades diplomáticas e consulares, a norma de Direito Internacional é mais precisa, constituindo-se em um sistema consensual internacional, uniforme e universal. Já na questão da imunidade do Estado, devem-se considerar dois fenômenos: um, a imprecisão das normas de direito internacional, que deixam grande margem de divergência aos intérpretes; outro, uma verdadeira construção de um sistema jurídico nacional. (SOARES, G., 1984. p. 37).

Cumpre ressaltar que a jurisprudência foi abrandando os princípios de imunidade absoluta do Estado por meio de três construções jurídicas, como ensina Guido Soares, quais sejam: a) a interpretação extensiva da ideia de renúncia; b) a noção de que uma entidade juridicamente distinta do Estado é sujeita ao direito comum, ainda que o Estado seja seu proprietário, gerente ou administrador; e c) a distinção entre *acta jure imperii* de um lado e, do outro, *acta jure gestionis*. (SOARES, G., 1984. p. 117).

Admite-se que um Estado pode renunciar à imunidade jurisdicional, por meio da primeira construção jurídica, exatamente no exercício de seus poderes soberanos. Tem-se, como exemplo, quando o Estado subscreve uma cláusula contratual de renúncia à imunidade específica diante de tribunais de outros Estados.

Quanto à segunda construção jurídica, as entidades segundo as quais o Estado age fundamentam-se na questão de que, ao se criar tal ente estatal, descentraliza-se sua ação e o Estado estaria, dessa forma, praticando atos de comércio, ligados ao Direito comum, por isso sua imunidade seria relativa.

Por fim, a terceira construção jurídica apoia-se na distinção dos atos serem classificados em atos de império e atos de gestão. Estes últimos suscetíveis de apreciação pelos tribunais estrangeiros. (SOARES, G., 1984. p. 117).

Diante disto, foi-se abrandando a teoria da imunidade absoluta dos Estados soberanos, passando alguns países a relativizá-la, como aconteceu no caso do Brasil.

4.4. A relativização do conceito de imunidade

A evolução do mundo contemporâneo, diante da ordem interna de cada país, relativizou a imunidade absoluta de jurisdição. Esta ideia começou a desgastar-se pela segunda metade do século XX, como ensina Rezek, nos grandes centros internacionais de negócios, nos quais seria natural que as autoridades reagissem à presença de agentes de soberanias estrangeiras, realizando atos estranhos às funções de diplomacia e consulares, praticando atos no mercado, nos investimentos e, não raro, nas especulações. (REZEK, 2011. p. 207).

> Georgenor Franco Filho esclarece que:
> o Estado soberano pratica atos que não podem ser examinados por outro Estado igualmente soberano, diante do princípio da igualdade jurídica existente entre eles. Tais atos isentam o Estado de sofrer a interferência de entes iguais, porque as limitações à soberania, conquanto voluntárias, pelo Estado firmando tratados internacionais ou dispondo regras e princípios em seu Direito positivo interno, decorrem da própria necessidade da convivência internacional. (FRANCO FILHO, 1986. p. 315).

Dessa forma, nota-se que os conceitos tradicionais de soberania e imunidade, nos quais se fundava a teoria da imunidade absoluta, estavam ligados a um Estado estritamente político, baseado apenas em decidir assuntos concernentes à ordem pública.

Diante disso, a teoria da imunidade de jurisdição absoluta passa a ser relativizada, tendo em vista que, diante dos preâmbulos das Convenções de Viena sobre Relações Diplomáticas e Consulares, percebe-se que a regra passa a proteger a pessoa no exercício da função, deixando de proteger a pessoa do soberano ou seus enviados. A valoração passa a ser o exercício da função pública que a pessoa exerce em outro Estado, como ensina Guido Soares (2003, p. 26).

Com o conceito da soberania relativizado, isto é, o Estado interferindo cada vez mais nos aspectos econômicos e assumindo responsabilidades, até então, pertencentes à esfera privada, o conceito de imunidade de jurisdição absoluta torna-se mitigado.

A relativização do conceito de imunidade teve início no Brasil, em 1989, quando houve o *lead case* do caso Genny de Oliveira *versus* Embaixada da República Democrática

Alemã. (BRASIL, 1989). Neste caso, o Ministro Relator, acompanhado do voto do Revisor, Ministro Francisco Rezek, adotou, por unanimidade, a imunidade relativa de jurisdição, na esteira do Direito Internacional contemporâneo.

O Ministro Rezek deu exemplos em seu voto de convenções e leis internacionais da Europa e dos Estados Unidos que, ao tornarem relativa a imunidade dos Estados estrangeiros à jurisdição doméstica, afastaram-na, também, nas causas em que fossem discutidos contratos de trabalho firmados com cidadãos locais e indenizações decorrentes de responsabilidade civil. (BRASIL, 1989).

Assim, dispõe Rezek em seu voto:
> uma coisa é certíssima: não podemos mais, neste Plenário, dizer que há uma sólida regra de direito internacional costumeiro, a partir do momento em que desertam dessa regra os Estados Unidos da América, a Grã-Bretanha e tantos outros países do hemisfério norte. Portanto, o único fundamento que tínhamos — já que as Convenções de Viena não nos socorrem a tal propósito — para proclamar a imunidade do Estado estrangeiro em nossa tradicional jurisprudência desapareceu: podia dar-se por raquítico ao final da década de setenta, e hoje não há mais como invocá-lo. (BRASIL, 1989).

Dessa forma, não havia mais como invocar a regra sólida de direito consuetudinário internacional para se atribuir imunidade jurisdicional absoluta ao Estado estrangeiro.

Ademais, como as regras de imunidade, escritas nas Convenções de Viena, referiam--se aos agentes diplomáticos e consulares, os Estados soberanos estavam, a partir daquele momento, sujeitos à jurisdição local interna quanto aos atos de gestão.

Diante disso, houve por bem relativizar a imunidade de jurisdição, distinguindo-a entre os atos de gestão e os atos de império.

Os atos de império significam manifestações soberanas dos Estados estrangeiros, considerados atos de autoridade. Por sua vez, os atos de gestão relacionam-se com a atividade estatal de natureza empresarial. Desta forma, adotou-se entendimento restritivo quanto à aplicação da imunidade de jurisdição absoluta, abarcando, neste caso, somente os atos de império.

Assim, tornou-se possível a execução de um Estado estrangeiro perante a justiça de outro Estado soberano e de seu patrimônio, situado no território deste, judicialmente executado, baseado em decisão que lhe fosse desfavorável, desde que se relacionasse a ato de gestão do Estado, pois, caso contrário, seria impossível sua execução, haja vista existir a imunidade de jurisdição quanto aos atos de império.

Importante salientar que, as decisões dos tribunais ainda não trazem a distinção exata entre atos *jus imperii* e atos *jus gestionis*, mas rompem com a tradicional corrente absoluta de imunidade de jurisdição dos Estados estrangeiros, abrindo-se precedente para que posteriores casos de direitos trabalhistas sejam julgados pela corrente restritiva de imunidade de jurisdição.

4.5. Atos de império e atos de gestão

A doutrina identificou os atos de império como sendo aqueles praticados pelo Estado investido de seu poder de império, soberano, não ocorrendo submissão ao Judiciário de outro Estado. Já os atos de gestão são aqueles praticados pelo Estado em condições similares a um particular, no exercício de suas atividades negociais, passíveis, por conseguinte, de análise perante o Judiciário, conforme ensinamentos de Georgenor de Souza Franco Filho (1998).

Para a professora Fernanda Marinela, a classificação desses atos em relação ao seu objeto:

> os atos de império são aqueles que a Administração pratica usando da sua supremacia sobre o administrado. São impostos unilateral e coercitivamente ao particular, independentemente de autorização judicial, sendo regidos por um direito especial exorbitante do direito comum. Já os atos de gestão são aqueles praticados pela Administração, sem valer-se da sua supremacia sobre os destinatários. São fundamentalmente regidos pelo direito privado. A Administração afasta-se de suas prerrogativas, colocando-se em pé de igualdade com os particulares. (MARINELA, 2010. p. 266).

A Convenção Europeia sobre Imunidade de Estado e seus Bens, como ensina Rezek, concluída em Basileia, em 1972, exclui do âmbito da imunidade as ações decorrentes de contratos celebrados e executados *in loco*. Dispositivo semelhante apareceria no *State Immunity Act*, que se editou na Grã-Bretanha em 1978, assim como na lei norte-americana, editada anteriormente — o *Foreign Sovereign Immunities Act*, de 1976, que aboliu a imunidade dos feitos relacionados com danos produzidos pelo Estado estrangeiro em território local. (REZEK, 2011. p. 209).

Diante disso, é possível perceber que a imunidade absoluta da jurisdição, aos poucos, foi transformando-se em relativa, sendo somente considerados atos de imunidade absoluta dos Estados aqueles praticados, sob denominação de atos de império. Ou seja, os atos nos quais os Estados se igualam ao particular, os ditos atos de gestão, sofreram a imunidade de jurisdição relativa.

Essa também é a compreensão de Eneas Bazzo Torres, que defende a ideia de que o Estado estrangeiro é responsável pelo resultado praticado pelo ato, seja de império ou de gestão. Afirma o autor:

> na conformidade deste critério, não importa se o ato é de gestão ou se o ato é de império; se houve a prática de um dano, que esse prejuízo seja indenizado. Penso até que, se não for dessa maneira, não estará sendo respeitado o velho princípio do *par in parem non habet imperium*. Ora, na medida em que fique dispensado de indenizar, estar-se-á concedendo ao Estado acreditante um privilégio em relação ao Estado acreditado. E, neste caso, termina por ser quebrada a igualdade. (TORRES, 2002. p. 272).

Dessa forma, no mundo contemporâneo, a imunidade de jurisdição absoluta dos Estados estrangeiros é vista de forma restritiva.

4.6. Imunidade de jurisdição na visão trabalhista

O *leadign case* decidido pelo Supremo Tribunal Federal, a partir do caso Genny de Oliveira *versus* República Democrática Alemã, em 1989, firmou posição que o princípio da imunidade absoluta do Estado estrangeiro deixou de ser absoluta, sendo considerada, assim, relativa. A partir de então, no Brasil, deixou-se de reconhecer a imunidade absoluta do Estado estrangeiro, o que já havia ocorrido no direito comparado desde a década de 1970.

Em 1976, Genny de Oliveira ajuizou ação contra a Alemanha, perante a Justiça do Trabalho, buscando o reconhecimento de direitos trabalhistas em favor do seu falecido marido. A Alemanha arguiu sua imunidade à jurisdição, o que foi rejeitado com base na teoria da relativização da imunidade, que vinha despontando na doutrina nacional, pela qual os atos de gestão não ensejariam imunidade. Não havia precedentes do Supremo Tribunal Federal neste sentido.

O Ministro Sydney Sanches entendeu que o art. 114 da Constituição Federal de 1988, ao tratar da competência da Justiça do Trabalho, eliminou as imunidades dos Estados estrangeiros. Por sua vez, o Ministro Francisco Rezek pediu vistas dos autos e elaborou voto sobre o tema. Esclareceu em seu voto que o art. 114 da Carta Magna era apenas regra de competência interna, o que não afastaria a imunidade de jurisdição dos Estados estrangeiros. Todavia, explicou em seu voto as mudanças ocorridas ao longo dos anos no tocante à relativização da imunidade dos Estados, afirmando que a imunidade absoluta não mais subsistia em demandas trabalhistas desde a década de setenta. (BRASIL, 1989).

Assim, os demais Ministros do Supremo Tribunal Federal adotaram a posição de Rezek, determinando o retorno dos autos ao Juiz Federal[18] de primeiro grau de São Paulo para que, afastada a imunidade absoluta, o magistrado prosseguisse na apreciação da causa como de direito.

A mudança ocorrida na jurisprudência brasileira operou-se pela constatação de que o único fundamento jurídico que sustentava a imunidade absoluta dos Estados estrangeiros não estava presente em norma escrita e situava-se na regra consuetudinária — *par in parem non habet imperium*[19] — há muito superada por convenções e leis internacionais.

Essa construção jurisprudencial pode ser percebida em outros julgados do Supremo Tribunal Federal, em que se verificou o afastamento da imunidade de jurisdição dos Estados estrangeiros. É o que se observa no julgado do caso do Consulado Geral do Japão *versus* Espólio de Iracy Ribeiro de Lima cujo Relator foi Ministro Celso de Mello, Ag. Reg. Recurso Extraordinário 222.368-4, que aduz em seu voto:

> é preciso ter presente, neste ponto, que a imunidade de jurisdição do Estado estrangeiro — de origem consuetudinária, historicamente associada à prática internacional da *comitas gentium* — não resulta do texto da Convenção de Viena sobre Relações Diplomáticas, eis que esse tratado multilateral, subscrito com a finalidade de garantir o eficaz desempenho das funções de representação dos Estados pelas Missões Diplomáticas, destina-se a conferir prerrogativas, como as imunidades de caráter pessoal ou aquelas de natureza real, vocacionadas à proteção do agente diplomático no desempenho de suas atividades ou à preservação da inviolabilidade dos locais da Missão. (BRASIL, 2002a).

---

(18) Ressalta-se que essa ação foi ajuizada anteriormente à Constituição Federal de 1988, quando a competência ainda era da Justiça Federal.

(19) Significa que nenhum soberano pode ser submetido à jurisdição doméstica de outro contra a sua própria vontade.

Trata-se o caso de uma empregada brasileira que prestou serviços, durante quinze anos, como lavadeira no Consulado Geral do Japão. Embora admitida em 09 de novembro de 1975, somente teve sua Carteira de Trabalho e Previdência Social anotada em 01 de junho de 1981. O Consulado do Japão, por sua vez, sucumbiu em todos os graus de jurisdição, sendo condenado a pagar a empregada brasileira as verbas decorrentes da brusca e injusta rescisão do contrato de trabalho, como relatado no acórdão do RE 222.368- AgR/PE. (BRASIL, 2002a).

Tanto o Egrégio Tribunal Regional do Trabalho da 6ª Região quanto o Egrégio Tribunal Superior do Trabalho entenderam não incidir a prerrogativa institucional da imunidade de jurisdição.

A imunidade de jurisdição dos Estados estrangeiros derivava do princípio básico consagrado pela norma consuetudinária internacional, fundada na igualdade entre as soberanias estatais. Sob a égide da Carta Política de 1969 daquela época, houve, em um primeiro momento, a admissão do caráter absoluto da imunidade conferida aos Estados estrangeiros.

A mudança na jurisprudência do Supremo Tribunal Federal com o caso Genny de Oliveira *versus* Embaixada da República Democrática Alemã transformou a aplicação da norma consuetudinária da imunidade, concedendo prestação jurisdicional aos interessados ou postulantes referente às causas trabalhistas ou afeta ao domínio da responsabilidade civil.

Dessa forma, foi possível atribuir caráter meramente relativo à imunidade de jurisdição quando se trata de litígios trabalhistas, nos quais figurem como parte Estado estrangeiro, de um lado, e particular por este contratado no Brasil, de outro, para prestação de serviços em território nacional.

Nesse sentido, é o voto do Ministro Celso de Mello, ainda no caso Consulado Geral do Japão *versus* Espólio de Iracy Ribeiro de Lima. Segundo ele, o reconhecimento da imunidade de jurisdição aos Estados estrangeiros legitimaria o enriquecimento ilícito destes em detrimento do trabalhador, o que nas palavras do Ministro "consagraria inaceitável desvio ético-jurídico incompatível com o princípio da boa-fé e com os grandes postulados do direito internacional." (BRASIL, 2002a).

Assim ficou ratificado pela ementa que dispõe:

EMENTA: IMUNIDADE DE JURISDIÇÃO — RECLAMAÇÃO TRABALHISTA — LITÍGIO ENTRE ESTADO ESTRANGEIRO E EMPREGADO BRASILEIRO — EVOLUÇÃO DO TEMA NA DOUTRINA, NA LEGISLAÇÃO COMPARADA E NA JURISPRUDÊNCIA DO SUPREMO TRIBUNAL FEDERAL: DA IMUNIDADE JURISDICIONAL ABSOLUTA À IMUNIDADE JURISDICIONAL MERAMENTE RELATIVA — RECURSO EXTRAORDINÁRIO NÃO CONHECIDO. OS ESTADOS ESTRANGEIROS NÃO DISPÕEM DE IMUNIDADE DE JURISDIÇÃO, PERANTE O PODER JUDICIÁRIO BRASILEIRO, NAS CAUSAS DE NATUREZA TRABALHISTA, POIS ESSA PRERROGATIVA DE DIREITO INTERNACIONAL PÚBLICO TEM CARÁTER MERAMENTE RELATIVO. O Estado estrangeiro não dispõe de imunidade de jurisdição, perante órgãos do Poder Judiciário brasileiro, quando se tratar de causa de natureza trabalhista. Doutrina. Precedentes do STF (RTJ 133/159 e RTJ 161/643-644). Privilégios diplomáticos não podem ser invocados, em processos trabalhistas, para coonestar o enriquecimento sem causa de Estados estrangeiros, em inaceitável detrimento de trabalhadores residentes em território brasileiro, sob pena de essa prática consagrar censurável desvio ético-jurídico, incompatível com o princípio da boa-fé e inconciliável com os grandes postulados do direito internacional. O PRIVILÉGIO RESULTANTE DA IMUNIDADE DE EXECUÇÃO NÃO INIBE A JUSTIÇA BRASILEIRA DE EXERCER JURISDIÇÃO NOS PROCESSOS DE CONHECIMENTO INSTAURADOS CONTRA ESTADOS ESTRANGEIROS. A imunidade de jurisdição, de um lado, e a imunidade de execução, de outro, constituem categorias autônomas, juridicamente inconfundíveis, pois – ainda que guardem estreitas relações entre si – traduzem realidades independentes e distintas, assim reconhecidas quer no plano conceitual, quer, ainda, no âmbito de desenvolvimento das próprias relações internacionais. A eventual impossibilidade jurídica de ulterior realização prática do título judicial condenatório, em decorrência da prerrogativa da imunidade de execução, não se revela suficiente para obstar, só por si, a instauração, perante Tribunais brasileiros, de processos de conhecimento contra Estados estrangeiros, notadamente quando se tratar de litígio de natureza trabalhista. Doutrina. Precedentes. (BRASIL, 2002a, grifos nossos).

Outro julgamento em que houve a confirmação da relativização da imunidade de jurisdição nos Estados estrangeiros, pode ser comprovado no caso Estados Unidos da América *versus* Paulo da Silva Valente e outro, presente no Agravo Regimental em Agravo de Instrumento, AGRAG n. 139.671-8- DF, DJ 29.3.1996, cujo voto do Ministro relator Celso de Mello ensina:

> Esta Suprema Corte, ao acentuar o caráter meramente relativo da imunidade de jurisdição em determinadas questões, tem afastado a incidência dessa extraordinária prerrogativa institucional pertinente às soberanias estatais naqueles casos que se refiram (a) a reclamações trabalhistas, (b) a processos de indenização civil por danos ou, ainda, (c) a outros litígios decorrentes de situações ordinárias em que o Estado estrangeiro pratique atos de comércio ou, agindo com um simples particular, atue *more privatorum*. (BRASIL. 1996).

Nota-se, portanto, que apesar do atraso histórico no reconhecimento da relatividade da imunidade de Estado estrangeiro em causas trabalhistas pelo Supremo Tribunal Federal, tal jurisprudência, atualmente, vem se firmando.

As razões que levaram o Poder Judiciário brasileiro a mudar a sua orientação jurisprudencial, adotando uma noção mais restrita das imunidades dos Estados, divergem daquelas apresentadas pelos Estados Unidos, pelo Reino Unido ou pela Austrália. Enquanto nestas nações os motivos concentravam-se no frequente engajamento dos Estados estrangeiros em transações comerciais e financeiras, conforme já mencionado anteriormente, no Brasil as razões partiram da necessidade de assegurar a devida proteção jurisprudencial ao empregado, tendo em vista os aspectos socioeconômicos deste. (ALVES, 2006).

Os Estados estrangeiros começaram a recrutar cada vez mais e com mais frequência os empregados, no território brasileiro, para exercerem funções subalternas nos Consulados e Embaixadas. Tais empregados, economicamente, desfavorecidos são, uma vez que estão na base da pirâmide social brasileira, integrantes da classe operária.

Por isso, a preocupação em dar proteção especial a esses trabalhadores nacionais brasileiros que prestam serviços nas representações diplomáticas e nos consulares.

O Ministro Celso de Mello, em voto proferido no caso dos Estados Unidos da América *versus* Paulo da Silva Valente, entendeu que os juízes e os tribunais brasileiros são competentes para dirimir conflitos ligados a lides trabalhistas envolvendo Estados estrangeiros. Para ele:

> a imunidade de jurisdição do Estado estrangeiro, quando se tratar de litígios trabalhistas, revestir-se-á de caráter meramente relativo e, em consequência, não impedirá que os juízes e tribunais brasileiros conheçam de tais controvérsias e sobre elas exerçam o poder jurisdicional que lhes é inerente. (BRASIL, 1996).

Assim dispõe a ementa do caso em estudo:

> EMENTA: AGRAVO DE INSTRUMENTO — ESTADO ESTRANGEIRO — RECLAMAÇÃO TRABALHISTA AJUIZADA POR EMPREGADOS DE EMBAIXADA — IMUNIDADE DE JURISDIÇÃO — CARÁTER RELATIVO — RECONHECIMENTO DA JURISDIÇÃO DOMÉSTICA DOS JUÍZES E TRIBUNAIS BRASILEIROS — AGRAVO IMPROVIDO. (BRASIL, 1996).

Nota-se que, diante desse novo quadro normativo, que se configurou no Direito Internacional, com o caso Genny de Oliveira, sentiram-se reflexos, também, o âmbito do Direito Interno brasileiro. Isto porque permitiu-se que se construísse, na jurisprudência dos tribunais, a teoria da imunidade jurisdicional relativa dos Estados soberanos.

Foi possível, com a teoria de a imunidade restritiva conciliar a imunidade jurisdicional do Estado estrangeiro e com a necessidade de se fazer prevalecer, por decisão do Tribunal do foro, o legítimo direito do particular ao ressarcimento dos prejuízos que venha a sofrer em decorrência de comportamento imputável a agentes diplomáticos, por exemplo, que, agindo ilicitamente, tenham se valido de mão de obra nacional para realizar serviços particulares em nome do país que representam. Isto perante o Estado acreditado, que no caso, é o Brasil.

Considerando esta situação, nada mais plausível que pessoas domiciliadas em território brasileiro, que mantenham vínculos de caráter negocial ou de natureza trabalhista com Estados estrangeiros ou, ainda, que sofram prejuízos advindos de comportamentos lesivos de representantes diplomáticos no país, fiquem inibidas de procurar o acesso à justiça brasileira.

O Ministro Celso de Mello, relator do processo Estados Unidos da América *versus* Paulo da Silva Valente e outro, em seu voto, ressalta a importância de:

> impor aos súditos brasileiros, ou a pessoas com domicílio no âmbito de validade do ordenamento normativo vigente no Brasil, o ônus de litigarem, em torno de questões meramente laborais, mercantis, empresariais ou civis, perante tribunais alienígenas. (BRASIL, 1996)

> Destaca, ainda, o relator que o fato gerador da controvérsia judicial deve ser imputável juridicamente ao Estado estrangeiro e necessariamente estranho ao específico domínio dos atos de império, tendo decorrido de atuação estrita de atos de gestão privados para que possam se submeter à jurisdição interna brasileira. Ou seja, ficou claramente evidenciada a necessidade de prestigiar, como já se notava na jurisprudência dessa Suprema Corte, a doutrina da imunidade relativa ou restritiva nos litígios de caráter trabalhista, em ordem de tornar possível a submissão de questões meramente laborais à atividade jurisdicional doméstica dos juízes e tribunais brasileiros, conforme ensina o Ministro Celso de Mello. (BRASIL, 1996).

O Superior Tribunal de Justiça corrobora no sentido de, também, entender que não cabe imunidade de jurisdição absoluta, quando se trata de litígios trabalhistas em que litigam Estado estrangeiro e cidadãos do país em que atuam.

Assim, foi o decidido no caso da Apelação Cível n. 07 – BA – Processo: 90.0001226-0, de apelante: Manoel Alves de Souza, e apelado: Consulado de Portugal, segundo ementa que dispõe:

> ESTADO ESTRANGEIRO — RECLAMAÇÃO TRABALHISTA — IMUNIDADE DE JURISDIÇÃO. O princípio da imunidade de jurisdição de Estado estrangeiro era entre nós adotado, não por força das Convenções de Viena, que cuidam de imunidade pessoal, mas em homenagem a costumes internacionais. Ocorre que esses tendo evoluído, não mais se considera essa imunidade como absoluta, inaplicável o princípio quando se trata de litígios decorrentes de relações rotineiras entre Estado estrangeiro, representado por seus agentes, e os súditos do país em que atuam. Precedente do Supremo Tribunal Federal. (BRASIL, 1990).

Esse caso examinava a imunidade de jurisdição do Estado estrangeiro, visto que por muito tempo a Suprema Corte Brasileira entendia conceder imunidade absoluta aos entes estrangeiros. Entretanto, mudou-se a opinião do Supremo Tribunal Federal, não consagrando mais como absoluta a regra da imunidade de jurisdição dos Estados estrangeiros, afastada pelas Convenções de Viena e pelo direito interno britânico e americano.

Diante disso, passou-se a distinguir, conforme a natureza do ato, não mais se utilizando do princípio da imunidade absoluta para resolver litígios de relações rotineiras, travadas entre o Estado estrangeiro, de um lado, e cidadãos que moram no país em que atuam, de outro, baseando-se, assim, tal julgado no precedente do Supremo Tribunal Federal da Apelação Cível 9696-3.

Ademais, insta salientar que o Ministério das Relações Exteriores do Brasil, em comunicado dirigido às Missões Diplomáticas e às Repartições Consulares acreditadas em Brasília – DF, por meio da nota circular n. 560/DJ/DPI/CJ, de 14 de fevereiro de 1991, divulgou, em atenção aos vários pedidos de informações, sobre reclamações trabalhistas em curso na Justiça Brasileira e que as envolvia, o entendimento de que o Poder Executivo atuaria no sentido de tal assunto ser dirimido pelo Poder Judiciário.

Desse modo, a Justiça brasileira trabalhista utilizou-se da teoria da imunidade relativa quanto aos atos de gestão para dirimir litígios derivados de contratos laborais ajustados em território brasileiro.

O teor da nota circular n. 560/DJ/DPI/CJ de 14 de fevereiro de 1991 assim dispõe:

> O Ministério das Relações Exteriores cumprimenta as Missões Diplomáticas acreditadas em Brasília e, a fim de atender às frequentes consultas sobre processos trabalhistas contra Representações Diplomáticas e Consulares, recorda que:
>
> a) Em virtude do princípio da independência dos Poderes, consagrados em todas as Constituições brasileiras, a que figura no artigo segundo da Constituição de 1988, é vedada ao Poder Executivo qualquer iniciativa que possa ser interpretada como interferência nas atribuições de outro Poder.
>
> b) A Convenção de Viena sobre Relações Diplomáticas de 1961, assim como a de 1963, sobre Relações Consulares, não dispõe sobre matéria de relações trabalhistas entre Estado acreditante e pessoas contratadas no território do Estado acreditado.
>
> c) Ante o exposto na letra 'b', os Tribunais brasileiros, em sintonia com o pensamento jurídico atual, que inspirou, aliás, a Convenção Europeia sobre Imunidade dos Estados em 1972, o "Foreing

Sovereign Immunity Act" dos Estados Unidos da América, de 1976, e o "State Immunity Act'" do Reino Unido, de 1978, firmaram jurisprudência no sentido de que as pessoas jurídicas de direito público externo não gozam de imunidades no domínio dos "atos de gestão", como as relações de trabalho estabelecidas localmente.

d) A Constituição brasileira em vigor determina, em seu art. 114, ser da competência da Justiça do Trabalho o conhecimento e julgamento desses litígios. (Extraído do voto do Ministro Celso de Mello, Relator, que cita a Nota Circular 560/91, nas fls. 365/6 do RE 222.368-AgR/PE, ao prolatar o seu voto, durante o julgamento no STF). (BRASIL, 2003).

Nota-se, diante do exposto, que segundo a jurisprudência do Supremo Tribunal Federal, do Superior Tribunal de Justiça e do Tribunal Superior do Trabalho, os Estados estrangeiros, em matéria trabalhista, não possuem imunidade de cognição, que foi relativizada diante da evolução de sua jurisprudência e doutrina.

Cumpre ressaltar que os votos proferidos pelo Supremo Tribunal Federal ainda não trazem a diferenciação exata do que sejam atos de império e atos de gestão. Somente a jurisprudência, com o tempo, irá conseguir fazer tal discriminação.

Todavia, a relativização da imunidade de jurisdição dos Estados estrangeiros é tema pacífico nos tribunais pátrios, nos quais se conclui ser possível que tais entes de Direito Público externo participem de lides trabalhistas, sendo réus.

Nesse sentido, extraem-se os seguintes julgados do Tribunal Superior do Trabalho:

ENTE DE DIREITO PÚBLICO EXTERNO — COMPETÊNCIA DA JUSTIÇA DO TRABALHO — IMUNIDADE DE JURISDIÇÃO — CARÁTER RELATIVO. A propósito do problema da imunidade jurisdicional invocada em conflito de natureza trabalhista, quando litigam um ente de direito público externo e seu empregado, a jurisprudência firmada pelo STF, sob a égide da vigente constituição, consolidou-se no sentido de atribuir-lhe caráter meramente relativo e, em consequência, não impede que os juízes e tribunais brasileiros conheçam de tais controvérsias e sobre elas exerçam o poder jurisdicional que lhes é inerente, tal como reconhecida pelo direito internacional público e consagrada na prática internacional. Agravo de Instrumento não provido. (BRASIL, 2001a).

RECURSO DE REVISTA — JURISDIÇÃO BRASILEIRA — IMUNIDADE — CONTRATO DE TRABALHO FIRMADO COM CIDADÃO NACIONAL. Consoante entendimento assente no Supremo Tribunal Federal, a imunidade de jurisdição dos Estados estrangeiros somente afigura-se passível de ser relativizada quando tais entidades atuarem despidas da soberania que lhes é elementar. Em relação aos organismos internacionais, por carecerem de tal atributo, a aludida imunidade decorre de tratados internacionais firmados pelo Presidente da República e ratificados pelo Congresso Nacional. Dessa forma, sem que haja previsão no compromisso internacional firmado pela República Federativa do Brasil, inviável o afastamento, via Poder Judiciário, da referida imunidade, sob pena de se vilipendiar o art. 60, § 4º, III, da Constituição da República. Precedentes da SBDI-1. Recurso de revista conhecido e provido. (BRASIL, 2013b).

Assim, tem-se que os Estados estrangeiros possuem imunidade de jurisdição relativizada, sendo ratificado tal entendimento pelas altas Cortes do país, como mencionado anteriormente.

4.7. A jurisprudência de Portugal: estudo de caso[20] — imunidade relativa de jurisdição

O Tribunal da Relação em Lisboa, Portugal, em 10 de maio de 2007, julgou o interessante caso em que um cidadão brasileiro intentou, no Tribunal Regional do Trabalho do Rio de Janeiro, Brasil, ação contra o Consulado Geral de Portugal no Rio de Janeiro, pedindo o pagamento de verbas salariais, uma vez que trabalhava na função de cozinheiro e fazia jus ao recebimento de seus salários e demais verbas pleiteadas.

A sentença foi proferida pelo Tribunal Regional do Trabalho da 1ª Região, que condenou o Consulado Geral de Portugal, no Rio de Janeiro, a pagar ao trabalhador — cozinheiro — do Consulado a quantia liquidada em sentença. O Ministério Público, em representação do Estado português, veio contestar a ação, deduzindo oposição nos termos do art. 1098º do Código de Processo Civil português, sob alegação de que o Consulado Geral de Portugal no Rio de Janeiro e o Estado português não renunciaram à imunidade de jurisdição, sendo verificada a incompetência absoluta do tribunal, que proferiu a sentença, devendo ser negada a confirmação da revisão de sentença estrangeira requerida pelo autor.

O Tribunal da Relação de Lisboa argumentou, em seu acórdão, que o Direito Internacional comum reconhece aos Estados certos direitos derivados da sua qualidade de sujeitos de direito internacional, direitos estes essenciais, sem os quais os Estados não poderiam viver e dos quais decorrem todos os seus outros direitos. Um destes direitos fundamentais é o direito à igualdade — igualdade nas relações entre os Estados, direito a igual medida de soberania, garantia da igualdade na aplicação do Direito Internacional. A soberania é um dos elementos constitutivos do Estado, sendo uma de suas marcas o exercício de poderes de jurisdição, tanto de sentido normativo como administrativo, ou jurisdicional, havendo uma tendencial correspondência entre os limites territoriais e o alcance do direito de jurisdição. Porém, a clássica regra de Direito Internacional *par in parem non habet imperium*, ou seja, que nenhum Estado pode julgar os atos de outro ou mesmo um dos seus órgãos superiores, tem vindo a sofrer restrições.

Em Portugal, foi posta de lado a concepção absoluta dessa imunidade e há muito vem sendo admitida a distinção entre os atos de gestão pública e os atos de gestão privada, para, restritivamente, só quanto aos primeiros, a imunidade ser admitida como salvaguarda da soberania e da igualdade dos Estados nas suas relações internacionais. A imunidade relativa encontra sua justificação no fato de os atos praticados se revestirem de caráter privado, colocando o Estado estrangeiro ao nível de um particular, sendo, portanto, estranhos ao exercício da soberania. Na verdade, o desenvolvimento das relações internacionais e a intervenção crescente do Estado em áreas do direito privado concorreram para o reforço da teoria da imunidade relativa em detrimento da teoria da imunidade absoluta.

Assim, a Convenção de Basileia, ao limitar o número de casos em que os Estados podem invocar a imunidade de jurisdição, acompanhou a tendência que se desenvolveu

---

(20) PORTUGAL, 2007.

na doutrina e na jurisprudência do país. O Conselho da Europa, em 16 de maio de 1972, em Basileia, abriu à assinatura dos Estados membros e à adesão dos Estados não membros a Convenção Europeia, sobre a Imunidade dos Estados, que adotou o critério de enunciar especificamente, nos art. 1º ao 14º, as situações e as relações jurídicas relativamente às quais é aplicável a exceção ao princípio da imunidade dos Estados estrangeiros.

A Convenção Europeia sobre Imunidade dos Estados estatui em seu art. 5º:

> um Estado contratante não pode invocar imunidade de jurisdição perante um tribunal de um outro Estado contratante se o processo se relacionar com um contrato de trabalho celebrado entre o Estado e uma pessoa singular, se o trabalho deve ser realizado no território do Estado do foro (CONVENÇÃO..., 1972).

E continua em seu § 1º informando que:

> não se aplica a imunidade: a) se a pessoa física tiver a nacionalidade do Estado empregador na altura em que o processo foi instaurado; b) se na altura da celebração do contrato a pessoa singular não tinha a nacionalidade do Estado do foro, nem residia habitualmente nesse Estado, ou c) se as partes do contrato acordaram em sentido contrário, por escrito, a menos que, de acordo com a lei do Estado do foro, os tribunais desse Estado tivessem jurisdição exclusiva em virtude do objeto do processo (CONVENÇÃO..., 1972).

Diante disso, a Convenção Europeia sobre a Imunidade dos Estados consagra a tese da imunidade relativa e põe definitivamente de lado a qualificação do ato, pela sua finalidade. Em matéria de contratos, os distingue, não permitindo, em qualquer dos casos, que o Estado possa invocar a imunidade de jurisdição. Tal orientação, cujo teor é justificado pelo fato de a atuação estadual que obriga à celebração de tais contratos não poder ser considerada *jure imperii*, é complementada pelo art. 7º da mesma Convenção, que dispõe:

> um Estado Parte não pode invocar imunidade de jurisdição de um tribunal de outro Estado Contratante se tem sobre o território do Estado do foro um estabelecimento, agência, escritório ou outro meio que envolve, da mesma maneira como uma pessoa privada, em uma atividade industrial, comercial ou financeira, e os processos se relacionam com a atividade do escritório, agência ou estabelecimento (CONVENÇÃO..., 1972).

Ademais, a alegação do Ministério Público de que se trata de imunidade conferida pela Convenção de Viena, sobre Relações Diplomáticas, também, não perpetua. Isto porque a ação não foi contra o Cônsul Geral, mas, sim, contra o Consulado português. Além disso, o art. 43 da Convenção de Viena concede imunidade aos funcionários e trabalhadores consulares, não ao próprio Estado português demandado. Logo, não está sob análise a aplicação direta do regime de imunidades previstas na Convenção de Viena, mas, tão somente, a análise da postura do Estado português, como ele se comporta no que tange à questão da imunidade jurisdicional dos Estados estrangeiros perante os tribunais portugueses.

Assim, no caso em estudo, o Tribunal da Relação de Lisboa confirmou a sentença do Tribunal Regional do Trabalho do Rio de Janeiro, condenando o Consulado Geral de Portugal no Rio de Janeiro a pagar a quantia devida em execução de sentença, relativa ao não cumprimento de obrigações impostas ao empregador.

No direito português, como não existe norma que regule a imunidade, a questão é apreciada à luz das normas e dos princípios do Direito Internacional, os quais fazem parte integrante do direito português. Assim, para efeito da determinação da imunidade de jurisdição, tem-se em conta a distinção entre atos de gestão pública e atos de gestão privada. Para Antunes Varela, são atos de gestão pública os que, visando à satisfação de interesses coletivos, realizam fins específicos do Estado ou de outro ente público e se assentam sobre o *jus auctoritatis* da entidade que os pratica e, são atos de gestão privada aqueles que, embora praticados por órgãos, agentes ou representantes do Estado ou de outros entes públicos, estão sujeitos às mesmas regras que vigorariam para a hipótese de serem praticados por simples particulares. Nestes últimos, o Estado intervém como simples particular despido do seu poder autoritário. (VARELA, 2003).

Examinando as jurisprudências do Tribunal da Relação de Lisboa, percebeu-se que, sendo subalternas as funções exercidas pelo trabalhador, ou seja, não sendo funções de direção da organização do serviço público do Estado demandado, tais atividades não se amoldam aos atos de império ou aos atos de gestão pública, como chamados em Portugal. Assim, a imunidade de jurisdição dos Estados estrangeiros é aplicada em âmbito restrito.

Isso é o que se verifica por meio dos seguintes sumários (ementas) do Tribunal da Relação de Lisboa, que seguem:

I – Ainda que para a apreciação de uma situação de competência internacional do Tribunal, cumpre fixar a matéria provada de molde a permitir conhecer se foi ou bem ou mal aplicado o direito correspondente.

II – A teoria restritiva da imunidade jurisdicional dos Estados é hoje dominante.

III – A questão essencial nesse ponto consiste em saber se a actividade a que se refere o litígio é ou não soberana, isto é, se estamos perante actos *jure imperii* ou *jure gestionis*, sendo certo que não é pacífico o critério distintivo entre os actos em apreço.

IV – Todavia predomina o critério que atende à natureza do acto, de acordo com o qual constituem actos *jure imperii* os actos de autoridade, de poder público, manifestação de soberania e configuram actos *jure gestionis* actos de natureza privada, que poderiam ser de igual forma praticados por um particular.

V – Configura um acto de *jure gestionis* por parte de um Estado soberano a contratação de um trabalhador para exercer meras tarefas de âmbito administrativo num Consulado. (Elaborado pelo Relator) (PORTUGAL, 2012).

I – De acordo com um princípio basilar do direito internacional público consuetudinário, os Estados soberanos gozam, nas suas relações recíprocas, de imunidade de jurisdição.

II – Tanto a doutrina e jurisprudência nacionais como estrangeira têm vindo a acolher a tese da imunidade restrita, fazendo a distinção entre actos de ius imperii e actos de ius gestionis, de forma a confinar a imunidade de jurisdição àqueles actos, para o que importa traçar a linha de diferenciação entre actos de império e actos de gestão.

III – O critério a seguir deve nortear-se pelo mínimo denominador comum na prática e jurisprudência da generalidade dos Estados que integram a comunidade internacional.

IV – O entendimento jurisprudencial e doutrinário mais corrente vai no sentido de que "o domínio da imunidade de jurisdição dos Estados estrangeiros não abrange os actos por eles praticados tal como o poderiam ter sido por um particular, mas apenas os que manifestam a sua soberania".

V – Assim, um contrato de prestação de serviços médicos a cidadão estrangeiro que, embora visando a prossecução de um interesse público do respectivo Estado, não foi celebrado no âmbito das suas prerrogativas soberanas, mas tão só na esfera da sua capacidade civil, cai no âmbito de actividade de gestão privada, pelo que os litígios deles emergentes não se inscrevem no âmbito da imunidade de jurisdição daquele Estado.

VI – As missões diplomáticas permanentes, nomeadamente as embaixadas, detêm funções de representação de um Estado estrangeiro acreditado noutro país, muito embora não sejam dotadas de autonomia jurídica em relação ao Estado acreditado, pelo que se traduzem em entidades representativas do respectivo Estado soberano para os efeitos do disposto no art. 7º do CPC. (Sumário do Relator) (PORTUGAL, 2011).

Esse entendimento é, aliás, o único compatível com a jurisprudência nacional, que vem acompanhando a teoria restritiva da imunidade de jurisdição e assim tem-se decidido, também, no Supremo Tribunal de Justiça de Lisboa, conforme se comprovam nos seguintes sumários (ementas), a saber:

I – A regra consuetudinária de direito internacional segundo a qual os Estados estrangeiros gozam de imunidade de jurisdição local quanto às causas em que poderiam ser réus não foi revogada pela Constituição da República Portuguesa de 1976, uma vez que, na sua formulação mais recente, essa regra não contraria nenhum dos preceitos fundamentais da Constituição.

II – Essa formulação conforme o sistema constitucional português é a concepção restrita da regra da imunidade de jurisdição, que a restringe aos actos praticados *jure imperii*, excluindo dessa imunidade os actos praticados *jure gestionis*; isto é, a imunidade não abrange os actos praticados pelo Estado estrangeiro tal como o poderiam ter sido por um particular, mas apenas os que manifestam a sua soberania.

III – Quer a extensão da aludida regra, quer os critérios de diferenciação entre estes tipos de actividade, não têm contornos precisos e evoluem de acordo com a prática, designadamente jurisprudencial, dos diversos Estados que integram a comunidade internacional.

IV – Relativamente aos litígios laborais, designadamente acções fundadas em despedimento ilícito, essa prática não tem reconhecido a imunidade do Estado estrangeiro quando o trabalhador exerce funções subalternas, e não funções de direcção na organização do serviço público do réu ou funções de autoridade ou de representação.

V – Não beneficia de imunidade de jurisdição o Estado estrangeiro contra o qual foi intentada acção de impugnação de despedimento, por empregada doméstica, que exercia a sua actividade, consistente essencialmente em tarefas de limpeza e de confecção de refeições, na residência do respectivo Embaixador, sendo essa relação laboral regulada pelo direito português em termos idênticos ao vulgar contrato de trabalho para prestação de serviços domésticos celebrado com qualquer particular. (PORTUGAL, 2002)

I – O art. 31 da Convenção de Viena, aprovado pelo Decreto-Lei n. 48925 de 27 de Março de 1968, estabelece a imunidade de jurisdição civil, mas exceptuou os casos de acções reais relativas a imóveis privados do diplomata, as referentes a actividade profissional não diplomática do agente e as referentes a actividade comercial do agente.

II – No art. 31 pretendeu-se excluir todas as actividades praticadas fora da função diplomática do agente e entre essas a contratação de uma empregada doméstica para fazer serviço na residência particular do diplomata.

III – Por consequência, os tribunais de trabalho portugueses são territorialmente competentes para conhecer de uma acção emergente de contrato individual de trabalho em que é réu um agente diplomático. (PORTUGAL, 1991)

Mundialmente, no âmbito das Nações Unidas, a Comissão de Direito Internacional (CDI) iniciou em 1978 os trabalhos de codificação sobre imunidades jurisdicionais dos Estados de que resultou a elaboração de um projeto sobre imunidades jurisdicionais dos Estados e das suas propriedades (*Draft Articles on Jurisdictional Immunities of States and Their Property*, o referido projeto de Artigos sobre as Imunidades Jurisdicionais dos Estados e seus Bens), que adotou critérios para enunciar os atos sujeitos à restrição da imunidade, dispostos nos arts. 10 ao 16. Por seu turno, a ONU decidiu estabelecer um comitê *ad hoc* para aprofundar o estudo da questão da imunidade de jurisdição dos Estados e da sua propriedade.

O trabalho de processo de codificação internacional ainda não se encontra concluído, no entanto, ele é revelador do ponto de vista da importância que vem assumindo, tanto na doutrina como na jurisprudência de diversos países, ao conceder e adotar a imunidade jurisdicional relativa aos Estados estrangeiros. (PORTUGAL, 2005).

4.8. Imunidade de jurisdição das organizações internacionais: absoluta ou relativa?

As Organizações Internacionais, para que possam bem desempenhar as suas funções, gozam de privilégios e de imunidades, que são dados, também, aos seus funcionários, que são consagrados em acordos internacionais concluídos entre elas e os Estados-membros, nos dizeres de Celso Mello (2004, 615).

Formadas pela vontade coletiva dos Estados ou de outras Organizações Internacionais ou, ainda, pela inter-relação destes e daqueles, possuem estrutura semelhante à composição das Organizações privadas eficientes, nascidas na Idade Média. (SOARES, G., 1984. p. 162).

Assim, são estruturadas por uma Assembleia Geral, composta por todos os seus integrantes, com um sistema de votação tendente a ser democrático; por um Conselho, composto por membros eleitos segundo critérios de representatividade geográfica ou de maior contribuição para a Organização, que determinarão o sistema de votação; e por um corpo de altos dirigentes e pessoal auxiliar, composto de Diretoria Geral, Secretaria Geral, Junta de Governadores, eleitos em uma inter-relação entre a Assembleia Geral e o Conselho, responsável pela direção e administração da Organização internacional, além de conter funções políticas, como ensina Guido Soares (1984, p. 163).

Cumpre ressaltar que, com a crescente admissão de novos Estados nos Organismos Internacionais, é cada vez maior o número de pessoas a serviço desses entes, das delegações permanentes dos Estados e de outros Organismos Internacionais junto às Organizações Internacionais, gerando questões sobre seus privilégios e imunidades, no exercício de suas funções internacionais, segundo afirma Guido Soares (1984, p. 164).

As normas que regem a imunidade de jurisdição das Organizações Internacionais, segundo Hildebrando Accioly, inspiraram-se nas regras vigentes acerca dos privilégios e das imunidades das missões diplomáticas ou das prerrogativas de que gozam os Estados, uns em face dos outros. (ACCIOLY, 1954, p. 25).

Importante dizer que as regras sobre as imunidades das Organizações Internacionais se baseiam em textos escritos e no costume internacional que se tem cristalizado. Os textos são um sem-número de resoluções dos Organismos Internacionais e de tratados bilaterais celebrados entre eles e os Estados. O costume é representado pela prática uniforme das legislações internas dos Estados nos tratados bilaterais, que repetem as disposições sobre as imunidades das Organizações Internacionais. (SOARES, G., 1984, p. 165).

Ian Brownlie aduz que as Organizações Internacionais, para efetivamente funcionarem, exigem um mínimo de liberdade e segurança jurídica para seus bens, sedes e outros estabelecimentos, bem como para seu pessoal e para os representantes dos Estados-membros acreditados junto dessas Organizações. Esclarece o autor que:

> por analogia com os privilégios e imunidades concedidos aos diplomatas, os privilégios e imunidades necessários a respeito da jurisdição territorial dos Estados anfitriões são reconhecidos pelo Direito consuetudinário. Contudo, não existe ainda qualquer acordo geral sobre o conteúdo exato do Direito consuetudinário relativo às imunidades das Organizações Internacionais. O princípio mínimo parece ser o de que os funcionários das Organizações Internacionais não estão sujeitos a processos jurídicos que digam respeito a todos os atos praticados na sua capacidade oficial (BROWNLIE, 1997. p. 713).

A imunidade de jurisdição das Organizações Internacionais não resultou, conforme elucida Rezek, "essencialmente do costume, mas de tratados que a determinam de modo expresso: do próprio tratado institucional, de que o Brasil seja parte, ou um tratado bilateral específico." (REZEK, 2011. p. 301).

Os arts. 104 e 105 da Carta da Organização das Nações Unidas (ONU) dispõem sobre seus privilégios e imunidades. Assim expõem:

> Art. 104 – A Organização gozará, no território de cada um de seus membros, da capacidade jurídica que seja necessária ao exercício de suas funções e à realização de seus propósitos.
>
> Art. 105 – 1. A Organização gozará, no território de cada um dos seus Membros, dos privilégios e imunidades necessários à realização dos seus propósitos. 2. Os representantes dos Membros das Nações Unidas e os funcionários da Organização gozarão, igualmente, dos privilégios e imunidades necessários ao exercício independente de suas funções relacionadas com a Organização. (BRASIL, 1945).

Essa cláusula foi repetida em diversas outras cartas constitutivas de outras Organizações, levando-se à interpretação de que se trata de "imunidade funcional." Ou seja, imunidade baseada na necessidade de executar suas funções, como elucida Antônio Trindade (2003, p. 660).

Segundo Guido Soares, o adjetivo 'diplomático' foi evitado e enfatizado o critério funcional das imunidades e privilégios ao dispor "necessários à realização de seus propósitos", conforme anteriormente citado no art. 105, item 1, da Carta da ONU.

A jurisprudência dos tribunais no Brasil seguia este entendimento, conforme a transcrição abaixo:

> ESTADO ESTRANGEIRO. ORGANISMO INTERNACIONAL. IMUNIDADE DE JURISDIÇÃO. NÃO OCORRÊNCIA. VERBETE DO TRIBUNAL PLENO N. 17/2005. Com base nos modernos conceitos jurisprudenciais e doutrinários acerca da imunidade de jurisdição dos Estados estrangeiros e dos Organismos internacionais, campeia entendimento consagrado pelo Egrégio Tribunal Pleno na composição da Súmula de Jurisprudência Uniforme n. 17/2005. Segundo esse entendimento, tais prerrogativas devem ser mitigadas quando em confronto com o ordenamento jurídico regulador dos comportamentos estritamente privados e, portanto, alheio aos domínios em que se praticam os atos *jure imperii*. Especialmente em matéria trabalhista, diante da qual não prevalecem nem mesmo os tratados e as convenções sobre privilégios e imunidades das Nações Unidas, os quais não se sobrepõem por inadequação à jurisdição interna dos Tribunais. 2. Recurso ordinário conhecido e provido. (BRASÍL, 2011a)

Sendo assim, nota-se que a imunidade de jurisdição dos Organismos Internacionais era aplicada, segundo moderna doutrina de Direito Internacional, de forma relativa, da maneira como era conferida aos Estados estrangeiros, desde que presente nas cláusulas dos seus tratados ou acordos bilaterais.

Nesse sentido, também é o entendimento de Francisco Rezek:

> é possível que essa situação mude e que um dia, em nome da coerência e de certos interesses sociais merecedores de cuidado, as Organizações Internacionais acabem por se encontrar em situação idêntica à do Estado estrangeiro ante a Justiça local. (REZEK, 2011. p. 301).

Nesse diapasão, cumpre salientar que essa nova visão conferida à imunidade de jurisdição harmoniza-se como os princípios constitucionais da boa-fé e da dignidade da pessoa humana. Não sendo inoportuno ressaltar que os direitos trabalhistas, uma vez não cumpridos, seja pelos Estados estrangeiros, seja pelos Organismos Internacionais, são identificados pelo Direito Internacional como direitos humanos. No entanto, nem por isso perdem seu caráter de natureza alimentar, exigindo, pois, sua satisfação por meio de tutela diferenciada. Contudo, o exame da questão da imunidade de jurisdição de uma Organização Internacional passa pela análise do conteúdo dos tratados e/ou acordos de sede firmados por esses entes.

Segundo Rezek (2011, p. 299), as Organizações Internacionais são carentes de base territorial e precisam que um Estado faculte a instalação física de seus órgãos em algum ponto do seu território. Esta franquia pressupõe sempre a celebração de um tratado bilateral entre a Organização e o Estado, a que se dá o nome de acordo ou tratado de sede.

As Organizações Internacionais regem-se, assim, por regras próprias, já que, para que se estabeleçam em qualquer país, necessariamente, concluem e assinam um tratado com o país que as recebe, o tratado-sede, em que são fixadas as normas que ambas as partes se comprometem a cumprir. Estes tratados normalmente preveem a imunidade de jurisdição da Organização Internacional tanto para o processo de conhecimento quanto para o de execução. (CALSING, 2002. p. 212).

Portanto, segundo Maria de Assis Calsing, no que diz respeito às Organizações Internacionais, não se cogita a norma consuetudinária a ser seguida, mas, a norma escrita, consubstanciada em um tratado internacional, pelo qual o Brasil se obriga, inclusive com a chancela do Congresso Nacional. (CALSING, 2002. p. 212).

Percebe-se que, em princípio, a ONU e suas Agências Especializadas, exemplos de Organizações Internacionais, eram detentoras da imunidade de jurisdição em relação ao processo de conhecimento, tal qual os Estados estrangeiros. Isto se não optassem pela expressa renúncia a esta imunidade de jurisdição.

Apesar de muitos doutrinadores defenderem a relativização da imunidade de jurisdição para as Organizações Internacionais, assim como se verificou para os Estados estrangeiros, há aqueles que entendem ser absoluta tal imunidade para as Organizações Internacionais.

Além disso, Caputo Bastos ensina que, os Organismos Internacionais não são capazes de praticar atos de império, posto que não são detentores de soberania, elemento essencial para a prática de tais atos. Assim, impossível a relativização da imunidade das Organizações Internacionais. (BRASIL, 2009b).

Ademais, cumpre ainda ressaltar que em 13 de fevereiro de 1946, a Convenção sobre Privilégios e Imunidades das Nações Unidas foi aprovada pela Assembleia Geral e, em 21 de novembro de 1947, foi promulgada a Convenção sobre Privilégios e Imunidades das Agências Especializadas das Nações Unidas, ambas subscritas pelo Brasil e válidas como lei interna, por meio do Decreto n. 27.784 de 16 de fevereiro de 1950 (BRASIL, 1950) e Decreto n. 52.288 de 22 de agosto de 1963 (BRASIL, 1963), respectivamente.

A posição doutrinária que defendia a imunidade relativa das Organizações Internacionais foi aos poucos cedendo lugar à imunidade absoluta, tendo em vista a ratificação dos tratados acima mencionados, pelo Brasil.

Assim, não era possível mitigar a imunidade de tais entes internacionais, visto que nos próprios tratados assumidos por eles já constava expressamente que "as Organizações das Nações Unidas gozarão de imunidade de jurisdição" (Seção II, artigo II da Convenção sobre Privilégios e Imunidades das Nações Unidas, Decreto n. 27.784/1950. (BRASIL, 1950).

Nesse sentido, caminhou a jurisprudência dos tribunais superiores do país:

RECURSO DE REVISTA. IMUNIDADE DE JURISDIÇÃO. ORGANISMO INTERNACIONAL. A controvérsia quanto à existência, ou não, de imunidade absoluta de jurisdição de Organismos

Internacionais já foi superada diante do recente posicionamento da SBDI-1, no sentido de que os Organismos Internacionais gozam de imunidade absoluta de jurisdição. Precedente da SBDI-1. Conhecido e provido. (BRASIL, 2011b).

RECURSO DE REVISTA. ORGANISMO INTERNACIONAL. IMUNIDADE JURISDIÇÃO. O entendimento deste Relator é no sentido de que os Organismos Internacionais não detêm imunidade absoluta de jurisdição, especialmente quando a lide se relacionar à matéria trabalhista. Entretanto, recentemente o SBDI-1 do Tribunal Superior do Trabalho, entendeu que, como os Organismos Internacionais são associações disciplinadas por normas escritas, a questão deve ser analisada com base nos acordos e tratados internacionais que as regulam e que foram ratificados pela República Federativa do Brasil — no caso, os Decretos ns. 27.784/50 e 52.288/63 e 59.308/66. Assim, ressalvado entendimento pessoal deste relator, e como esses tratados asseguram imunidade absoluta de jurisdição aos Organismos Internacionais, regulado por eles, não é possível mitigá-los. (BRASIL, 2009b).

AGRAVO DE INSTRUMENTO. RECURSO DE REVISTA. PRELIMINAR DE NULIDADE PROCESSUAL POR NEGATIVA DE PRESTAÇÃO JURISDICIONAL. IMUNIDADE DE JURISDIÇÃO — ORGANISMO INTERNACIONAL. UNESCO. DECISÃO DENEGATÓRIA. MANUTENÇÃO. Ressalvado entendimento deste Relator (no sentido de que a Constituição não acolhe semelhante privilégio a entes estatais internacionais, principalmente na seara de direitos humanos, econômicos e sociais) a Colenda SBDI-1, na sessão do dia 03/09/2009, no julgamento do processo TST-E--ED-RR-900/2004-019-10.00.9, reconheceu a imunidade absoluta de jurisdição dos Organismos Internacionais, quando assegurada por norma internacional ratificada pelo Brasil. Assim, não há como assegurar o processamento do recurso de revista quando o agravo de instrumento interposto não desconstitui os fundamentos da decisão denegatória, que subsiste por seus próprios fundamentos. Agravo de Instrumento desprovido. (BRASIL, 2011c).

Nota-se, pois, que as Organizações Internacionais são amparadas em normas de cunho internacional e não podem, dessa forma, ter a sua imunidade de jurisdição relativizada para o fim de submeterem-se à jurisdição local e responderem pelas obrigações contratuais assumidas, dentre elas as de origem trabalhista. Esta nova corrente de pensamento deu origem ao surgimento da nova OJ n. 416 do TST, pugnando-se pela imunidade absoluta das Organizações Internacionais.

4.8.1. Novo entendimento do Tribunal Superior do Trabalho sobre imunidade das Organizações Internacionais — OJ n. 416 SDI-I e suas implicações

Com a edição da Orientação Jurisprudencial 416 da SDI-I do TST, publicada no DEJT em 14, 15 e 16 de fevereiro de 2012, a questão sobre a imunidade de jurisdição dos Organismos Internacionais foi pacificada sobre o entendimento de que tais entes possuem imunidade absoluta. Esta questão foi definida pela SBDI-1, na sessão do dia 03 de setembro de 2009, no julgamento do E-ED-RR-900-2004-019-10-00.9, quando se concluiu em reconhecer a imunidade absoluta de jurisdição da ONU/PNUD. (BRASIL, 2012).

Não mais existe possibilidade de aplicação de "imunidade relativa" às referidas Organizações Internacionais, uma vez que não se lhes aplicam a regra do Direito Consuetudinário, relativa à natureza dos atos praticados (se de império ou gestão). Somente prevalecerá a jurisdição brasileira na hipótese de renúncia expressa à cláusula de imunidade jurisdicional.

Esse entendimento advém da Convenção sobre Privilégios e Imunidades das Nações Unidas, assim como da Convenção sobre Privilégios e Imunidades das Agências Especializadas das Nações Unidas. Ambas contemplam, de forma inequívoca, a imunidade absoluta de jurisdição dos Organismos Internacionais, posto que devidamente incorporadas ao ordenamento jurídico brasileiro.

A Convenção das Nações Unidas foi aprovada pelo Decreto Legislativo n. 4, de 13 de fevereiro de 1948, ratificada em 11 de novembro de 1949 e, promulgada pelo Brasil, por meio do Decreto n. 27.784, em 16 de fevereiro de 1950.

A mencionada Convenção, em seu artigo II, seção 2, dispõe que:

> a Organização das Nações Unidas, seus bens e haveres, qualquer que seja sua sede ou o seu detentor, gozarão de imunidade de jurisdição, salvo na medida em que a Organização a ela tiver renunciado em determinado caso. Fica, todavia, entendido que a renúncia não pode compreender medidas executivas. (BRASIL, 1950).

Assim, não resta dúvida de que a ONU é detentora da imunidade de jurisdição absoluta em território brasileiro, posto que o tratado internacional celebrado entre o Governo Federal e o ente Internacional submeteu-se a todos os trâmites necessários para sua incorporação ao ordenamento jurídico brasileiro.

Ademais, ele é claro ao dispor sobre a imunidade absoluta. Assim, não há que se falar na clássica distinção dos atos de império e de gestão para conceituar a imunidade jurisdicional.

Por sua vez, a Convenção sobre Privilégios e Imunidades das Agências Especializadas das Nações Unidas, promulgada em 24 de julho de 1963, por meio do Decreto n. 52.288, dispõe em seu art. 3º que:

> as agências especializadas, seus bens e ativos, onde estiverem localizados e qualquer que seja o seu depositário, gozarão de imunidade de todas as formas de processo legal, exceto na medida em que, em qualquer caso determinado houverem expressamente renunciado à sua imunidade. Fica entendido, porém, que nenhuma renúncia de imunidade se estenderá a qualquer medida de execução. (BRASIL, 1963).

Com efeito, referida Convenção também entende que as agências especializadas, tais como o Programa das Nações Unidas de Desenvolvimento (PNUD) também gozam de imunidade absoluta.

Insta ressalvar que os Organismos Internacionais, suas imunidades e garantias derivam do direito escrito, das normas e regras estabelecidas e ratificadas pelos Estados que a compõem.

Diante disso, não pode o Estado signatário do ajuste internacional, ao qual se atribui observância obrigatória e integral, viesse a descumpri-lo, a pretexto de diferentes interpretações oriundas do direito comparado.

Assim, prevalece agora no Tribunal Superior do Trabalho o entendimento de que os Organismos Internacionais, tais como PNUD, ONU, OEA, UNESCO, entre outros possuem jurisdição absoluta.

Nesse sentido, são alguns dos precedentes do TST que deram origem a OJ n. 416 do TST:

> RECURSO DE EMBARGOS EM RECURSO DE REVISTA. ACÓRDÃO EMBARGADO PUBLICADO SOB A ÉGIDE DA LEI 11.496/2007. ORGANISMO INTERNACIONAL. IMUNIDADE DE JURISDIÇÃO. A jurisprudência prevalecente desta Seção, ressalvado o entendimento pessoal da Ministra Relatora, orienta-se no sentido de que a imunidade de jurisdição, conferida aos organismos internacionais, alcança as relações de natureza trabalhista, por ser prevista em tratado internacional do qual o Brasil é signatário e que tem caráter cogente no ordenamento jurídico interno — a Convenção sobre Privilégios e Imunidades das Nações Unidas, ratificadas pelos Decretos ns. 27.784/50 e 52.288/63. Recurso de embargos conhecido e desprovido. (BRASIL, 2011d).

> IMUNIDADE JURISDIÇÃO. ORGANISMO INTERNACIONAL. ONU/PNUD. Os Organismos Internacionais detêm imunidades e privilégios disciplinados por acordos e tratados internacionais específicos que foram ratificados pelo Brasil (Decretos ns. 27.784/50 — Convenção sobre Privilégios e Imunidades das Nações Unidas, — 52.288/63 — Convenção sobre Privilégios e Imunidades das Agências Especializadas das Nações Unidas e 53.308/66 — Acordo Básico de Assistência Técnica com as Nações Unidas e suas Agências Especializadas), de sorte que a imunidade de jurisdição quanto a esses Organismos Internacionais é absoluta. Precedente TST – E-RR -90000-49.2004.5.10.0019, Ac. SDI-I, DEJT 4/12/2009. Recurso de Embargos de que se conhece e a que se dá provimento. (BRASIL, 2011e)

> RECURSO DE EMBARGOS REGIDO PELA LEI N. 11.496/2007. IMUNIDADE DE JURISDIÇÃO. ORGANISMO INTERNACIONAL (ONU/PNUD). Nas hipóteses como a dos autos, em que foi reconhecida a existência de tratado internacional, celebrado entre a República Federativa do Brasil e o Programa das Nações Unidas para o desenvolvimento (ONU/PNUD), tratado este que se submeteu a todos os trâmites necessários à sua incorporação ao ordenamento jurídico brasileiro — ratificação pelo Congresso Nacional e disposição por Decreto Executivo — não tem pertinência a regra do Direito Consuetudinário, referente à natureza dos atos praticados, eis que expressamente prevista cláusula de imunidade jurisdicional. Significa dizer que, neste caso, não há que se perquirir quanto à prática de atos de gestão ou atos de império, a pautar a imunidade jurisdicional, posto que estipulada voluntariamente por ambas as partes no documento firmado pelo ente internacional (Organismo Internacional) e a República Federativa do Brasil. Precedentes da SBDI-I desta Corte. Recurso de embargos conhecido e desprovido. (BRASIL, 2011f).

O *leading case,* responsável pelo entendimento esposado por meio da OJ n. 416 da SBDI-I do TST, partiu do julgamento de Embargos em Embargos de Declaração em Recurso de Revista n. TST-E-ED-RR-900/2004-019-10-00.9, no qual são Embargantes União e Organização das Nações Unidas, Programa das Nações Unidas para o Desenvolvimento – ONU/PSUD e, como Embargada, Luciana Lima Cruz.

Trata-se de processo oriundo do Tribunal Regional do Trabalho da 10ª Região que deu provimento ao Recurso da Reclamante no tocante à imunidade de jurisdição para afastar a imunidade de jurisdição reconhecida à Reclamada e, ainda, determinou o retorno aos autos à Vara de origem, a fim de que prosseguisse o julgamento do feito.

Baseado em precedentes anteriores à edição da OJ n. 416 da SBDI-I do TST, discutia-se e aplicava-se a imunidade relativa de jurisdição aos Organismos Internacionais, semelhante ao entendimento dado aos Estados estrangeiros quanto à relativização de sua jurisdição.

Todavia, no exame dos mencionados autos, entendeu-se que para as Organizações Internacionais, não justificava aplicar a distinção de atos de império e de gestão, relativizando, assim, sua jurisdição. Segundo entendimento da Corte, a imunidade conferida a tais entes internacionais ligava-se aos compromissos assumidos por eles, variando de acordo com o fim perseguido pela Organização Internacional. Ou seja, poderia apresentar cunho econômico, cultural, científico ou um fim geral, como a ONU e a OEA.

Diante disso, concluiu-se que, a imunidade de jurisdição dos Organismos Internacionais não encontra amparo na praxe internacional, decorrendo de expressa previsão em norma internacional. A inobservância contida nos tratados e acordos firmados entre os entes e o Estado soberano poderia ocasionar quebra de um pacto internacional, acarretando instabilidade das relações na comunidade internacional.

Ademais, os Organismos Internacionais não detêm soberania, elemento típico dos Estados. Sendo assim, referidos entes internacionais poderiam gozar de imunidade relativa de jurisdição, se em seus tratados ou acordos internacionais tal cláusula estivesse prevista. Caso contrário, a imunidade de jurisdição absoluta deveria prevalecer.

Nesse sentido, é a ementa da sessão realizada em 03 de setembro de 2009, do mencionado processo, cujo redator foi o Ministro Caputo Bastos, que resume a controvérsia decidida pela Subseção Especializada:

> EMBARGOS. INTIMAÇÃO DO ENTE PÚBLICO ANTES DA VIGÊNCIA DA LEI N. 11.496/2007. CIÊNCIA EM 24.8.2007. IMUNIDADE DE JURISDIÇÃO. ORGANISMOS INTERNACIONAIS. ONU/PNUD. 1. Diferentemente dos Estados estrangeiros, que atualmente têm a sua imunidade de jurisdição relativizada, segundo entendimento do próprio Supremo Tribunal Federal, os Organismos Internacionais permanecem, em regra, detentores do privilégio da imunidade absoluta. 2. Os Organismos Internacionais, ao contrário dos Estados, são associações disciplinadas, em suas relações por normas escritas, consubstanciadas nos denominados tratados e/ou acordos internacionais de sede. Não têm, portanto, a sua imunidade de jurisdição pautada pela regra costumeira internacional, tradicionalmente aplicável aos Estados estrangeiros. Em relação a eles, segue-se a regra de que a imunidade de jurisdição rege-se pelo que se encontra efetivamente avençado nos referidos tratados de sede. 3. No caso específico da ONU, a imunidade de jurisdição, salvo se objeto de renúncia expressa, encontra-se plenamente assegurada na Convenção sobre Privilégios e Imunidades das Nações Unidas, também conhecida como — Convenção de Londres —, ratificada pelo Brasil por meio do Decreto n. 27.784/50. Acresça-se que tal privilégio também se encontra garantido na Convenção sobre Privilégios e Imunidades das Agências Especializadas das Nações Unidas, que foi incorporada pelo Brasil por meio do Decreto 52.288/63, bem como no Acordo Básico de Assistência Técnica com as Nações Unidas e suas Agências Especializadas, promulgada pelo Decreto n. 59.308/66. 4. Assim, porque amparada em norma de cunho internacional, não podem os organismos internacionais, à guisa do que se verificou com os Estados estrangeiros, ter a sua imunidade de jurisdição relativizada, para o fim de submeterem-se à jurisdição local e responderem, em consequência, pelas obrigações contratuais assumidas, dentre elas as de origem trabalhista. Isso representaria, em última análise, a quebra de um pacto internacional, cuja inviolabilidade encontra-se constitucionalmente assegurada (art. 5º, § 2º, da CF/88). 5. Embargos conhecidos, por violação ao art. 5º, § 2º da Constituição Federal e providos para, reconhecendo a imunidade absoluta de jurisdição da ONU/PSUD, restabelecer o acórdão regional no particular. (BRASIL, 2009b).

Portanto, oriunda de toda essa discussão, a edição da OJ n. 416 da SBDI-I do TST, que procurou uniformizar o entendimento do Colendo Tribunal Superior do Trabalho acerca da imunidade de jurisdição dos Organismos Internacionais, conferindo-lhe imunidade absoluta de jurisdição.

5 — Imunidade de Execução

Antes de se adentrar no tema deste capítulo, importante esclarecer o significado do termo "imunidade de jurisdição" para melhor entender o que seja imunidade de execução.

Assim, a imunidade de jurisdição apresenta dois aspectos: imunidade de jurisdição propriamente dita, referente ao processo de conhecimento, e imunidade de execução. Um decorre do outro, tendo em vista que não há que se falar em execução se não houve o processo, isto é, se não houve a declaração ou a condenação de um direito a reclamar seu cumprimento.

5.1. A diferenciação dos termos: imunidade de jurisdição e imunidade de execução

É comum que doutrina e jurisprudência utilizem-se dos termos "imunidade de jurisdição" e "imunidade de execução" como sinônimos. No entanto, são diferentes seus conceitos e suas consequências.

A imunidade de execução refere-se à execução do julgado proferido pelo Estado acreditado, sendo diferente do conceito de imunidade de jurisdição (cognição), *stricto sensu*, pertencente à fase do processo de conhecimento. São conceitos distintos, empregados em fases diferentes do processo.

Antenor Pereira Madruga Filho entende que imunidade de jurisdição comporta o gênero do qual são espécies: imunidade de cognição e imunidade de execução.

Assim, ensina o doutrinador:

> ao se estudar essa imunidade, ver-se-ão tratamentos distintos, conforme a espécie de provimento jurisdicional que se pretende obter contra o Estado soberano (se de conhecimento ou de execução). Aceitando-se que o processo de execução é parte da atividade jurisdicional do Estado, deve-se, logicamente, admitir imunidade à execução como forma de imunidade à jurisdição. Logo, no gênero das imunidades de jurisdição, tem-se, como espécies, o que podemos denominar de imunidade de cognição e imunidade de execução. (MADRUGA FILHO, 2003. p. 95).

Nota-se, pois, que a distinção entre as atividades de *dizer o direito* e de *executar a sentença* permanece válida e útil. Ou seja, a despeito de se reconhecer que a formulação concreta de uma regra jurídica (cognição) e a sua atuação forçada (execução) são partes da função jurisdicional do Estado, não se descarta a utilidade de uma distinção entre essas formas de atuação da jurisdição. (MADRUGA FILHO, 2003. p. 95).

Nesse sentido, também é o entendimento de José Ignácio Botelho de Mesquita:

> a imunidade de jurisdição age indiferentemente sobre o processo de conhecimento e sobre o processo de execução. Na imunidade de cognição está compreendida a imunidade de execução e vice-versa: na renúncia à imunidade de cognição está incluída a renúncia à imunidade de execução. Assim é porque o processo de cognição, em tal caso, tem por finalidade precípua a criação de um título executivo judicial a favor do credor e não se pode conceber que a aceitação da jurisdição para tal fim não implique a aceitação da utilidade que se possa extrair da sentença condenatória. (MESQUITA, 2002. p. 215).

Para o autor, a imunidade jurisdicional se subdivide em duas outras: de cognição e de execução, visto que a finalidade em ambos os tipos de processo é diferente.

Guido Soares (1984, p. 199) explica que "o processo de conhecimento difere da execução, em especial, quando se trata de medidas coercitivas contra bens do Estado estrangeiro. São duas as imunidades, ou dois aspectos da mesma imunidade."

A dicotomia entre jurisdição e execução é de difícil assimilação para Eneas Bazzo Torres. Explana o autor:

> todo o pensamento processualista, se tomarmos a doutrina italiana e a doutrina alemã, ou seja, a partir do momento em que o processo civil realmente se estrutura como uma ciência, nós, no máximo, teremos uma indagação sobre se cognição e execução constituem ou não processos diferentes, processos autônomos. Mas nunca que possam estar afastados da atividade tipicamente jurisdicional, ou que a execução possa estar fora da jurisdição. (TORRES, 2002. p. 273).

Cumpre salientar que se separa execução do processo de cognição apenas para atender a critérios meramente procedimentais, como explica Eneas Bazzo Torres (2002, p. 274). Isso porque, na visão do autor:

> não posso pretender que o juiz se transforme num mero órgão consultivo: "quero saber se tenho ou não direito, para eu mesmo decidir, depois, se vou ou não cumprir o comando da sentença". Isto levaria ao absurdo de apenas se conferir eficácia para as decisões favoráveis ao Estado estrangeiro. (TORRES, 2002. p. 274).

Assim, a imunidade de jurisdição, entendida como o gênero, quando existe, engloba tanto a cognição quanto a execução. Todavia, para fins didáticos e com o intuito de aproximar-se da terminologia do direito processual moderno, opta-se, neste trabalho, por se utilizar das expressões: imunidade de jurisdição, *stricto sensu*, (entendendo-se sinônimo de cognição) e imunidade de execução (quando da execução da sentença), espécies do gênero imunidade jurisdicional (*lato sensu*) dos Entes de Direito Público Externo.

5.2. A execução contra estado estrangeiro

As ações envolvendo imunidade dos Estados estrangeiros à jurisdição dos tribunais nacionais, na maioria dos casos, decorrem de relações conexas à atividade diplomática desses entes estrangeiros. Quase todas são advindas de relações de trabalho, isto é, contrato de trabalho ou fornecimento de serviços autônomos, além daquelas envolvendo acidentes com veículos das embaixadas ou dos consulados.

Nas palavras de Francisco Rezek:

> podemos encontrar, ainda hoje, alguma dificuldade em definir o exato limite entre as causa jurisdicionáveis e as ainda cobertas pela imunidade, É possível que no plano universitário isso ainda represente um desafio. Mas, como tudo quanto se nos depara na prática judiciária brasileira são ações ora relacionadas com o direito do trabalho, ora afetas ao domínio da responsabilidade civi.l (BRASIL, 1989).

Assim, para os operadores do direito, doutrinadores e juízes, o tema imunidade de execução apresenta-se um pouco árido. Várias são as questões que permanecem abertas sobre a possibilidade de um Estado estrangeiro se submeter à jurisdição interna brasileira.

Inicialmente, cumpre salientar que no triângulo processual em que se instaura, há duas relações que se formam. Para Madruga Filho tem-se "em primeiro plano, o conflito de uma relação entre o particular e o Estado estrangeiro, este normalmente na condição de réu." Desta forma, provocada a jurisdição contra ente estrangeiro, estabelece-se também uma "segunda relação entre o Estado réu e o Estado juiz, informada pelo direito internacional público." (MADRUGA FILHO, 2003. p. 200).

Diante disso, se o Estado estrangeiro não se opuser à jurisdição interna, o processo transcorrerá normalmente até a sentença que decidir a lide, sem que se instale a imunidade de jurisdição (cognitiva). Não há ainda conflito internacional, apenas disputa interna, que se espera resolver pela sentença.

Entretanto, é pela contestação do foro pelo Estado-réu, baseada na recusa em se submeter à jurisdição de outro Estado, que faz surgir, sobre o litígio já formado entre as partes, um novo conflito, agora entre Estado-réu e Estado-juiz. (MADRUGA FILHO, 2003. p. 200).

Percebe-se, pois, que o Estado estrangeiro, quanto à execução, não tem ainda sua questão pacificada, ainda que não possua imunidade de jurisdição, ou seja, embora possa figurar em um dos polos da relação jurídica, a questão torna-se emblemática no que diz respeito à execução. O Estado estrangeiro pode cumprir espontaneamente a sentença proferida pelo Estado acreditado. Todavia, caso se recuse a cumpri-la, sua execução torna-se tormentosa, uma vez que diante do princípio da soberania, o Brasil não pode obrigar nenhum Estado estrangeiro ou Organismo Internacional que aqui tenha sede que cumpra o determinado nas sentenças proferidas pelos tribunais.

Assim, corre-se enorme risco de o nacional ter seus direitos trabalhistas boicotados pelos entes de direito público externo que não quiserem cumprir o que foi pactuado em acordos e tratados internacionais.

O Ministro Celso de Mello demonstra que a imunidade de execução possui caráter absoluto, salvo raras exceções, como explicita em seu voto a seguir transcrito:

> o Supremo Tribunal Federal, tratando-se da questão pertinente à imunidade de execução (matéria que não se confunde com o tema concernente à imunidade de jurisdição), continua, quanto a ela (imunidade de execução), a entendê-la como sendo de caráter absoluto, ressalvada as hipóteses excepcionais a) <u>de renúncia</u>, por parte do Estado estrangeiro, à prerrogativa da intangibilidade dos seus próprios bens ou [...] b) <u>de existência</u>, em território brasileiro, de bens, que, embora pertencentes ao Estado estrangeiro, sejam estranhos, quanto à sua destinação ou utilização, às legações diplomáticas ou representações consulares por ele mantidas em nosso país. (BRASIL, 2002a, grifos nossos)

Insta esclarecer que a imunidade ao processo de cognição jamais foi um direito verdadeiramente absoluto dos Estados soberanos, que sempre reconheceram a exclusividade da jurisdição territorial, sobre as ações referentes a bens imóveis ou à sucessão de bens localizados no território do foro. (MADRUGA FILHO, 2003. p. 310).

A imunidade ao processo de execução, diferentemente, foi, de início, vista como realmente absoluta. Ao se iniciar o processo de relativização da imunidade de jurisdição, a partir da segunda metade do século XX, o costume internacional estendeu primeiro a possibilidade de submeter os Estados soberanos ao processo de conhecimento antes de passar a aceitar, também, a execução forçada, segundo explica Antenor Madruga Filho (2003, p. 310).

Nota-se, portanto, que o Supremo Tribunal Federal aventa duas exceções à imunidade de execução dos Estados estrangeiros. São elas a renúncia a essa imunidade pelo próprio Estado executado ou a existência em território brasileiro de bens pertencentes ao Estado estrangeiro, porém estranhos quanto à sua destinação ou utilização, às legações diplomáticas ou representações consulares por ele mantidas no Brasil, conforme voto anteriormente transcrito. Em seguida, estudar-se-á pormenorizadamente cada uma dessas hipóteses aventadas pela Suprema Corte do Brasil.

5.2.1. Da renúncia à imunidade de jurisdição e de execução

A 'renúncia' significa a abdicação voluntária e unilateral de um direito subjetivo por seu titular, cuja eficácia é *ex nunc* e irrevogável. A renúncia pode afastar privilégios e imunidades dos Entes de Direito Público Externo, conforme ensina Júlio Marino de Carvalho (1991, p. 33).

Somente faz sentido falar em submissão voluntária aos tribunais estrangeiros quando: a) essa jurisdição existe e; b) configura-se, no caso concreto, o direito à imunidade de jurisdição. Assim, jurisdição e imunidade são pressupostos da renúncia, nas palavras de Antenor Pereira Madruga Filho (2003, p. 335).

Ademais, existindo a jurisdição, o problema da renúncia à imunidade de jurisdição não se apresenta nos casos em que o Estado soberano não faz jus à imunidade.

Cumpre esclarecer que, no Brasil, a Constituição de 1891, em seu art. 101, inciso I, estabelecia competência ao Supremo Tribunal Federal para julgar os litígios de que fossem partes as Nações estrangeiras, a União ou os Estados. A Constituição atual, por seu modo, distribui a competência para julgar o Estado estrangeiro entre os juízes federais, o Superior Tribunal de Justiça, a Justiça do Trabalho e o Supremo Tribunal Federal. (MENDES, 2001. p. 21).

Nota-se, pois, que a prerrogativa da imunidade de jurisdição sempre esteve junto à possibilidade de sua renúncia, como aduz Antenor Madruga Filho (2003, p. 341).

A renúncia à imunidade de jurisdição não implica necessariamente em renúncia à imunidade de execução. A Convenção de Viena sobre Relações Diplomáticas de 1961, no seu art. 32, item 4, é clara ao expor que:

> Art. 32, item 4 – A renúncia à imunidade de jurisdição no tocante às ações cíveis ou administrativas não implica em renúncia quanto às medidas de execução da sentença, para as quais nova renúncia é necessária (NECCINT, 1961).

Eneas Bazzo Torres defende o argumento de que não há norma internacional reconhecendo a dupla imunidade do Estado estrangeiro. Para ele, o artigo citado acima não diz que a execução é impossível sem a renúncia. O que o dispositivo prescreve é o que o mundo inteiro conhece: que é impossível adotar as medidas de execução, tais como aquelas que o art. 22 da Convenção de Viena de 1961 aduz, de busca, requisição ou embargo. (TORRES, 2002. p. 275).

Segundo o autor:

> o que a Convenção veda são os atos materiais da execução, não a execução ela mesma. O que estão dizendo essas normas da Convenção — que teve uma adesão extraordinária — é que a execução é possível. O que não é possível é penhorar bens do Estado, mas disso todos nós já sabemos, e há quanto tempo sabemos disso! (TORRES, 2002. p. 276).

Desse modo, o que o costume assentou e que perdurou por longo tempo foi o princípio da absoluta imunidade, mas não se cogitava de sua divisão dentro do processo. Ademais, sustenta Eneas Bazzo Torres que, ao contrário do que aparentemente sugere a leitura destas normas da Convenção de Viena, não ficou assentado, aqui, o sistema da dupla renúncia ou da dupla imunidade. (TORRES, 2002. p. 275-276).

Por sua vez, segundo o raciocínio esposado por Franco Filho, a imunidade de jurisdição agiria tanto na fase de conhecimento quanto na fase de execução. Desta forma, ocorrendo renúncia à primeira, estaria implícita, também, a renúncia pela execução. É o que a doutrina denomina de princípio de dupla imunidade, tendo como consequência o princípio da dupla renúncia. (FRANCO FILHO, 1986. p. 47).

Sendo assim, o princípio da dupla imunidade precede o da dupla renúncia e um exclui o outro, ou seja, tendo o Estado estrangeiro imunidade de jurisdição, que pode ser renunciada, e possuindo também imunidade de execução possível de ser renunciada, caso renuncie à imunidade de jurisdição, mas não renuncie imunidade de execução, a sentença ficará ineficaz, visto que é necessária nova renúncia à imunidade de execução para que se proceda à efetivação do julgado, segundo afirma Georgenor Franco Filho (1986, p. 47).

Assim, entendem alguns juristas que para ocorrer a execução de sentença contra Estado estrangeiro, necessário se faz sobrevir o princípio da dupla renúncia, alcançando tanto a imunidade de jurisdição quanto a de execução, sendo fundamental que tal renúncia seja expressa. Este é o entendimento de Sebastião Machado Filho:

> sem manifestação expressa de renúncia à imunidade de jurisdição, nenhuma entidade internacional portadora dessa prerrogativa poderá ser submetida a qualquer processo de execução, no âmbito do direito privado, sob pena de nulidade pleno *iure* da execução e consequente extinção do processo sem julgamento do mérito, por ausência do pressuposto de constituição e desenvolvimento válido e regular do *due process of Law*, na forma do disposto no art. 267, IV, do CPC, em referência à garantia constitucional insculpida no art. 5º, LIV, da Magna Carta. (MACHADO FILHO, 1996. p. 26).

A renúncia, via de regra, será sempre expressa, conforme dispõe as Convenções de Viena sobre Relações Diplomáticas de 1961 no seu art. 32, item 2, que aduz que "a renúncia será sempre expressa." (NECCINT, 1961).

Para Ian Browlie:

> a renúncia pode ocorrer *inter alia*, por tratado, por comunicação diplomática ou através da submissão efetiva a um processo instaurado num tribunal nacional. Esta submissão voluntária à jurisdição não se estende às medidas de execução. Não se deve deduzir que há renúncia, em termos jurídicos, pelo fato de uma dada atividade ser comercial. Os problemas da renúncia estão, evidentemente, relacionados com a controvérsia sobre a extensão da imunidade, utilizando alguns tribunais a doutrina da renúncia implícita para restringir a imunidade (BROWNLIE, 1997. p. 361).

Ademais, a renúncia presumida ou tácita não é aceita, salvo em casos excepcionais. Todavia, ela não se configura quando o ente de Direito Público externo é citado regularmente e não comparece à audiência trabalhista já designada. O que se verifica no acórdão 9696-3/SP cujo relator foi o Ministro Neri da Silveira, transcrito a seguir:

> imunidade de jurisdição. Ação de particular contra Estado estrangeiro, vindicando direitos decorrentes de relação de trabalho. Recusa do Estado estrangeiro, no sentido de se submeter à jurisdição local. Não faz presumir renúncia à imunidade de jurisdição o fato da autoridade estrangeira não haver atendido a nova citação, no juiz a que se deslocou, posteriormente o feito. Processo julgado extinto, CPC, art. 267, VI. Precedente do STF. Apelação desprovida. (Min. relator: Neri da Silveira; publicado DJ 31.4.1984.) (BRASIL, 1989).

A possibilidade de renúncia tácita, segundo ensina Wagner Giglio, acontece por exceção, ou seja, quando é o próprio Estado quem propõe, no tribunal estrangeiro, a ação; quando o agente exerce atos de comércio ou de indústria, em nome próprio; ou possui, em nome próprio, bens imóveis; e, ainda, quando ocorra reconvenção na ação proposta pelo Estado estrangeiro. (GIGLIO, 1993. p. 68).

Pontes de Miranda ensina que, caso o ente estrangeiro, por vontade própria, propõe no Brasil pretensão declaratória, constitutiva, condenatória, mandamental ou executiva há renúncia à imunidade. (MIRANDA, 1996, p. 209).

Por sua vez, Gerson de Brito Mello Boson explica que a renúncia expressa é a que se opera por declaração inequívoca do Estado, quando este é citado, por declaração unilateral ou cláusula contratual, enquanto a renúncia tácita ocorre quando o Estado ingressa como autor na causa ou quando aceita ser demandado, sem levantar exceção ou privilégio ou, em sentido extensivo, a renúncia é sobreposta a atos de gestão, ou seja, quando o Estado se volta à prática de atos comerciais (BOSON, 1972. p. 22).

Percebe-se, pois, que o Estado pode renunciar à imunidade de jurisdição e de execução de que goza, tanto por conveniência como por interesse na manutenção de uma boa convivência no âmbito internacional e até mesmo como manifestação de sua autonomia. Insta esclarecer que quem pode renunciar expressamente são os responsáveis pelas Organizações Internacionais e o Estado estrangeiro. Não se aceita a manifestação, nesse sentido, do agente diplomático ou consular, por ser uma garantia de ordem pública, conforme argumenta Wagner Giglio (1993, p. 68).

Doutrina e jurisprudência comparada admitem, segundo Guido Soares, a renúncia à imunidade de jurisdição do Estado se: a) o Estado estrangeiro é autor, interveniente, oponente ou réu reconvinte; b) o Estado age de modo a permitir a decisão sobre o mérito, ou seja, esse comportamento será interpretado como aceitação tácita da competência do foro; c) o Estado subscreve cláusula contratual de renúncia à imunidade, embora haja caso em que é necessária a renúncia específica. (SOARES, G., 1984. p. 117).

5.2.2. A penhora de bens dos estados estrangeiros

O entendimento do STF, no tocante a penhora de bens, suplanta os artigos da Convenção de Viena sobre Relações Diplomáticas e da Convenção de Viena sobre Relações Consulares, visto que ambos apenas preveem que "os locais da Missão, seu mobiliário e demais bens neles situados, assim como os meios de transporte da Missão, não poderão ser objeto de busca, requisição, embargo ou medida de execução" (art. 22, item 4, da Convenção de Viena sobre Relações Diplomáticas). (MAZZUOLI, 2011).

Quanto aos consulados, a possibilidade de constrição de bens é ainda maior, porquanto a inviolabilidade tem fim específico de "defesa nacional ou de utilidade pública". Isso é o que se verifica disposto no art. 31, item 4º da Convenção de Viena sobre Relações Consulares (1963):

> os locais consulares, seus imóveis, os bens da repartição consular e seus meios de transporte não poderão ser objeto de qualquer forma de requisição para fins de defesa nacional ou de utilidade pública. Se para tais fins, for necessária a desapropriação, tomar-se-ão as medidas apropriadas para que não se perturbe o exercício das funções consulares, e pagar-se-á ao Estado que envia uma indenização rápida, adequada e efetiva. (MAZZUOLI, 2011).

Nota-se, portanto, que o STF prevê forma mais abrangente de penhorar bens dos Estados estrangeiros quando menciona que, existindo bens no território brasileiro, e desde que estranhos à utilização ou destinação pelas missões diplomáticas ou consulares, poderão ser penhorados para pagamento de suas dívidas perante o Estado acreditado.

O Ministro Jorge Scartezzini classifica como absolutamente imune à execução em foro alheio: a) os bens de Estado soberanos que se encontrem afetados às respectivas atividades diplomáticas e consulares descrito no art. 22, item 3 da Convenção de Viena sobre Relações Diplomáticas de 1961, transcrito acima; b) os navios e as embarcações pertencentes a Estados estrangeiros (Convenção das Nações Unidas sobre Direito do Mar de 1982), conforme praxes internacionais; c) os bens pertencentes a bancos centrais e autoridades monetárias de Estados estrangeiros (conforme *Foreing Sovereign Immunity Act*, EUA/1976, § 1.611, *State Immunity Act*, Reino Unido/1978, Seção 14); d) os bens de caráter militar ou utilizados para fins militares. (BRASIL, 2006).

A imunidade de execução mostra-se mais abrangente que a de cognição, tendo em vista os fundamentos da soberania, da independência, da igualdade entre os Estados, da cortesia internacional, da prudência diplomática, entre outros, conforme aponta André Huet, citado por Luiz Pinho Pedreira da Silva (1998, p. 232).

Os fundamentos da soberania e da independência são invocados, tendo em vista que a execução forçada comportaria o recurso à força pública de que o emprego seria suscetível de constituir, em face de um Estado estrangeiro, um ato contrário à soberania e à independência deste Estado.

O princípio da igualdade dos Estados impõe que a imunidade de execução seja concedida também aos Estados estrangeiros. Por cortesia internacional, explica Huet, seria incoerente, chocante e contrário à dignidade de um Estado estrangeiro que ele participasse de execução forçada contra outro Estado. As razões de prudência diplomática explicam-se porque a penhora dos bens de um Estado estrangeiro é de natureza a perturbar as relações internacionais com os demais Estados soberanos. (HUET *apud* SILVA, Luiz, 1998. p. 232).

Em suma, a imunidade de execução atua como componente político feito de uma mistura difusa de interesses estatais e de jogos diplomáticos. (HUET *apud* SILVA, L. 1998. p. 232).

O entendimento do Supremo Tribunal Federal nas causas trabalhistas é pela aplicação da dupla imunidade do Estado estrangeiro, ou seja, cognição e execução. Quanto à imunidade de execução, para o STF, há duas exceções, quais sejam: a) renúncia do Estado estrangeiro e b) existência de bens do Estado estrangeiro no solo brasileiro que não tenham vinculação com as finalidades essenciais das legações diplomáticas ou consulares, como anteriormente mencionado.

Assim, segundo Luiz de Pinho Pedreira da Silva, cabe ao credor provar que o bem que ele quer penhorar é afetado a uma atividade do direito privado, ou seja, fora das exceções à regra para penhorar bens do Estado estrangeiro, segundo o STF. (SILVA, L., 1998. p. 235).

No mesmo sentido, Márcio Pereira Pinto Garcia entende que, no processo de execução contra Estado estrangeiro, a presunção é contrária, nos termos do art. 32, item 4º da Convenção de Viena, ou seja, "ainda que o Estado renuncie a sua imunidade de jurisdição no tocante às ações cíveis e administrativas, não implica renúncia à imunidade contra as medidas de execução da sentença." (MAZZUOLI, 2011). Isto é, a presunção é sempre de que não é possível a penhora dos bens dos entes estrangeiros até que nova renúncia seja dada expressamente pelo país ou que tais bens não estejam afetos às missões diplomáticas ou consulares.

José Ignácio Botelho de Mesquita argumenta, em posição contrária, que primeiro devem ser penhorados os bens do Estado estrangeiro, para, somente depois de garantida a execução do título judicial, ser resolvida a questão nos embargos à execução.

Assim, para o autor, "quais são os bens do Estado devedor que podem e quais os que não podem ser penhorados é questão que será resolvida nos embargos do devedor, mas depois de garantida a instância mediante penhora de bens." (MESQUITA, 2002. p. 220).

Segundo o princípio da reciprocidade, Carlúcio Coelho entende que nenhum bem do Estado estrangeiro poderia ser penhorado, tendo em vista que os bens públicos no Brasil são impenhoráveis e a nenhum juiz é dado determinar atos constritivos sobre patrimônio público, salvo as execuções de créditos alimentares de pequeno valor, dispostas no art. 100 da CF/88.

Desse modo, ensina o autor:

se o processo de execução movido por brasileiros contra o seu próprio país obedece a esses pressupostos, então não podemos agir diferente em relação a outros países, impondo-lhes a penhora de seus bens públicos ou a desobediência ao princípio da ordem cronológica para pagamentos. Ou seja, pelo princípio da reciprocidade, da mesma forma que o Estado brasileiro não permite a seus cidadãos a penhora de bens públicos, não pode impor medidas constritivas aos bens públicos de outros países. (COELHO, 2006. p. 55).

José Ignácio Botelho de Mesquita adverte que impenhorabilidade dos bens das pessoas jurídicas de direito público é um obstáculo à penhora dos bens dos Estados estrangeiros não afetados às representações diplomáticas e consulares. Conforme o autor argumenta:

essa questão é bastante espinhosa (penhora de bens dos Estados estrangeiros), posto que a nossa Constituição assegura a absoluta impenhorabilidade dos bens das pessoas jurídicas de direito público, ressalvada a hipótese de sequestro por desrespeito à ordem cronológica dos precatórios. (MESQUITA, 2002. p. 220).

O Supremo Tribunal Federal entende não haver obstáculos à penhora de bens do Estado estrangeiro em execuções trabalhistas. Assim, não viola o princípio da reciprocidade, mesmo que os bens sejam impenhoráveis nos termos da Carta Magna de 1988. Um dos argumentos do STF reside na restrição da imunidade de jurisdição do Estado estrangeiro, caso ele pratique atos de gestão na contratação dos empregados das embaixadas ou dos consulados. Assim, nestes casos, o Estado estrangeiro age como particular na contratação de empregados, não possuindo, portanto, imunidade de cognição e, podendo, ainda, ter penhorados seus bens não afetados às embaixadas e aos consulados.

Cumpre ressaltar que a impenhorabilidade dos bens afetados está disposto no art. 22, item 3, da Convenção de Viena sobre Relações Diplomáticas, o qual dispõe:

> os locais da Missão, seu mobiliário e demais bens neles situados, assim como os meios de transporte da Missão, não poderão ser objeto de busca, requisição, embargo ou medida de execução (MAZZUOLI, 2011).

Importante ressaltar que quando o Estado pratica atos de gestão ou quando concorda em se submeter a regime jurídico de direito privado, não deixa de ser soberano. Consoante, argumenta Antenor Pereira Madruga Filho:

> o Estado que é réu em ação judicial movida numa jurisdição estrangeira continua soberano, igual, independente e sujeito de todos os privilégios, garantias e obrigações que lhe atribui o direito internacional. Ocorre que no rol dessas garantias não há mais a imunidade de jurisdição para os "atos de gestão." (MADRUGA FILHO, 2002. 186-187).

Assim, quando o Estado brasileiro explora diretamente atividade econômica, interna ou externamente, conforme disposto no art. 173 da CF/88, deverá fazê-lo na forma de iniciativa privada, não gozando de privilégios fiscais não extensivos ao setor.

A atuação do Estado estrangeiro em atividade econômica, mesmo que eventualmente classificada como de gestão, possui soberania, e assim deve ser considerada. Isto não prejudica o entendimento de que os bens dos Estados estrangeiros podem ser penhorados em causas trabalhistas, desde que não afetos às suas finalidades essenciais (diplomática e consular).

Ademais, conforme ensinamentos de Francisco Rezek, o Brasil tem sofrido penhoras no exterior quando se tratam de bens não afetos às relações diplomáticas e consulares. Rezek aponta os seguintes exemplos: a) os bens do extinto Loyd brasileiro, em Roma, foram penhorados pela justiça romana; b) os bens do extinto Instituto do Café, na Alemanha, também foram penhorados pela justiça na cidade de Bonn, ao cabo de ações de natureza trabalhista. (REZEK, 2002, p. 13-14).

5.2.3. A penhora em contas bancárias dos Estados estrangeiros

A penhora em conta bancária das representações diplomáticas e consulares é tema atual apreciado nos tribunais pátrios. Primeiro, porque as Convenções de Viena sobre Relações Diplomáticas e Consulares nada dispõem a respeito. Logo, é possível a penhora de créditos em conta corrente dos Estados estrangeiros, visto que não se encontra entre as hipóteses de penhora de bens contidas nas Convenções de Viena de 1961 e 1963, constituindo, pois, exceção à regra.

Luiz de Pinho Pedreira Silva cita exemplo do caso, em que o Tribunal Constitucional da Espanha decidiu anular auto de penhora de uma conta corrente de que era titular a República da África do Sul, sob fundamento de que gozam de imunidade as contas bancárias das embaixadas, mesmo se as quantias nelas depositadas sejam fruto de atos de gestão. (SILVA, Luiz, 1998. p. 227).

No Brasil, o Tribunal Superior do Trabalho já apreciou caso de penhora em conta bancária e decidiu pela ilegalidade da determinação de penhora em conta corrente do Estado estrangeiro, exceto se demonstrada sua utilização para fins estritamente mercantis. É o que se observa no julgado transcrito a seguir:

> PENHORA *ON LINE* EM CONTA CORRENTE DE ESCRITÓRIO COMERCIAL DE ENTE DE DIREITO PÚBLICO EXTERNO. IMPOSSIBILIDADE QUANDO NÃO COMPROVADA A DESAFETAÇÃO DO BEM. IMUNIDADE DE EXECUÇÃO.
>
> No direito comparado é ilegal a determinação de penhora em conta corrente de Estado estrangeiro, salvo quando cabalmente demonstrada sua utilização para fins estritamente mercantis, porque neste caso o dinheiro ali movimentado estaria desvinculado dos fins da Missão diplomática. Nos termos da jurisprudência do E. STF e da mais abalizada doutrina, fere direito líquido e certo do Estado estrangeiro a incidência de medidas expropriatórias contra bens afetos à sua representação diplomática ou consular, mesmo diante do reconhecido caráter restritivo da imunidade de execução, na medida em que este privilégio tem lugar no que tange aos bens vinculados ao corpo diplomático (art. 22, item 3, da Convenção de Viena de 1961). No caso concreto, o próprio Juízo Coator atestou, a partir de documentos do processo original, que o Escritório Comercial da Embaixada da Malásia não pode realizar operações de comércio, destinando-se à promoção do intercâmbio comercial entre Brasil e Malásia. Some-se a isso o fato de o exequente não ter logrado provar a necessária desafetação das contas bloqueadas, como se faria mister, nos termos do direito internacional público comparado. Logo, há de se conceder em parte a segurança impetrada, para declarar a imunidade à execução das contas bancárias da impetrante que foram alvo da penhora, mantendo, assim, a antecipação de tutela quanto ao desbloqueio das contas e liberação da quantia à impetrante, porém autorizando o prosseguimento da execução quanto aos bens que forem comprovadamente desafetos à Missão diplomática. (BRASIL, 2005a).
>
> Os defensores da corrente em não se penhorar conta bancária de Estados estrangeiros argumentam que não se trata de imunidade de jurisdição baseada em uma regra consuetudinária, e sim de impenhorabilidade de bens protegidos por Convenções Internacionais a que o Brasil se obrigou, promulgadas e em pleno vigor no país. (BRASIL, 2005a).

Nota-se que, ao se afastar a imunidade de jurisdição do Estado estrangeiro em matéria trabalhista, não se pode imediatamente e, em consequência deste afastamento, proceder à execução forçada do título judicial, sob o argumento de que, havendo jurisdição, não há mais impedimento para o processo de execução. É que, para o processo de execução, há necessidade de que seja suplantada a penhorabilidade do bem que possui o Estado estrangeiro, normalmente adquirido para que aqui possa desempenhar sua missão diplomática.

Ademais, afirma Francisco Rezek que:

> a execução forçada da eventual sentença condenatória, entretanto, só é possível na medida em que o Estado estrangeiro tenha, no âmbito especial de

nossa jurisdição, bens estranhos à sua própria representação diplomática ou consular visto que estes se encontram protegidos contra a penhora ou medida congênere pela inviolabilidade que lhes asseguram as Convenções de Viena de 1961 e 1963, estas seguramente não derrogadas por qualquer norma ulterior. (REZEK, 2011. p. 210).

Percebe-se, pois, que o Estado estrangeiro, para atingir a finalidade de manter relações com o país onde instala a sua Missão de representação, há de ser considerado em sua soberania, como parte igual, integrante da comunidade internacional. Ele não pode ser constrangido ou molestado na sua condição de Estado ou ver seus bens e o numerário, necessário ao bom e fiel desempenho de sua missão, sujeitos a medidas judiciais de nenhuma natureza.

O argumento utilizado pelos defensores da corrente de se penhorar contas bancárias dos Estados estrangeiros reside na premissa disposta no art. 22 da Convenção de Viena de 1961, a qual aduz que "são invioláveis apenas e tão somente os locais da Missão, seu mobiliário e demais bens nele situados, além dos meios de transporte da Missão." (MAZZUOLI, 2011).

Assim, qualquer outro bem, ainda que pertencente à Missão ou ao Estado estrangeiro, não estaria abrangido pela proteção convencional, sendo válida a penhora realizada em conta bancária.

A jurisprudência do Tribunal Superior do Trabalho, seguindo entendimento do Supremo Tribunal Federal, tem abrandado o princípio da imunidade absoluta de execução dos entes públicos de direito externo nas demandas trabalhistas, privilegiando os princípios fundamentais da dignidade da pessoa humana e dos valores sociais do trabalho, alencados no art. 1º da CF/88. Observe o julgado transcrito a seguir:

MANDADO DE SEGURANÇA. EXECUÇÃO. PENHORA SOBRE DINHEIRO EM CONTA BANCÁRIA. CABIMENTO.

No caso de bloqueio e penhora em conta corrente e/ou aplicações financeiras, a jurisprudência desta Corte firmou-se no sentido de cabimento do mandado de segurança, em abrandamento do óbice contido na Súmula n. 267 do Supremo Tribunal Federal e na Orientação Jurisprudencial n. 92 da SBDI-2 do Tribunal Superior do Trabalho, porque a utilização do recurso específico só seria possível após a concretização do ato tido por ilegal e a reparação do dano só seria possível após o transcurso do tempo necessário até a solução final do litígio, fato a acarretar dano irreparável ou de difícil reparação para a parte. É o que se extrai do teor da Súmula n. 417 do Tribunal Superior do Trabalho.

<u>PENHORA EM CONTA BANCÁRIA. ESTADO ESTRANGEIRO. IMUNIDADE RELATIVA DA EXECUÇÃO. BEM AFETO À MISSÃO DIPLOMÁTICA. ILEGALIDADE.</u>

Apesar do novo quadro delineado no plano do direito internacional e no âmbito do direito comparado adotar a teoria da imunidade relativa de execução dos Estados soberanos, sobretudo em litígios trabalhistas, os bens afetos à missão diplomática e consular ficam imunes à execução forçada. Dentre estes, estão inclusos os valores creditados em conta corrente de Embaixada de Estado estrangeiro, devido à impossibilidade de se distinguir os créditos de natureza comercial daqueles destinados exclusivamente à manutenção e administração da própria Embaixada, conforme precedentes desta Corte. (BRASIL, 2010b).

Ademais, torna-se imperioso o ensinamento do voto do Ministro Celso de Mello sobre a imunidade relativa da execução aos Estados estrangeiros nos litígios trabalhistas. Assim dispõe o voto:

AGRAVO DE INSTRUMENTO — ESTADO ESTRANGEIRO — RECLAMAÇÃO TRABALHISTA AJUIZADA POR EMPREGADOS DA EMBAIXADA — IMUNIDADE DE JURISDIÇÃO CARÁTER RELATIVO — RECONHECIMENTO DA JURISDIÇÃO DOMÉSTICA DOS JUÍZES E TRIBUNAIS BRASILEIROS — AGRAVO IMPROVIDO — IMUNIDADE DE JURISDIÇÃO — CONTROVÉRSIA DE NATUREZA TRABALHISTA — COMPETÊNCIA JURISDICIONAL DOS TRIBUNAIS BRASILEIROS.

A imunidade de jurisdição do Estado estrangeiro, quando se tratar de litígios trabalhistas, revestir--se-á de caráter meramente relativo e, em consequência, não impedirá que os juízes e tribunais brasileiros conheçam de tais controvérsias e sobre elas exerçam o poder jurisdicional, que lhes é inerente. ATUAÇÃO DO ESTADO ESTRANGEIRO EM MATÉRIA DE ORDEM PRIVADA — INCIDÊNCIA DA TEORIA DA IMUNIDADE JURISDICIONAL RELATIVA OU LIMITADA.

O novo quadro normativo que se delineou no plano do direito internacional, e também no âmbito do direito comparado, permitiu — ante a realidade do sistema de direito positivo dele emergente — que se construísse a teoria da imunidade jurisdicional relativa dos Estados soberanos, tendo-se presente, para esse específico efeito, a natureza do ato motivador da instauração da causa em juízo, de tal modo que deixa de prevalecer, ainda que excepcionalmente, a prerrogativa institucional da imunidade de jurisdição, sempre que o Estado estrangeiro, atuando em matéria de ordem estritamente privada, intervier em domínio estranho àquele em que se praticam os atos *jure imperii*. Doutrina. Legislação comparada. Precedente do STF. A teoria da imunidade limitada ou restrita objetiva institucionalizar solução jurídica que concilie o postulado básico da imunidade jurisdicional do Estado estrangeiro com a necessidade de fazer prevalecer, por decisão do Tribunal do foro, o legítimo direito do particular ao ressarcimento dos prejuízos que venha a sofrer em decorrência de comportamento imputável a agentes diplomáticos, que, agindo ilicitamente, tenham atuado *more privatorum* em nome do País que representam perante o Estado acreditado (o Brasil, no caso). Não se revela viável impor aos súditos brasileiros, ou a pessoas com domicílio no território nacional, o ônus de litigarem, em torno de questões meramente laborais, mercantis, empresariais ou civis, perante tribunais alienígenas, desde que o fato gerador da controvérsia judicial necessariamente estranho ao específico domínio dos *acta jure imperii* - tenha decorrido da estrita atuação *more privatorum* do Estado estrangeiro.

OS ESTADOS UNIDOS DA AMÉRICA E A DOUTRINA DA IMUNIDADE DE JURISDIÇÃO RELATIVA OU LIMITADA.

Os Estados Unidos da América — parte ora agravante — já repudiaram a teoria clássica da imunidade absoluta naquelas questões em que o Estado estrangeiro intervém em domínio essencialmente privado. Os Estados Unidos da América — abandonando a posição dogmática que se refletia na doutrina consagrada por sua Corte Suprema em Schooner Exchange v. McFaddon (1812) — fizeram prevalecer, já no início da década de 1950, em típica declaração unilateral de caráter diplomático, e com fundamento nas premissas expostas na *Tate Letter*, a conclusão de que tal imunidade, em certos tipos de caso, não deverá continuar sendo concedida. O Congresso americano, em tempos mais recentes, institucionalizou essa orientação que consagra a tese da imunidade relativa de jurisdição, fazendo-a prevalecer, no que concerne as questões de índole meramente privada, no *Foreign Sovereign Immunities Act* (1976). (BRASIL. 1996).

Assim, como consequência do reconhecimento da relatividade da imunidade de execução dos Estados estrangeiros, ficam imunes à constrição judicial todos os bens afetos à missão diplomática ou consular, em respeito ao disposto no art. 22, item 3, da Convenção de Viena de 1961, bem como ao entendimento predominante do Supremo Tribunal Federal e do Tribunal Superior do Trabalho. Deste modo, apenas sujeitam-se à penhora os bens desafetos ao exercício da missão oficial.

Diante disso, resta saber se os valores depositados em conta bancária das missões diplomáticas ou consulares estão afetados ou não. Sendo difícil distinguir quais são os créditos de natureza meramente comercial daqueles destinados exclusivamente à manutenção e à administração das Embaixadas e dos Consulados. Nestes casos, a jurisprudência do Tribunal Superior do Trabalho tem se orientado no sentido de considerar pertencentes à Missão diplomática os créditos depositados em conta bancária. Portanto, não são passíveis de sofrer penhora.

A teoria relativa da imunidade de execução vem sendo aplicada nos tribunais pátrios, referente aos bens dos Estados estrangeiros, desde que estes não estejam afetos ao uso ou à destinação dos consulados e das embaixadas situadas no Brasil.

Nesse diapasão, para fins de execução, ainda prevalece a regra *par in parem non habet imperium*, ou seja, para a execução, não estarão hábeis a ser penhorados os bens destinados a atos de império dos Estados estrangeiros. Todavia, tal regra não induz a fazer letra morta da sentença proferida em solo brasileiro. A sentença que condenar Estado estrangeiro poderá ser executada nos termos do art. 210 do CPC:

> Art. 210 CPC – A carta rogatória obedecerá quanto à sua admissibilidade e modo de seu cumprimento ao disposto na convenção internacional; à falta desta, será remetida à autoridade judiciária estrangeira, por via diplomática, depois de traduzida para a língua do país em que há de praticar-se o ato. (RT, 2011, p. 454).

Desse modo, estando um nacional de posse de um título executivo judicial, cabe ao credor a expedição de carta rogatória, que deverá receber o *exequatur* do Superior Tribunal de Justiça. O Estado estrangeiro pode, para evitar constrangimentos internacionais, pagar o devido ao nacional ou então seguir o caminho da via diplomática. Todavia, não se descarta o desconforto entre os Estados soberanos ao se utilizar de tais medidas diplomáticas.

Requerida a expedição da carta rogatória, tem o Brasil o dever de prosseguir com as medidas e com as providências cabíveis para que o cidadão brasileiro não seja lesado naquilo que tem de mais precioso: seu trabalho e sua dignidade como pessoa humana.

5.3. A execução contra organismos internacionais

Os tratados e os acordos bilaterais ou multilaterais firmados entre os Organismos Internacionais e os Estados-membros, na maioria das vezes, apresentam cláusulas nas quais se prevê expressamente a imunidade de execução e a inviolabilidade dos seus bens.

Assim dispõe o artigo II da Convenção sobre Privilégios e Imunidades das Nações Unidas (Convenção de Londres), ratificada pelo Brasil por meio do Decreto n. 27.784/1950 que:

Artigo II – Bens, Fundos e Haveres – Seção 2 – A Organização das Nações Unidas, seus bens e haveres, qualquer que seja sua sede ou o seu detentor, gozarão da imunidade de jurisdição, salvo na medida em que a Organização a ela tiver renunciado em determinado caso. Fica, todavia, entendido que a renúncia não pode compreender medidas executivas. Seção 3 – os locais da Organização são invioláveis. Seus bens e haveres, qualquer que seja sua sede ou seu detentor, estarão isentos de buscas, requisição, confisco, expropriação ou de toda outra forma de coação executiva, administrativa, judiciária ou legislativa. (RT, 2011).

Cumpre ressaltar que, no tocante às Organizações Internacionais, a imunidade de jurisdição deve ser examinada à luz dos compromissos assumidos por tais entes, os quais, ressalte-se, reconhecem, em sua maioria, aludido privilégio tanto para o processo de conhecimento como para o de execução. (BRASIL, 2013c).

A imunidade de execução deve ser analisada, sob o enfoque da existência de regra internacional prevendo expressamente a inviolabilidade dos bens do Estado, tal qual disposto nas Convenções de Viena sobre Relações Diplomáticas (1961) e na Convenção de Viena sobre Relações Consulares (1963), as quais o Brasil aderiu como signatário. (BRASIL, 2011g)

Assim, nota-se que não se veda a imunidade executória propriamente dita, vale dizer, não se impede a execução em si mesma, mas, sim, proíbem-se os atos materiais de execução, ou seja, a penhora de bens que estejam localizados no âmbito de jurisdição brasileira e que estejam afetados pela Missão. Deste modo, tais bens não podem sofrer qualquer ato de constrição tendente à satisfação dos débitos trabalhistas não adimplidos pelos Organismos Internacionais, à semelhança do que também ocorre com os Estados estrangeiros.

Além disso, cumpre relembrar que tais entes não possuem território, tampouco governo, não praticam, pois, atos de império. Logo, não serão beneficiados pela imunidade de execução.

Ademais, conforme ensina Georgenor de Souza Franco Filho, o princípio da dupla imunidade, que integra a imunidade de jurisdição e de execução, quando se trata de Organizações Internacionais, possui peculiaridades. A imunidade de jurisdição é renunciável para esses entes internacionais. No entanto, a imunidade de execução é irrenunciável. (FRANCO FILHO, 1998. p. 58).

Assim, suas imunidades decorrem dos tratados que as constituíram, ou representam simples extensão dos privilégios diplomáticos, ou de acordos bilaterais, ou de costume internacional. (FRANCO FILHO, 1998. p. 60).

Cumpre salientar que, quanto às Organizações Internacionais, quando não observarem o disposto nos tratados e nos acordos internacionais, poderão ocasionar a quebra de um pacto internacional, acarretando instabilidade das relações na comunidade internacional. (BRASIL, 2009b).

Nesse sentido também é a jurisprudência dos tribunais:

EXECUÇÃO. IMUNIDADE DE JURISDIÇÃO. ORGANISMO INTERNACIONAL. A imunidade de execução dos Estados Estrangeiros e Organismos Internacionais não é absoluta, podendo ser objeto de penhora os bens que não estiverem abrangidos pelos privilégios e imunidades diplomáticas concedidas pelas Convenções de Viena de 1961/1963 ou Tratados Internacionais equivalentes. Precedentes do excelso STF, do Col. TST e deste Egr. Regional. Indicando o Exequente bem afeto à missão diplomática, deve ser mantida a r. decisão que indeferiu o pedido de penhora, devendo a execução prosseguir apenas quanto aos bens não abrangidos pela imunidade em comento. Agravo de Petição conhecido e desprovido. (BRASIL, 2008).

ORGANISMO INTERNACIONAL. EXECUÇÃO. IMUNIDADE RELATIVA. CONVÊNIO FIRMADO ENTRE O GOVERNO BRASILEIRO E ONU/PNUD. REPASSE DE VALORES. PENHORA. IMPOSSIBILIDADE. A imunidade de execução de Estados estrangeiros e Organismos Internacionais é relativa. Assim, há possibilidade de a execução prosseguir em face da primeira executada. Entretanto, é ilegal a determinação de penhora de bens de entes de direito público externo, quando não fica demonstrado que a coisa estaria desvinculada dos fins do ente externo. Dessa forma, impossível realizar a penhora na forma pretendida pela exequente, uma vez constatado que o repasse de numerário à primeira acionada decorre da contraprestação pela consecução dos serviços desenvolvidos pelo organismo internacional em conjunto com o governo brasileiro. 2. Agravo de petição conhecido e provido parcialmente. (BRASIL, 2009c).

ESTADO ESTRANGEIRO. ORGANISMO INTERNACIONAL. AUSÊNCIA DE IMUNIDADE DE JURISDIÇÃO OU DE EXECUÇÃO. Assim como os Estados Estrangeiros, os Organismos Internacionais não gozam de imunidade de jurisdição, muito menos deve ser respaldada a teoria ultrapassada do reconhecimento da dívida judicial sem nenhuma efetividade prática, a ponto de transformar o trabalho do reclamante não remunerado em velhas folhas de papéis constantes dos autos que nada representam de concreto para sua vida. Não há que se falar em relativização das imunidades, daí porque sem sentido cogitar dessa hipótese para os atos de execução, como se o trabalhador pudesse ter um título judicial que nada vale, desde que assim entenda a nação estrangeira devedora trabalhista, como vem agindo há mais de uma década, no caso concreto, a denominada "Embaixada da República Argelina Democrática" contra um humilde trabalhador que lhe prestou serviços na qualidade de Cozinheiro. Constitui prerrogativa inerente à prestação jurisdicional primar pela preservação da dignidade da justiça, máxime quando, como no momento atual, os jurisdicionados anseiam pela potencialização da celeridade com a diminuição da onerosidade advinda do acesso ao Judiciário para a solução das contendas que lhe são submetidas, mormente em sede trabalhista, cujo bem da vida que é perseguido se consubstancia em verbas de premente natureza alimentar. Agravo conhecido e provido. (BRASIL, 2009d).

Portanto, cumpre ressaltar que, para os Organismos Internacionais, não se operou a relativização da imunidade de jurisdição, acarretando entraves ainda maiores no processo de execução de seus bens. Isto porque, se tais entes internacionais não são detentores de imunidade relativa de jurisdição, com menos poder seus bens poderão ser executados para pagamento de dívidas trabalhistas no país.

5.4. Posição dos tribunais pátrios sobre a imunidade de execução

A jurisprudência do Supremo Tribunal Federal e do Tribunal Superior do Trabalho tem abrandado o princípio da imunidade absoluta no processo de execução. Quando o Estado estrangeiro atua em matéria de ordem privada, não prevalece a imunidade de jurisdição.

Nesse sentido, explica o Ministro Celso de Mello:

> A teoria da imunidade limitada ou restritiva objetiva institucionalizar solução jurídica que concilie o postulado básico da imunidade jurisdicional do Estado estrangeiro com a necessidade de se

fazer prevalecer, por decisão do Tribunal do foro, o legítimo direito do particular ao ressarcimento dos prejuízos que venha a sofrer em decorrência de comportamento imputável a agentes diplomáticos, que agindo ilicitamente, tenham atuado "more privatorum" em nome do país que representam perante o Estado acreditado (o Brasil, no caso). (BRASIL, 2007).

Assim, a imunidade de execução, bem como a de jurisdição, também é relativa, não implicando na impossibilidade de execução o fato de figurar como executado o Estado estrangeiro ou o Organismo Internacional. É evidente que, em relação aos primeiros, vários bens serão afastados da possibilidade de penhora, em respeito à sua própria soberania. No entanto, isso não significa impossibilidade de tramitação da execução em busca de bens passíveis de sujeição à constrição judicial, conforme elucida Pedro Paulo Manus. (BRASIL, 2013d).

Cumpre salientar que os Organismos Internacionais diferem-se dos Estados estrangeiros, haja vista que não praticam atos de império e, não são dotados de território e poder, tal qual os Estados estrangeiros. Além disso, são desprovidos da noção de soberania, essencial ao conceito de Estado e, sempre atuarão nos domínios territoriais destes últimos, uma vez que seus limites, poderes, prerrogativas e atuação serão definidos nos seus tratados constitutivos pelos Estados estrangeiros.

Logo, são detentores da imunidade de execução, eis que, em sua maioria, essa questão já vem definida nos seus Acordos ou Tratados Internacionais realizados com os Estados soberanos que os aceitam em seu território.

Ademais, seus bens são impenhoráveis segundo o disposto na Convenção sobre Privilégios e Imunidades das Nações Unidas, firmada pelo Brasil, por meio do Decreto n. 27.784/50, bem como no Decreto n. 52.288/63.

Os Organismos Internacionais não se equiparam aos Estados estrangeiros e, ao contrário destes, gozam de imunidade absoluta de jurisdição e execução, por força das normas que integram as Convenções que os regem.

Nesse sentido, dispõe a jurisprudência do Tribunal Superior do Trabalho, segundo as ementas transcritas a seguir:

MANDADO DE SEGURANÇA. EXECUÇÃO CONTRA ESTADO ESTRANGEIRO. PENHORA NA RESIDÊNCIA OFICIAL DO CÔNSUL. IMUNIDADE DE EXECUÇÃO. Seguindo orientação do STF, a jurisprudência dos Tribunais de todo o país já se pacificou no sentido de que os Estados e Organismos Internacionais não gozam de imunidade de jurisdição na fase de conhecimento. No entanto, quando a questão diz respeito à execução, o tema suscita debates, quando inexistente a renúncia, porque os Estados estrangeiros gozam de imunidade de execução. Na questão sub judice foi determinada a penhora sobre a residência oficial do Cônsul, cujo bem está integrado ao patrimônio estrangeiro e, por isso, afeto à representação consular, resultando vulnerado o direito líquido e certo do impetrante, consubstanciado no direito à imunidade de execução da qual é detentor. No caso, a execução deve ser paralisada, a fim de que se encontrem outros bens a serem penhorados, desde que sejam eles desafetos ao Consulado. (BRASIL, 2004)

RECURSO DE EMBARGOS INTERPOSTO NA VIGÊNCIA DA LEI N. 11.496/2007. IMUNIDADE DE JURISDIÇÃO. ORGANISMO INTERNACIONAL. A matéria relativa à imunidade de jurisdição foi objeto de grandes discussões na Corte, e a jurisprudência atual inclina-se no sentido de que os Organismos Internacionais são detentores de imunidade de jurisdição em execução quando embasados em Acordos ou Tratados Internacionais, como no caso dos autos. Embargos conhecidos e desprovidos. (BRASIL, 2011g).

Em que pese ao entendimento do TST, acima citado, o Tribunal Regional do Trabalho da 23ª Região já decidiu pelo afastamento da imunidade de execução da Organização das Nações Unidas (ONU), sob fundamento de que "o exercício da jurisdição é o poder de execução. Sem este, aquele representaria mera atividade consultiva, e não a manifestação de um dos Poderes do Estado." (BRASIL, 2001b).

Assim, o fato de o Estado brasileiro rejeitar a imunidade de jurisdição, para, em seguida, declarar inexigível o título judicial, por imunidade de execução, representa frustração à parte credora além de afronta à própria soberania, segundo enfatiza Carlúcio Campos Rodrigues Coelho (2006, p. 278).

Questão importante refere-se às ações que envolvem trabalhadores brasileiros que prestam serviços para Organizações Internacionais, tais como: a Organização das Nações Unidas (ONU) e o Programa de Desenvolvimento das Nações Unidas (PNUD), nas quais os nacionais pleiteiam todos os direitos trabalhistas garantidos na legislação brasileira, desde a anotação na Carteira de Trabalho até o pagamento de verbas rescisórias.

Insta esclarecer que a ONU é sucessora da Liga das Nações e foi criada com a assinatura da Carta das Nações Unidas, em 26 de junho de 1945, durante os trabalhos da Conferência de São Francisco. O Brasil, que é um de seus membros fundadores, promulgou a Carta das Nações Unidas por meio do Decreto n. 19.841, de 22 de outubro de 1945. Dentre suas finalidades, possui três essenciais: a) resolver os litígios, mantendo a paz entre os Estados; b) mobilizar a comunidade internacional para deter uma agressão; e c) promover o respeito aos direitos humanos. (TRINDADE, 2003. p. 644).

A ONU ocupa posição de destaque em relação às demais Organizações Internacionais pela amplitude de sua esfera de ação e porque, diferentemente das Organizações regionais, a extensão e o alcance de suas competências são extremamente vastos, além de a realização de seus propósitos ser marcada por sua vocação universal, conforme ensina Antônio Augusto Cançado Trindade (2003, p. 10).

Assim, a ONU é dotada de personalidade jurídica internacional que lhe permite "atuar no cenário internacional como entidade distinta, independentemente dos Estados membros tomados individualmente", segundo afirma Antônio Trindade (2003, p. 12).

O Programa das Nações Unidas para o Desenvolvimento foi instituído em 22 de novembro de1965, pela Resolução 2.029 da Assembleia Geral das Nações Unidas. Ele não possui a personalidade jurídica internacional de que se valem os Organismos especializados das Nações Unidas, tais como a Organização das Nações Unidas para a educação, a ciência e a cultura (UNESCO), a Organização Mundial da Saúde (OMS), entre outras.

É órgão subsidiário da própria ONU, fomentador de políticas de desenvolvimento, diretamente ligado à Assembleia Geral e ao Conselho Econômico e Social das Nações Unidas.

Em dois casos julgados nos quais a ONU e a União questionavam decisões do Tribunal Superior do Trabalho em ações envolvendo trabalhadores brasileiros, que pleiteavam verbas trabalhistas, o Supremo Tribunal Federal, pelo voto da Ministra Ellen Gracie, entendeu reconhecer a imunidade de jurisdição e execução da ONU e da PNUD.

O fundamento utilizado pela Ministra Ellen Gracie, em seu voto, foi no sentido de que a Justiça do Trabalho, interpretando de forma equivocada a jurisprudência do Supremo Tribunal Federal a respeito da relativização da imunidade jurisdicional dos Estados estrangeiros e o texto do art. 114 da CF/88, tem afrontado, como parte do Estado brasileiro que é, relevantes acordos internacionais celebrados pelo País e que garantem a imunidade de jurisdição e de execução das Organizações Internacionais de importância mundial. (BRASIL, 2009e)

Argumenta, ainda, que o Brasil tem como princípio basilar a cooperação entre os povos para o progresso da humanidade, nos termos do art. 4º, inciso IX, da CF/88 e, por isso, seria ilusão pensar que essas entidades não reagiriam de forma veemente em patente prejuízo ao desenvolvimento social e econômico do Brasil.

Lembra Luiz Olavo Baptista que:

> o Estado brasileiro deve criar as condições para a execução de atividades de cooperação internacional, ativa e passiva. Está obrigado a adotar medidas legislativas e administrativas necessárias para atender a esse objetivo constitucional, e seus órgãos devem agir de modo a facilitar a execução dessas atividades. (BAPTISTA, 2008. p. 294).

Ademais, cumpre informar que, as contratações temporárias de pessoas dotadas de determinada expertise (consultores), realizadas pelo PNUD no âmbito de projetos de cooperação técnica desenvolvidos no Brasil, estão inseridas em realidade completamente diferente daquela vivida pelos ex-empregados brasileiros de embaixadas e consulados que, após anos de trabalho como motoristas, secretários, jardineiros ou cozinheiros eram sumariamente dispensados sem o mínimo de respeito às garantias trabalhistas locais, conforme enfatiza Ellen Gracie. (BRASIL, 2009e)

Os contratos temporários firmados de acordo com as normas de pessoal estabelecidas nos regulamentos internos do PNUD e nos documentos de cooperação preveem, além da remuneração, diárias de viagem, licença anual, licença em caso de doença, licença maternidade e outros benefícios complementares.

Nota-se, portanto, que a Justiça Trabalhista brasileira, ao deixar de reconhecer, nas demandas laborais ajuizadas por ex-contratados da ONU/PNUD, a imunidade de jurisdição dessa Organização Internacional beneficiada por acordos e convenções regularmente assinados pelo Governo brasileiro, presta enorme desserviço ao País, pondo em risco a continuidade da cooperação técnica recebida desse ente de direito público internacional, consoante entendimento de Ellen Gracie. (BRASIL, 2009e).

Para Ricardo Lewandowski, a convenção sobre privilégios e imunidades das Nações Unidas estabelece que conflitos de interesses devem ser resolvidos extrajudicialmente, por acordo ou arbitragem. Afirma que "quem aceita o trabalho se submete ao sistema." (BRASIL, 2013e).

Por sua vez, Luiz Fux afirmou que "se as agências se veem compelidas a travar litígio em uma Justiça do Trabalho paternalista, abala-se a credibilidade do Brasil quando lavra tratado que indica a solução de conflitos." ((BRASIL, 2013e).

Um país que quer integrar o Conselho de Segurança da ONU vai impedir a tramitação de recursos da Organização diante do tamanho de penhoras *on-line* trabalhistas, advertiu Dias Toffoli e acrescentou "que os serviços prestados a PNUD seriam de consultoria, e não de subordinação", razão pela qual não teriam direito a reclamar na Justiça do Trabalho (BRASIL, 2013e).

Desse modo, o voto da Ministra Ellen Gracie definiu-se no sentido de se reconhecer a imunidade de jurisdição e execução da ONU/PNUD.

No entanto, nesse mesmo julgamento, a Ministra Cármen Lúcia pediu vista do processo para proferir seu voto e abriu divergência juntamente com o Ministro Marco Aurélio.

Cármen Lúcia chamou a atenção para o perigo de se criar um "limbo jurídico" para aqueles que trabalham para as Organizações Internacionais, uma vez que, embora reconhecendo a imunidade da ONU, baseada nos Acordos ou Tratados internacionais, como a Convenção sobre Privilégios e Imunidades e a Carta das Nações Unidas, isso não garantiria aos nacionais contratados no país os direitos sociais mínimos assegurados pela Constituição Federal de 1988.

Tais entes internacionais usam da imunidade de jurisdição e de execução defendida nesses tratados internacionais para se eximirem de possíveis execuções em processos trabalhistas no país.

O voto da Ministra Cármen Lúcia foi no sentido de responsabilizar a União pelos direitos trabalhistas decorrentes do acordo de cooperação técnica com o PNUD, que previa expressamente que o Estado custearia os serviços locais de pessoal técnico e administrativo, de secretaria e intérpretes. Deste modo, seria possível conciliar a imunidade de jurisdição da ONU e o direito do cidadão brasileiro em receber seus direitos trabalhistas já reconhecidos em todas as esferas da Justiça do Trabalho nas ações transitadas em julgado. (BRASIL, 2013e).

Marco Aurélio concordou com Cármen Lúcia e ressaltou que "a decisão do tribunal só reforça a máxima popular que diz que a corda sempre arrebenta do lado mais fraco." (BRASIL, 2013e).

Cumpre esclarecer que, a situação posta pela Ministra Cármen Lúcia chamada de "limbo jurídico" apenas diz respeito àquelas pessoas que trabalham para as Organizações Internacionais, uma vez que, para os Estados estrangeiros, a imunidade de execução seria relativa, desde que se encontrassem bens em território brasileiro capazes de ser penhorados e desafetados das Missões diplomáticas e consulares. Inclui-se, nesta possibilidade de penhora também, as contas bancárias dos Estados estrangeiros desafetadas das funções diplomáticas e consulares, como já foi abordado no presente trabalho, em item anterior.

5.4.1. A questão do pagamento pelo débito judicial trabalhista dos Estados estrangeiros e das Organizações Internacionais: a União é ou não responsável?

Carlos Eduardo Caputo Bastos explica que é possível a intervenção da União para defender, na lide entre particular e Estado estrangeiro, interesse próprio decorrente do seu papel de condutora das relações internacionais do Estado. Ressalta-se que a decisão pelo não reconhecimento da imunidade poderá, se impropriamente determinada, implicar a responsabilidade internacional do Estado brasileiro, o que reforça o interesse individual da União em intervir na ação contra Estado estrangeiro. (BASTOS; MADRUGA FILHO, 2002. p. 175).

Salienta-se que o Estado estrangeiro pode ser invocado para cumprir a decisão proferida em execução. Esta possibilidade se dá por meio de requisição a Tribunal estrangeiro da homologação da sentença nacional para execução em território do Estado estrangeiro ou do próprio exequatur. No entanto, o mesmo não ocorre com a Organização das Nações Unidas, já que as mesmas restrições à execução invocadas no Brasil, se aplicáveis, seriam invocadas perante a Justiça de qualquer outro país. (BRASIL, 2005b).

Eneas Bazzo Torres propõe ao Judiciário brasileiro adotar expediente semelhante ao precatório, ou seja, conceder um período de graça para pagamento pelo Estado estrangeiro, findo o qual, estaria autorizado o sequestro do numerário para pagamento do credor. Explica Torres:

> Parece viável a adoção de expediente semelhante ao do precatório brasileiro, ou equiparado a procedimentos outros de prévia inscrição para futuro pagamento. Não que esse ritual sirva, necessariamente, para controle orçamentário, pois esta é uma questão interna dos Estados, mas até mesmo para possibilitá-lo. De tal sorte, parece que seria razoável a concessão de um período de graça para pagamento, que poderia ser de até um ano, findo o que estaria autorizado o sequestro de numerário para pagamento do credor. (TORRES, 2002. p. 279).

Desse modo, trata-se de uma transposição para o plano do Direito Internacional, de procedimento de cobrança da dívida do Estado brasileiro, segundo as leis domésticas. E continua o autor ensinando que:

> a obrigação do Estado de cumprir contratos, ou de indenizar prejuízos que eventualmente cause em solo estrangeiro, na conformidade da presente sugestão, seguiria parâmetros da responsabilidade administrativa, universalmente consagrados, e sua exigência não teria o alcance de ferir o princípio do *par in parem non habet imperium*. (TORRES, 2002. p. 284).

Por sua vez, adverte Carlúcio Coelho que, para fins de execução, ainda prevalece o brocardo *par in parem non habet imperium*. Todavia, a obediência ao princípio da inviolabilidade não significa fazer letra morta de uma sentença ou guindá-la à condição de mero parecer. (COELHO, 2006. p. 10). Explica o autor:

é que a sentença condenatória de um Estado estrangeiro pode ser executada na forma do art. 210 da nossa Lei Processual Civil, que prevê os meios e caminhos a serem percorridos pelo exequente em casos tais que: de posse de um título executivo judicial, cabe ao credor requerer a expedição de carta rogatória, que deverá receber o exequatur da suprema corte do país executado. (COELHO, 2006. p. 10).

Para Maria de Assis Calsing, existindo condenação, o Estado estrangeiro poderá realizar o pagamento espontaneamente, ou, forçosamente, caso possua bens que não estejam relacionados ou afetos à representação diplomática, ou ainda, por carta rogatória, desde que observados os procedimentos legais e os trados bilaterais sobre o assunto. (CALSING, 2002. p. 212).

Ademais, vale lembrar que essa já foi a posição adotada pelo Superior Tribunal de Justiça, o qual determinou a expedição de carta rogatória para pagamento de crédito, segundo ementa transcrita:

> RECLAMAÇÃO TRABALHISTA. EXECUÇÃO MOVIDA CONTRA ESTADO ESTRANGEIRO. PENHORA. INADMISSIBILIDADE. IMUNIDADE DE EXECUÇÃO. EXPEDIÇÃO DE CARTA ROGATÓRIA PARA A COBRANÇA DO CRÉDITO. Os bens do Estado estrangeiro são impenhoráveis em conformidade com o disposto no art. 22, inciso 3, da Convenção de Viena sobre Relações Diplomáticas (Decreto n. 56.435, 8.6.1985). Agravo Provido parcialmente para determinar-se a expedição de carta rogatória com vistas à cobrança do crédito. (BRASIL, 2002b).

Cumpre esclarecer que carta rogatória é um requerimento feito por um tribunal do país a um tribunal correspondente de jurisdição estrangeira. Esta carta tem por finalidade o cumprimento de atos e diligências no exterior sem fins executórios, como citações, inquirições de testemunhas, provas periciais, dentre outras ações. Ela é o meio mais utilizado de cooperação judiciária internacional, sendo emitida pela autoridade de um Estado à autoridade de outro Estado estrangeiro. Por isso mesmo, se não existir uma Convenção entre os países interessados, o país requerido poderá recusar-se a dar assistência voluntária, como ensina Hee Moon Jo (2001, p. 223).

O Protocolo de Las Leñas unificou o procedimento tanto para os atos ordinatórios quanto para os executórios, ao adotar a carta rogatória como "via-padrão", o que muito simplificou o procedimento do STF, atualmente STJ, uma vez que o rito das cartas rogatórias é muito mais simples do que o rito de homologação das sentenças estrangeiras. Assim, a rígida posição tanto da lei quanto da jurisprudência nacional sobre o âmbito do uso das cartas rogatórias já começou a se modificar, e os países estrangeiros estão levantando mais frequentemente este assunto nos acordos internacionais. (JO, 2001. p. 231).

Destarte, no Brasil, os atos executórios das autoridades judiciárias estrangeiras que visam realizar o reconhecimento ou a execução de seus atos judiciários se processam perante o Superior Tribunal de Justiça, por meio de homologação de sentença estrangeira e não por carta rogatória, conforme art. 105, inciso 1, alínea i, da CF/88[21], consoante aduz Hee Moon Jo (2001, p. 230).

---

(21) Art. 105 CF/88 – Compete ao Superior Tribunal de Justiça: I – Processar e julgar, originariamente: i – a homologação de sentenças estrangeiras e a concessão de exequatur às cartas rogatórias. (BRASIL, 2013a).

Frisa-se que nenhum Estado estrangeiro está obrigado a reconhecer, no seu território, uma sentença proferida por juiz ou tribunal estrangeiro, na prática, porém, os Estados, em regra, reconhecem sentenças estrangeiras, desde que cumpridos determinados requisitos legais na espécie. A sentença estrangeira somente não será reconhecida quando ferir a ordem pública, violando princípios fundamentais na ordem jurídica interna. (RECHSTEINER, 1996. p. 195).

Importante ressaltar a diferença entre carta rogatória ativa e passiva. A primeira é a carta preparada por um tribunal brasileiro para sua posterior transmissão ao exterior, por meios diplomáticos. Já a segunda é aquela preparada e transmitida por um tribunal estrangeiro para ser executada no Brasil, após o exequatur do Superior Tribunal de Justiça, conforme aduz Hee Moon Jo (2001, p. 231).

Assim, caso o Estado estrangeiro não salde a dívida oriunda de demanda trabalhista de forma espontânea ou por meio de bens passíveis de penhora e desatrelados das legações diplomáticas e consulares, ou ainda, pela via da carta rogatória, seria possível responsabilizar a União para pagamento de tal débito judicial?

Os doutrinadores divergem quanto à responsabilidade atribuída à União nesse caso. Segundo Márcio Pereira Pinto Garcia, a saída não seria pela ótica do direito interno. Para ele, trata-se de responsabilidade objetiva do Estado. A União pagará porque é condutora das relações internacionais. Até porque, quando o Brasil é condenado lá fora, cumpre exatamente a condenação, não discute. Vencido que foi, cumpre a sua obrigação. (GARCIA, 2001. p. 33).

Assim, sugere o autor criar um sistema de compensação. Desta forma, sendo um Estado estrangeiro condenado no Brasil e, não pagando sua dívida, a União arcaria com o pagamento e ficaria com um crédito em seu benefício lá fora. Amanhã, se o Brasil fosse demandado neste mesmo Estado estrangeiro e condenado, pagaria somente o valor do que pagou em território nacional em relação à dívida deixada por este Estado estrangeiro. (GARCIA, 2001. p. 34).

Francisco Rezek adverte que responsabilizar a União por tais dívidas pelos compromissos internacionais, que o Estado brasileiro assumiu o assusta. Pode-se, por extensão, debitar na conta do Tesouro Nacional muito mais do que isso. (REZEK, 2002. p. 18). Ou seja, desenvolvida até as últimas consequências esta teoria, o Tesouro Nacional poderá responder, também, pelos insolventes em geral, à luz da ideia de que foram os erros ou as omissões do Governo que levaram à crise econômica e à insolvência de alguns, por conta da qual outros não conseguem receber o que lhes é devido. (REZEK, 2002. p. 19).

Com razão, Márcio Garcia propõe que "deveria ficar claro no Texto Internacional, por exemplo, que, no contrato de trabalho, como no projeto da CDI, o Estado não está vestido da imunidade." (GARCIA, 2001. p. 36).

Por sua vez, Jorge Scartezzini entende que os limites exatos da relativização da imunidade, somente, poderiam ser uniformemente traçados mediante consenso internacional, por exemplo, com a aprovação do projeto de Convenção Internacional sobre Imunidade de Jurisdição dos Estados e de seus Bens, elaborado pela comissão de direitos da ONU. (BRASIL, 2006).

No tocante às dívidas trabalhistas brasileiras das Organizações Internacionais, Carlúcio Coelho sugere uma espécie de compensação por meio da subvenção anual devida pelo Estado. Para ele, a responsabilidade imediata pela satisfação do crédito trabalhista é do próprio Organismo Internacional, que deveria respeitar seus próprios atos constitutivos e dar cumprimento à sentença exequenda do país acreditante. Todavia, se o Organismo Internacional descumpre os princípios que quer impor aos países-membros, não significa que ficará impune. Isso porque a responsabilidade mediata pelo desrespeito da lei pela ONU ou por seus órgãos é do Estado-membro, para quem aquele empregado exerce seu labor, seja em virtude da sua co-responsabilidade, seja por permitir que seu braço político internacional pratique atos ilegais em suas próprias fronteiras. (COELHO, 2006. p. 53).

Assim, finaliza o autor:

> Todos os Estados membros são co-responsáveis pelos atos praticados pelo Organismo Internacional que ajudou a criar. E, se é certo que o credor trabalhista não tem como executar diretamente o Organismo Internacional, não é menos certo que a execução se dê perante o Estado membro que proferiu a sentença condenatória, de acordo com os procedimentos previstos na legislação deste país. (COELHO, 2006. p. 52).

Adverte ainda o autor que, mais do que um direito do trabalhador, a satisfação do crédito é uma obrigação do Estado-membro, sob pena de ele próprio subverter a efetividade do seu Poder Judiciário. E nem mesmo a obediência ao princípio da imunidade de execução de que goza a ONU — que deve ser respeitado — pode ser argumento a impedir a execução e o cumprimento de uma sentença. (COELHO, 2006. p. 52).

Diante disso, a corrente daqueles que advogam no sentido de responsabilizar a União pelo pagamento dos débitos trabalhistas dos Estados-membros e das Organizações Internacionais que não cumprem o determinado em sentenças condenatórias fundamenta-se na teoria do risco administrativo ou integral, que, por sua vez, serve de embasamento para a responsabilidade objetiva do Estado.

Consoante aduz Antenor Pereira Madruga Filho:

> O ônus suportado pelo particular que teve negado o acesso à jurisdição, pelo reconhecimento da imunidade soberana, deve ser distribuído entre toda a sociedade, ou seja, indenizado pelo Estado. Aplicar-se-ia à hipótese a teoria da responsabilidade objetiva, decorrente do princípio da igualdade, tendo em vista que seria contrário à isonomia o particular suportar sozinho o prejuízo decorrente de uma obrigação do Estado (obedecer às normas internacionais), cuja observação redunda em benefício de toda a coletividade. (MADRUGA FILHO, 2003. p. 420).

A teoria da responsabilidade objetiva, segundo Maria Sylvia Zanella Di Pietro, prescinde da apreciação dos elementos subjetivos (culpa e dolo), é também chamada de teoria do risco, porque parte da ideia de que a atuação estatal envolve um risco de dano que lhe é inerente. Causado o dano, o Estado responde como se fosse uma empresa de seguro em que os segurados seriam os contribuintes que, pagando os tributos, contribuem para a formação de um patrimônio coletivo. (CRETELLA JÚNIOR *apud* DI PIETRO, 2005. p. 565).

Para Hely Lopes Meirelles, a teoria do risco compreende duas modalidades: a do risco administrativo e a do risco integral. A primeira admite as causas excludentes da responsabilidade do Estado: culpa da vítima, culpa de terceiros ou força maior. Já a segunda não admite tais excludentes de responsabilidade do Estado. (MEIRELLES, 2003. p. 623).

Em que pese às divergências entre os doutrinadores quanto à terminologia da teoria da responsabilidade, se de risco administrativo ou integral, todos parecem concordar que se trata de responsabilidade objetiva. (DI PIETRO, 2005. p. 566).

Marcus Vinícius Bittencourt argumenta que a teoria do risco traz uma responsabilidade objetiva do Estado sem se questionar se houve dolo ou culpa. O fundamento desta teoria é o princípio da igualdade dos ônus e encargos sociais, ou seja, os benefícios e os prejuízos devem ser repartidos igualmente entre os membros da sociedade. (BITTENCOURT, 2005. p. 169).

O Estado será responsável civilmente ainda quando haja praticado ato lícito, desde que presente expressa previsão legal ou quando a atividade administrativa impuser sacrifício especial, irrazoável, injusto, anormal e excepcional ao direito administrativo, segundo afirma Flávio Willerman (2005, p. 625).

Desse modo, a responsabilidade objetiva, com a amplitude que lhe querem dar, segundo entendimento de João Batista Gomes Moreira, "serve à ideologia liberal e neoliberal, como instituto legitimador do Estado autoritário, separado da sociedade: é o Estado que lesa, mas paga; que faz tudo, pode tudo e paga tudo." (BUCCI, 2002. p. 189).

Alguns doutrinadores entendem que a responsabilidade da União pode ser enquadrada na modalidade "risco social" ou "sem risco", que representa uma espécie de responsabilidade social, ainda mais ampla que a objetiva integral e que seria o ápice do *Welfare State*, conforme ensina Sylvio Clemente da Motta Filho (MOTTA FILHO; SANTOS, 2003. p. 361).

Saulo José Casali Bahia explica que a teoria é bem simples. Para ele:

> Se o Estado tem o dever de cuidar da harmonia e da estabilidade sociais, e o dano provém justamente da quebra desta harmonia e estabilidade, seria dever do Estado repará-lo. O que releva não é mais individuar para reprimir e compensar, mas socializar para garantir e compensar. (BAHIA, 1995. p. 94).

Dessa feita, um exemplo em que pode ser aplicada essa teoria do risco social refere-se às situações em que sejam desconhecidos os autores dos delitos, nos casos em que estes empreendam fuga sem deixar bens ou sejam insolventes. Assim, para não deixar a vítima sem qualquer reparação, assumiria o Estado o ônus da prova de repará-la, sem prejuízo do direito de regresso contra o real causador do prejuízo, que restaria preservado. (DIAS, 1994, p. 778).

Alguns doutrinadores preocupam-se com essa teoria do risco social porque, conforme informa Sylvio Motta Filho e William Santos:

> Antes mesmo de chegarmos a este estágio — materialização da teoria do risco social — é que começa a tomar corpo um ideário de proposições que visam a cobrar do Estado tudo o que dá de errado na vida diuturna de pessoas e grupos (MOTTA FILHO; SANTOS, 2003. p. 361).

E, continuam os autores, "a partir daí, calcado na responsabilidade objetiva (por ora, mas em breve responsabilidade social), iniciam-se ações para que o ente estatal pague a conta." (MOTTA FILHO; SANTOS, 2003. p. 361).

Há aqueles doutrinadores que argumentam não ser possível colocar a União como responsável pelo pagamento das dívidas trabalhistas oriundas de débitos dos Estados estrangeiros e das Organizações Internacionais. Francisco Rezek é um destes doutrinadores e ele argumenta que é prejudicial a ideia do Estado como responsável por tudo.

> É o antigo fantasma do Estado como responsável por tudo. É um tema fascinante, no domínio do debate político. Mas, quando se expõe o Tesouro Nacional a arcar materialmente com as consequências dessa tese, digo-lhes que isto causa alguma preocupação (REZEK, 2002. p. 18-19).

Além disso, no tocante à responsabilidade indenizatória do Estado, lembra Edimur Ferreira de Faria que não basta a simples ocorrência de dano. É necessário que o próprio dano se revista de certas características. O dano deve corresponder a uma lesão a direito da vítima. Se ele não for juridicizado, não há que se falar em prejuízo indenizável (FARIA, Edimur, 2004. p. 439).

Ademais, a impossibilidade da imposição de uma sentença trabalhista transitada em julgado em face de um Estado estrangeiro, em virtude de, seus únicos bens em território nacional serem impenhoráveis nos termos da Convenção de Viena subscritas pela República Federativa do Brasil, não torna a União responsável por inexistir dano jurídico indenizável, segundo ensina Edimur Faria (2004, p. 439).

Outro defensor dessa corrente em não responsabilizar a União pelos débitos judiciais dos entes internacionais é Gilmar Mendes. Para ele, a União não pode servir de seguradora universal por todo e qualquer ato comissivo ou omissivo, no qual esteja envolvida, direta ou indiretamente. (MENDES, 2000). Argumenta que "alguns de nossos juristas e magistrados têm-se servido de um conceito amplíssimo de responsabilidade objetiva, levando às raias do esoterismo e exegese para a definição do nexo causal." (MENDES, 2000).

Os mecanismos de pressão sobre os representantes dos Estados estrangeiros e das Organizações Internacionais inadimplentes, infelizmente, ainda são insuficientes e, em certa medida, até timidamente usados, conforme informa Lúcio Amorim (2001, p. 48).

Todavia, isso não significa dizer que não cabe, por parte da União, o dever jurídico de ressarcir eventual débito trabalhista deixado pelo Estado estrangeiro ou pelas Organizações Internacionais no país. Trata-se de dano causado em território nacional, derivado de responsabilidade objetiva do Estado que permitiu e assinou Acordos e Tratados Internacionais com entes internacionais para aqui fixarem território.

Logo, a responsabilidade é da União em arcar com os prejuízos sofridos pelos cidadãos nacionais que aqui trabalham nas embaixadas e nos consulados sem nada receberem ao final de suas demandas ajuizadas no país.

Trata-se de honrar com os direitos fundamentais sociais elencados na Carta de 1988, bem como respeitar os princípios regentes das relações internacionais com outros Estados soberanos, dispostos no art. 4º da CF/88, e também cumprir com os fundamentos da dignidade da pessoa humana e com os valores sociais do trabalho e da livre iniciativa, tão caros à República Federativa do Brasil, dispostos no art. 1º da Carta Magna de 1988.

Conclusão

Na presente dissertação, discorreu-se sobre a execução dos Estados Estrangeiros e das Organizações Internacionais, buscando dar efetividade aos direitos sociais trabalhistas dispostos na Constituição Federal de 1988. Assim, analisou-se a imunidade de jurisdição e execução destes entes internacionais, pois esta dificulta a plena satisfação dos créditos trabalhistas.

Para tanto, inicialmente, demonstrou-se que a diferenciação entre direitos humanos e direitos fundamentais não é pacífica na doutrina. Isto porque os primeiros expressam-se de modo mais amplo e estão elencados em documentos internacionais, dotados de caráter universal e independente, enquanto os direitos fundamentais caracterizam-se por estarem positivados na ordem interna dos Estados-membros.

Importante esclarecer que ambos os termos não se excluem, ao contrário, comunicam-se e complementam-se. As expressões apenas cuidam de esferas distintas do ordenamento jurídico.

Os direitos sociais previstos na Carta Magna de 1988, entendidos como garantias alcançadas ao longo da história, nem sempre estiveram presentes nas Constituições anteriores. A incorporação gradativa destes direitos na ordem jurídica pátria tornou o rol de direitos sociais dinâmico e aberto.

A evolução das dimensões dos direitos humanos serviu para que tais direitos passassem a ser entendidos como universais, assim como reconhecidos mundialmente por meio da proclamação da Declaração Universal dos Direitos Humanos em 1948, pelas Nações Unidas.

Os direitos sociais, com a consagração do Estado Democrático e Social de Direito no ordenamento jurídico brasileiro, passaram a merecer uma tutela máxima e efetiva. Assim, a situação topográfica dos direitos fundamentais no corpo da Constituição estabeleceu critérios para a interpretação hermenêutica e constituiu valores para a manifestação material da liberdade, igualdade e dignidade da pessoa humana.

Na sequência, restou pontuada a importância do estudo dos institutos da jurisdição e competência. Ademais, com a modificação do art. 114 da CF/88, a competência para julgamento de demandas trabalhistas envolvendo entes internacionais definiu-se definitivamente, tendo a Justiça do Trabalho como órgão competente para dirimir os litígios.

O Estado, por meio da jurisdição, exerce função soberana, constitui poder de distribuição de Justiça nas demandas e apresenta diversas acepções diferentes. Possui, ainda, características e princípios próprios, vincula-se à ideia de poder e dever e visa buscar uma decisão justa, bem como à pacificação social.

Assim, a jurisdição é uma das funções do poder estatal, que busca dar solução ao conflito de interesses, a ela submetida, no mundo jurídico.

Por sua vez, tem-se competência como a medida da jurisdição. Deste modo, ela significa a ideia da legitimidade do exercício de um determinado poder, em um determinado momento e sob determinadas circunstâncias. Ficou patente, ainda nesse tópico do trabalho, que a boa política legislativa recomenda que somente se dê competência a um dado Estado para o julgamento de causas cuja satisfação do direito possa ser, por este Estado, efetivamente assegurada, isto é, realizada. Nisto consiste o princípio da efetividade tão valioso ao Direito Internacional.

Sobreleva destacar que ficou demonstrada a importância do estudo destinado aos entes de Direito Público externo, visto que possam vir a figurar como parte em demanda trabalhista. Logo, nada mais adequado que se desvende seus conceitos, suas características e demais peculiaridades relevantes ao conhecimento de dois principais sujeitos internacionais, quais sejam, os Estados estrangeiros e os Organismos Internacionais. O estudo de tais entes também se revela primordial para a devida compreensão da imunidade de jurisdição e de execução destes entes, com suas similaridades e distinções.

Os Estados, regra geral, estabelecem e aplicam suas leis dentro dos seus territórios e a todos que nele se encontram, sejam nacionais ou estrangeiros, residentes ou visitantes. Por sua vez, as Organizações Internacionais são formadas por associações voluntárias de Estados, estabelecidas em acordos ou tratados internacionais, capazes de gerir interesses juridicamente distintos da de seus membros.

Nesse diapasão, o estudo da imunidade de jurisdição conferida aos Estados estrangeiros e aos Organismos Internacionais é tema cada vez mais relevante no mundo contemporâneo, tendo em vista o alargamento das fronteiras dos países e o comércio cada vez mais intenso entre os Estados soberanos.

Destarte, a dissertação procurou demonstrar que a relativização da imunidade de jurisdição está sendo de grande serventia para buscar uma diferenciação entre os atos de império e os de gestão praticados pelos entes internacionais, tornando, assim, possível avaliar quando estas pessoas jurídicas poderão ser demandadas no território do país acreditado.

No Brasil, o *leading case* sobre imunidade de jurisdição ocorreu no caso entre Genny de Oliveira *versus* República Democrática Alemã, em 1989, que resultou no avanço da teoria absoluta de imunidade de jurisdição para sua aplicação restritiva. Tornou-se possível que um Estado estrangeiro fosse demandado em causa trabalhista e respondesse perante os direitos trabalhistas.

Esse trabalho ainda trouxe um estudo de um caso da jurisprudência de Portugal, no qual se observou, como teoria dominante, a relativização da imunidade de jurisdição dos Estados estrangeiros. Assim, apenas os atos de *jus imperi* estariam acobertados pela imunidade absoluta de jurisdição, sendo os atos de gestão privada praticados pelos Estados equiparados ao particular, neste caso, tornando possível sua execução.

Constatou-se, nesse texto, que ao se analisar a jurisprudência do Tribunal Superior do Trabalho, em recente edição da OJ 416 da SBDI-I do TST, a Corte entendeu pela aplicação da imunidade de jurisdição absoluta aos Organismos Internacionais. Isto porque tais entes são associações disciplinadas por normas escritas e suas questões devem ser analisadas a partir dos tratados e acordos internacionais firmados por eles com os demais Estados soberanos. Neles deverão estar descrito todas as suas garantias, imunidades e privilégios.

Assim sendo, não há que se falar em distinção dos atos praticados pelos Organismos Internacionais, se de império ou de gestão, uma vez que a eles cabem apenas referendar e cumprir o estabelecido nos seus tratados, devidamente incorporados ao ordenamento jurídico pátrio, sob pena de quebra do pacto internacional. Por isto, a eles não se aplica a relativização da imunidade de jurisdição, ou seja, os Organismos Internacionais possuem imunidade de jurisdição absoluta.

Por outro lado, quanto à imunidade de execução, o tema apresenta-se ainda não pacificado pela doutrina e jurisprudência. Várias são as correntes que dispõem sobre a execução dos Estados estrangeiros e dos Organismos internacionais no país.

Uma primeira vertente defende a imunidade absoluta da execução dos Estados estrangeiros, tendo em vista o princípio da soberania, não sendo possível obrigar Estado estrangeiro a submeter-se à jurisdição interna de outro Estado.

Outros defendem que a execução desses entes internacionais somente poderá ocorrer via carta rogatória, passando pelo caminho diplomático ou quando o Estado estrangeiro espontaneamente cumprir sua obrigação diante do pactuado com o Estado acreditado.

Por fim, existe ainda uma terceira posição que argumenta ser possível relativizar a execução dos Estados estrangeiros, desde que seus bens não estejam vinculados às Missões diplomáticas e consulares no país acreditado. Esta última corrente tem sido a adotada pelo Tribunal Superior do Trabalho quando relacionada, principalmente, às demandas trabalhistas para quitar débitos de cidadãos nacionais frente aos Estados estrangeiros e Organismos Internacionais. É impossível sua aplicação quando tais entes provarem que os bens ou as contas bancárias estão vinculados ao uso das embaixadas ou dos consulados dos países acreditantes.

Cumpre observar que as Organizações Internacionais detêm a imunidade de execução, haja vista que elas não possuem a diferenciação entre atos de império e de gestão. Assim, não há soberania, elemento essencial ao Estado estrangeiro, bem como não há território tampouco poder.

Nota-se, portanto, como demonstrado neste trabalho, que referidos entes internacionais têm tratamento diferenciado, sendo regidos pelo vigente em seus Acordos e Tratados Internacionais, principalmente no tocante à imunidade de jurisdição e de execução, as quais já vêm definidas nestes documentos internacionais. Assim, são possuidores da imunidade de execução os Organismos Internacionais.

Nesse diapasão, o modo como se devem executar os entes internacionais em solo brasileiro é preocupante, visto que não se pretende causar mal-estar internacional entre os

Estados soberanos, mas, por outro lado, deve-se buscar resguardar os direitos trabalhistas dos nacionais no país, procurando dar efetividade aos direitos sociais trabalhistas. Com isto, os contratos de trabalho ficam no meio de impasse internacional, que necessita ser resolvido.

Assim, a proposição apresentada nesta dissertação contribui para que um dos caminhos sugeridos como solução ao impasse seja que, a União arque com o pagamento dos débitos judiciais dos Estados estrangeiros e dos Organismos Internacionais que não cumprem suas obrigações trabalhistas no país. Para tanto, usa-se como fundamento a teoria da responsabilidade objetiva do Estado, baseada no risco administrativo ou integral, ou até mesmo, na teoria do risco social. Tudo visando amparar o nacional, que no seu país de origem, tem seus direitos lesados por entes internacionais que possuem condições e capital necessário para sanar suas dívidas e pendências no Brasil, diferentemente daqueles nacionais que não conseguem receber seus créditos porque a empresa em que trabalhava faliu ou desapareceu sem deixar bens ou sócios capazes de cumprir com seus débitos trabalhistas.

Ademais, este texto que se submete à apreciação se justifica à medida que a prestação da tutela jurisdicional deixa a desejar e o trabalhador se sente lesado em seus direitos sociais fundamentais. Assim, a proteção ao hipossuficiente, nacional que labora para os entes internacionais, deve ser resguardada, visando almejar sempre a efetividade dos Direitos Sociais trabalhistas, para que, deste modo, se alcançar a desejada justiça social.

Referências Bibliográficas

ACCIOLY, Hildebrando. Privilégios e imunidades dos organismos internacionais. *Revista Forense*, v. 51, n. 151, p. 501-509, jan./fev. 1954.

_____, Hildebrando; SILVA, G.E. do Nascimento e. *Manual do direito internacional público*. 14. ed. São Paulo: Saraiva, 2000.

ALEMANHA. Lei fundamental da república federal da Alemanha, de 23 de maio de 1949. Tradutor: Assis Mendonça Aachen, revisor jurídico Urbano Carvell Bonn. *Diário Oficial da Federação*. 2011. Disponível em: <http://www.brasil.diplo.de/contentblob/3254212/Daten/1330556/Constituicao-Portugues_PDF.pdf>. Acesso em: 1º fev. 2014.

ALVES, Laerte Meyer de Castro. Imunidades de jurisdição dos estados estrangeiros em matéria trabalhista no Brasil. *Jus Navigandi*, Teresina, ano 11, n. 998, 16 mar. 2006. Disponível em: <http://jus.com.br/revista/texto/8115>. Acesso em: 4 jul. 2013.

AMARAL JUNIOR, Alberto do. *Introdução ao direito internacional público*. São Paulo: Atlas, 2008.

AMORIM, Lúcio Pires de. Imunidade de execução: a questão da exequibilidade de decisões judiciais contra Estados Estrangeiros. In: Conselho da Justiça Federal, Centro de Estudos Jurídicos (Coord.). *Imunidade Soberana*: o Estado estrangeiro diante do juiz nacional. v. 19. Brasília: CJF, 2001.

ASSIS, Araken. Cumulação de ações. 4. ed. São Paulo: *Revista dos Tribunais*, 2002.

BAHIA, Saulo José Casali. *Responsabilidade civil do estado*. Rio de Janeiro: Forense, 1995. p. 94.

BAPTISTA, Luiz Olavo. Imunidade de jurisdição na execução dos projetos de cooperação entre o PNUD e o governo brasileiro. In: BASSO, Maristela; CARVALHO, Patrícia Luciane de (Orgs.). *Lições de direito internacional*: estudos e pareceres de Luiz Olavo Baptista. Curitiba: Juruá, 2008. p. 294.

BARCELLOS, Ana Paula de. *A eficácia dos princípios constitucionais*: o princípio da dignidade da pessoa humana. Rio de Janeiro: Renovar, 2002.

BARROSO, Luís Roberto. *Curso de direito constitucional contemporâneo*: os conceitos fundamentais e a construção do novo modelo. 2. ed. São Paulo: Saraiva, 2010.

BASTOS, Carlos Eduardo Caputo; MADRUGA FILHO, Antenor Pereira. A prática da imunidade dos Estados: perspectiva brasileira. In: MADRUGA FILHO, Antenor Pereira; GARCIA, Márcio (Coords.). *Imunidade de jurisdição e o judiciário brasileiro*. Brasília: CEDI, 2002. p. 175.

BITTENCOURT, Marcus Vinícius Corrêa. *Manual de direito administrativo*. Belo Horizonte: Fórum, 2005. p. 169.

BONAVIDES, Paulo. *Curso de direito constitucional*. 26. ed. São Paulo: Malheiros, 2011.

BOSON, Gerson De Britto Mello. Imunidade jurisdicional dos Estados. *Revista de Direito Público*, São Paulo, n. 22, ano V, out/dez. 1972.

_____. *Direito internacional público*: o estado em direito das gentes. Belo Horizonte: Del Rey, 1994. p.221.

BRASIL. Constituição de 1824. Constituição política do Império do Brasil, de 25 de março de 1824. Manda observar a Constituição Política do Império, oferecida e jurada por Sua Magestade o Imperador. *Registrado na Secretaria de Estado dos Negócios do Império do Brasil*, Rio de Janeiro, 22 abr. 1824.

Disponível em: <https://www.planalto.gov.br/civil_03/Constituicao/Constitui%C3%A7ao24.htm>. Acesso em: 25 jan. 2014.

BRASIL. Constituição de 1891. Constituição da República dos Estados Unidos do Brazil, de 24 de fevereiro de 1891. Nós, os representantes do povo brasileiro, reunidos em Congresso Constituinte, para organizar um regime livre e democrático, estabelecemos, decretamos e promulgamos a seguinte. *Diário Oficial da União*, Rio de Janeiro, 24 fev. 1891. Disponível em: <https://www.planalto.gov.br/ccivil_03/constituicao/constituicao91.htm>. Acesso em: 1º fev. 2014.

BRASIL. Constituição de 1934. Constituição da República dos Estados Unidos do Brasil, 16 de julho de 1934. Nós, os representantes do povo brasileiro, pondo a nossa confiança em Deus, reunidos em Assembleia Nacional Constituinte para organizar um regime democrático, que assegure à Nação a unidade, a liberdade, a justiça e o bem-estar social e econômico, decretamos e promulgamos a seguinte. *Diário Oficial da União*, Rio de Janeiro, 16 jul. 1934. Disponível em: <https://www.planalto.gov.br/ccivil_03/Constituicao/Constitui%C3%A7ao34.htm>. Acesso em: 1º fev. 2014.

BRASIL. Constituição de 1998. *Constituição da república federativa do Brasil (1988)*. Vade Mecum. 9. ed. São Paulo: Saraiva, 2010a.

BRASIL. *Código de processo civil*. Vade Mecum. 5. ed. São Paulo: Revista dos Tribunais, 2013a.

BRASIL. Decreto n. 19.841, de 22 de outubro de 1945. Promulga a Carta das Nações Unidas, da qual faz parte integrante o anexo Estatuto da Corte Internacional de Justiça, assinada em São Francisco, a 26 de junho de 1945, por ocasião da *Conferência de Organização Internacional das Nações Unidas*. Coleção de leis do Brasil, Rio de Janeiro, 22 out. 1945.

BRASIL. Decreto n. 27.784/50. Promulga a Convenção sobre Privilégios e Imunidades das Nações Unidas, adotada em Londres, a 13 de fevereiro de 1946, por ocasião da Assembleia Geral das Nações Unidas. Rio de Janeiro, *Diário Oficial da União*, Rio de Janeiro, 14 mar. 1950. Disponível em: <www.planalto.gov.br/ccivil_03/decreto/antigos/d27784.htm>. Acesso em: 25 jan. 2013.

BRASIL. Decreto n. 52.288/63. Promulga a Convenção sobre Privilégios e Imunidades das Agências Especializadas das Nações Unidas, adotada em 21 de novembro de 1947, pela Assembleia Geral das Nações Unidas. *Diário Oficial da União*, Brasília, 30 ago.1963. Disponível em: <http://www.planalto.gov.br/ccivil_03/decreto/1950-1969/D52288.htm>. Acesso em: 25 jan. 2013.

BRASIL. Superior Tribunal de Justiça. Apelação Cível n. 07- BA - 90.0001226-0. Relator: Ministro Eduardo Ribeiro. Apelante: Manoel Alves de Souza. Apelado: Consulado de Portugal. *Diário de Justiça*, Brasília, 30 abr. 1990.

BRASIL. Superior Tribunal de Justiça. Competência Concorrente. Recurso Ordinário n.39-MG. Recorrente: Jucelino Nóbrega da Luz. Recorrido: Estados Unidos da América. Ministro Relator: Jorge Scartezzini. *Diário de Justiça*, 6 mar. 2006.

BRASIL. Superior Tribunal de Justiça. Ag. 230.684/DF, relator: Ministro Barros Monteiro, 4ª Turma. Agravante: Paulo da Silva Valente. Agravado: Estados Unidos da América. *Diário de Justiça da União*, Brasília, 25 nov. 2002b.

BRASIL. Supremo Tribunal Federal. ACi 9697-1 DF, relator: Min. Djaci Falcão, Apelante: Ministério Público Federal, Apelado: Walter José Arantes. *Diário de Justiça*, Brasília, 30 maio 1986.

BRASIL. Supremo Tribunal Federal. Apelação Cível n. 9696-3/SP. Imunidade de Jurisdição. Trabalhista. Apelante: Genny de Oliveira. Apelado: Embaixada da República Democrática Alemã. Ministro relator: Sydney Saches. *Diário da Justiça*, Brasília, 24 out. 1989. Disponível em: <http://stf.gov.br/processos/processo.asp?PROCESSO=9696&CLASSE=ACi&ORIGEM=AP&RECURSO=0&TIP_JULGAMENTO=M>. Acesso em: 10 nov. 2011.

BRASIL. Supremo Tribunal Federal. Agravo Regimental em Recurso Extraordinário. Imunidade de Jurisdição. Trabalhista. Agravo Regimental em Recurso Extraordinário n. 222.368-4/PE. Recorrente: Consulado Geral do Japão. Recorrido: Espólio de Iracy Ribeiro de Lima. Ministro relator: Celso de Mello. *Diário de Justiça*, Brasília, 30 abr. 2002a. Disponível em: <http://www.stf.gov.br/jurisprudencia/lt/frame.asp?classe=RE-AgR&processo=222368&origem=IT&cod_classe=539>. Acesso em: 10 nov. 2011.

BRASIL. Supremo Tribunal Federal. Ementário N. 2098-2. Coordenação de Análise de Jurisprudência. *Diário da Justiça*, 14 fev. 2003.

BRASIL. Supremo Tribunal Federal. RE 94084 DF. Relator(a): Min. Aldir Passarinho.Julgamento: 12.3.1986. Órgão Julgador: Tribunal Pleno. *Diário de Justiça*, Brasília, 20 jun. 1986.

BRASIL. Supremo Tribunal Federal. *ONU não deve responder a ações trabalhistas*. Valor econômico/SP. Legislação e Tributos. Notícia. p. E01, 16 maio 2013e. Disponível em: <www.stf.jus.br>. Acesso em: 1º dez. 2013.

BRASIL. Supremo Tribunal Federal. RE – 578543. Recorrentes: ONU/PNUD, Recorridos: João Batista Pereira Ormond e Advocacia Geral da União. Relatora: Minª. Ellen Gracie. Redator acórdão: Min. Teori Zavascki. *Diário de Justiça*, Brasília, 7 maio 2009e.

BRASIL. Tribunal Regional do Trabalho da 1ª Região. RO-0122600-42-2009-5-01-003 – Recorrente: Cristiane Cuba Silva Lopes. Recorrido: Organização de Aviação Civil Internacional – OACI e União. Des. relator: Juiz Evandro Pereira Valadão Lopes. *Diário Eletrônico da justiça do Trabalho*, Brasília, 8 jun. 2011g.

BRASIL. Tribunal Regional do Trabalho da 6ª Região. 01508-2000-009-06-00-8. Imunidade de Execução. Agravo em Execução. Agravante: Jacqueline Munck de Granville. Agravado: Organização das Nações Unidas – ONU. Relator: Juiz André Genn de Assunção Barros. *Diário de Justiça*, Brasília, 5 jul. 2005b.

BRASIL. Tribunal Regional do Trabalho da 10ª Região (DF/TO). RO-01670-2010-016-10-00-4. Data de Julgamento: 13.7.2011 Órgão Julgador: 2ª Turma Juiz(a) da Sentença: Juiz(a) Solange Barbuscia de Cerqueira Godoy. Relator: Desembargador Brasilino Santos Ramos Revisor: Desembargador Alexandre Nery de Oliveira. *Diário de Justiça*, Distrito Federal, 29 jul. 2011a.

BRASIL. Tribunal Regional do Trabalho, 10ª Região. AI-AgR 139 671-8/DF, Rel. Min. Celso de Mello , 1ª Turma. *Diário de Justiça*, Brasília, 29 mar. 1996.

BRASIL. Tribunal Regional do Trabalho da 10ª Região. AP- 49200600410007. Agravante: Afonso Ligorio do Rego Leite. Agravado: República do Cameroun. Min. relator: Heloísa Pinto Marques. *Diário Eletrônico da justiça do Trabalho*, Brasília, 8 out. 2008.

BRASIL. Tribunal Regional do Trabalho da 10ª Região. AP-896-2004-007-10-00-9. Agravante: Susana Ismael Acle. Agravado: Organização das Nações Unidas (Onu)/ Programa das Nações Unidas para o Desenvolvimento (Pnud). Agravado: União (Minter e Mma). Agravado: Instituto Brasileiro do Meio Ambiente e dos Recursos Naturais Renováveis – Ibama. Órgão Julgador: 2ª. Turma. Relator: Desembargador Brasilino Santos Ramos. *Diário Eletrônico da justiça do Trabalho*, Brasília, 15 maio 2009c.

BRASIL. Tribunal Regional do Trabalho da 10ª Região. *AP 0450-1994-020-10-00-1* . Relator(a): Juiz Grijalbo Fernandes Coutinho. Órgão Julgador: 3ª Turma. Agravante: Gildázio Souza de Oliveira. Agravado: República Argelina Democrática e Popular. Data da Publicação 27 nov. 2009d.

BRASIL. Tribunal Regional do Trabalho da 23ª Região. RO – 1329/2001. Recorrente: João Batista Pereira Ormond. Recorrido: ONU – Organização das Nações Unidas. Relator: Juiz Tarcísio Valente. *Diário de Justiça*, Brasília, set. 2001b.

BRASIL. Tribunal Superior do Trabalho. RR-170240-88.2005.5.01.0003, rel: Min. Emmanoel Pereira, 5ª. Turma. *Diário Eletrônico da justiça do Trabalho*, Brasília, 11 fev. 2011b.

BRASIL. Tribunal Superior do Trabalho. E-ED-RR-900/2004-019-10-00.9, redator Designado Min. Guilherme Augusto Caputo Bastos. Recurso de revista de que se conhece e a que se dá provimento. *Diário Eletrônico da justiça do Trabalho*, Brasília, 4 dez. 2009a.

BRASIL. Tribunal Superior do Trabalho AIRR-110140-36.2006.5.10.0019, Rel. Min. Mauricio Godinho Delgado, 6ª Turma. *Diário Eletrônico da Justiça do Trabalho*, Brasília, 4 fev. 2011c.

BRASIL. Tribunal Superior do Trabalho. OJ-SDI1-416. Imunidade de jurisdição. Organização ou organismo internacional. *Diário Eletrônico da justiça do Trabalho*, Brasília, 14, 15 e 16 fev. 2012.

BRASIL. Tribunal Superior do Trabalho. E-ED-RR 72940-85.2007.5.10.0010, relatora Ministra Rosa Maria Weber. *Diário Eletrônico da justiça do Trabalho*, Brasília, 10 jun. 2011d.

BRASIL. Tribunal Superior do Trabalho. E-ED-ED-RR 104500-77.2004.5.10.0001, relator: Ministro João Batista Brito Pereira. *Diário Eletrônico da justiça do Trabalho*, Brasília, 8 abr. 2011e.

BRASIL. Tribunal Superior do Trabalho. E-RR- 108400-42.2003.5.23.0001, relator: Ministro Renato de Lacerda Paiva. *Diário Eletrônico da justiça do Trabalho*, Brasília, 11 mar. 2011f.

BRASIL. Tribunal Superior do Trabalho. AIRR - 649528 – 5ª.T. Rel. Min. Conv. Walmir Oliveira da Costa. *Diário de Justiça da União*, Brasília, 20 abr. 2001a, p. 592.

BRASIL. Tribunal Superior do Trabalho. AG – RXOFROMS – 6226800-48.2002.5.02.0900. Relator: Ministro Emmanoel Pereira. Subseção II Especializada em Dissídios Individuais. *Diário de Justiça*, Brasília, 27 fev. 2004.

BRASIL. Tribunal Superior do Trabalho. RR - 27100-38.2007.5.02.0022, relator Ministro: Luiz Philippe Vieira de Mello Filho, Data de Julgamento: 26.6.2013, 7ª Turma, *Diário de Justiça da União*, Brasília, 1º jul. 2013b.

BRASIL. Tribunal Superior do Trabalho. E-RR-90000.49.2004.5.10.0019, relator: Min. Guilherme Augusto Caputo Bastos, SBDI-1. *Diário Eletrônico da justiça do Trabalho*, Brasília, 4 dez. 2009b.

BRASIL. Tribunal Superior do Trabalho. RR- 1208-69-2010-5-10-0000. Recorrente: União. Ministro relator: Caputo Bastos. *Diário Eletrônico da justiça do Trabalho*, Brasília,13 mar. 2013c.

BRASIL. Tribunal Superior do Trabalho. Processo E-ED-RR–60400-57.2006.5.10.0004. Relator: Ministro Carlos Alberto Reis de Paula, Subseção I Especializada em Dissídios Individuais. *Diário Eletrônico da justiça do Trabalho*, Brasília, 17 jun. 2011g.

BRASIL. Tribunal Superior do Trabalho. ReeNec e RO- 248400-93.2008-5-06-0000. Recorrente: Organização das Nações Unidas – Programa das Nações Unidas para o desenvolvimento. ONU/PNUD. Recorrida: Jacqueline Munck de Granville. Acórdão SDI-2. Ministro Relator: Pedro Paulo Manus. Data da publicação: 26 abr. 2013d.

BRASIL. Tribunal Superior do Trabalho. ROMS – 161-2005-000-10-00.1. Acórdão SDI-2. Recorrente: Reino da Espanha. Recorrido: Rosa Maria Marinho da Rocha e Autoridade Coatora: Juiz Titular da 18ª. Vara do Trabalho de Brasília/DF. *Diário Eletrônico da justiça do Trabalho*, Brasília 27 fev. 2007.

BRASIL. Tribunal Superior do Trabalho. ROMS – 282/2003-000-10-00-1. Relator: Ministro Renato de Lacerda Paiva. *Diário de Justiça*, Brasília, 26 ago. 2005a.

BRASIL. Tribunal Superior do Trabalho. ROMS – 321/2004-000-10-00-1. Relator: Ministro Emmanoel Pereira. Recorrente: Edvaldo Moreira de Azevedo. Recorrido: Estado da Finlândia. *Diário de Justiça*, Brasília, 4 fev. 2010b.

BROWNLIE, Ian. *Princípios de direito internacional público*. 4. ed. Lisboa: Fundação Calouste Gulbenkian. 1997.

BUCCI, Maria Paula Dallari. *Direito administrativo e políticas públicas*. São Paulo: Saraiva, 2002.

CALSING, Maria de Assis. Distinção entre a imunidade de jurisdição de estado estrangeiro e das organizações internacionais, em matéria trabalhista. In: MADRUGA FILHO, Antenor Pereira.

CÂMARA, Alexandre Freitas. *Lições de direito processual civil*. 17. ed., Rio de Janeiro: Lumen Juris, 2008.

CANOTILHO, José Joaquim Gomes. *Direito constitucional e teoria da Constituição*. 6. ed. Lisboa: Almedina, 2002.

CARRION, Valentin. *Comentários à Consolidação das Leis do Trabalho*. 27. ed. São Paulo: LTr, 2002.

CARVALHO, Júlio Marino de. A renúncia de imunidades no direito internacional. *Revista dos Tribunais*, São Paulo, v. 674, ano 80, p. 33, dez. 1991.

CASTELO, Jorge Pinheiro. *O direito processual do trabalho na moderna teoria geral do processo*. São Paulo: LTr, 1993.

CHIOVENDA. Giuseppe. *Instituições de direito processual civil*. Trad. J. Guimarães Menegale. São Paulo: Saraiva, 1942. v. II.

CINTRA, Antônio Carlos de Araújo; GRINOVER, Ada Pellegrini; DINAMARCO, Cândido Rangel. *Teoria geral do processo*. 21. ed. São Paulo: Malheiros, 2005.

COELHO, Carlúcio Campos Rodrigues. A execução contra estados estrangeiros e organismos internacionais. *Juris Síntese IOB*, São Paulo, n. 57, jan./fev. 2006.

CONVENÇÃO EUROPEIA SOBRE A IMUNIDADE DO ESTADO. *Direito internacional público*. Basileia, v. 16, 1972. Disponível em: <http://conventions.coe.int/Treaty/en/Treaties/Html/074.htm>. Acesso em: 2 jan. 2013.

COSTA, Marcelo Freire Sampaio. Competência internacional da justiça do trabalho: algumas considerações. *Gênesis*, Curitiba, n. 88, abr. 2000.

COUTURE, Eduardo J. *Fundamentos del derecho procesal civil*. 3. ed. Buenos Aires: Depalma, 1978.

CLÈVE, Clèmerson Merlin. A eficácia dos direitos fundamentais sociais. *Boletim Científico*, Escola Superior do Ministério Público da União (ESMPU). Brasília, a. II, n. 8, p. 151-161, jul./set. 2003.

DALAZEN, João Orestes. *Competência material trabalhista*. São Paulo: LTr, 1994.

DI PIETRO, Maria Sylvia Zanella. *Direito administrativo*. 18. ed. São Paulo: Atlas, 2005.

DIAS, José de Aguiar. *Da responsabilidade civil*. 9. ed. Rio de Janeiro: Forense, 1994. v. 2.

DIDIER JUNIOR, Fredie. *Curso de direito processual civil*: teoria geral do processo e processo de conhecimento. Salvador: Jus Podivm, 2009.

DIMOULIS, Dimitri; MARTINS, Leonardo. Teoria geral dos direitos fundamentais. 3. ed. São Paulo: *Revista dos Tribunais*, 2011.

DINAMARCO, Candido Rangel. *Fundamentos do processo civil moderno*. 3. ed. São Paulo: Malheiros, 2000.

FARIA, Edimur Ferreira de. *Curso de direito administrativo positivo*. 5. ed. rev., ampl. Belo Horizonte: Del Rey, 2004.

FERRAJOLI, Luigi. *Direito e razão*: teoria geral do garantismo penal. São Paulo: RT, 2002.

FERREIRA. Aurélio Buarque de Holanda. *O dicionário da língua portuguesa*. 7. ed. Curitiba: Positivo, 2008.

FERREIRA FILHO, Manoel Gonçalves. A aplicação imediata das normas definidoras de direitos e garantias fundamentais. *Revista da Procuradoria-Geral do Estado de São Paulo*, São Paulo, n. 29, p. 35-45, jun. 1988.

FRANCO FILHO, Georgenor de Sousa. *Imunidade de jurisdição trabalhista dos entes de direito internacional público*. São Paulo: LTr, 1986.

_____. *Competência internacional da justiça do trabalho*. São Paulo: LTr, 1998.

GARCIA, Márcio Pereira Pinto. Imunidade de jurisdição: evolução e tendências. In: CONSELHO DA JUSTIÇA FEDERAL, Centro de Estudos Jurídicos (Coord.). *Imunidade soberana: o estado estrangeiro diante do juiz nacional*. Brasília: CJF, v. 19, p. 33, 2001.

GARCIA, Márcio (Coords.). *Imunidade de jurisdição e judiciário brasileiro*. Brasília: CEDI, 2002.

_____. Imunidade do estado: quem disse que o rei não erra? In: MADRUGA FILHO, Antenor Pereira; GARCIA, Márcio (Coords.). *Imunidade de jurisdição e judiciário brasileiro*. Brasília: CEDI, 2002.

GIGLIO, Wagner. *Direito processual do trabalho*. 7. ed. São Paulo: LTr, 1993.

GRAU, Eros Roberto. *A ordem econômica na Constituição de 1988 (interpretação e crítica)*. 3. ed. São Paulo: Malheiros, 1997.

HUSEK, Carlos Roberto. *Elementos de direito internacional público*. São Paulo: Malheiros, 1995.

_____. *Curso de direito internacional público*. 5. ed. São Paulo: LTr, 2004.

JO, Hee Moon. *Moderno direito internacional privado*. São Paulo: LTr, 2001.

LACERDA, Galeno. *Teoria geral do processo*. Rio de Janeiro: Forense, 2006.

LAFER, Celso. *A Reconstrução dos direitos humanos*. São Paulo: Cia. das Letras, 1991.

LAMARCA, Antonio. *O livro da competência*. São Paulo: Revista dos Tribunais, 1979.

LEITE, Carlos Henrique Bezerra. *Curso de direito processual do trabalho*. 4. ed., São Paulo: LTr, 2006.

LENZA, Pedro. *Direito constitucional esquematizado*. 15. ed. São Paulo: Saraiva, 2011.

LIEBMAN, Enrico Túlio. *Manual de direito processual civil*. 2. ed. Rio de Janeiro: Forense, 1985.

MACHADO FILHO, Sebastião. OEA e a imunidade de jurisdição. *Revista Trabalho & Doutrina*, São Paulo, n. 8, p. 23-26, mar. 1996.

MADRUGA FILHO, Antenor Pereira. *A renúncia à imunidade de jurisdição pelo estado brasileiro e o novo direito da imunidade de jurisdição*. Rio de Janeiro: Renovar, 2003.

MANDALOZZO, Silvana Souza Netto. *Imunidade de jurisdição dos entes de direito público externo na justiça do trabalho*. São Paulo: LTr, 2001.

MARINELA, Fernanda. *Direito administrativo*. 4. ed. Rio de Janeiro: Niterói: Impetrus, 2010.

MARINONI, Luiz Guilherme. *Novas linhas do processo civil*. São Paulo: Revista dos Tribunais, 1993.

MARQUES, José Frederico. *Instituições de direito processual civil*. Rio de Janeiro: Forense, 1971.

_____. *Instituições de direito processual civil*. 2. ed. Rio de Janeiro: Forense, 1962. v. 1, n. 133.

MARTINS, Sérgio Pinto. *Direito processual do trabalho*. 25. ed. São Paulo: Atlas, 2006.

MAZZUOLI, Valério de Oliveira (Org.). *Coletânea de direito internacional e constituição federal*. 9. ed. São Paulo: RT Mini-Códigos. 2011.

MEIRELLES, Hely Lopes. *Direito administrativo*. São Paulo: Malheiros, 2003.

MELLO, Celso D. de Albuquerque. *Curso de direito internacional público*. 15. ed. Rio de Janeiro: Renovar, 2004. vol. I e vol. II.

MENDES, Gilmar Ferreira. Imunidade de jurisdição: evolução e tendências. *Revista CEJ*, v. 19, 2001.

MESQUITA, José Ignácio Botelho de. Questões procedimentais das ações contra estados e organizações internacionais. In: MADRUGA FILHO, Antenor Pereira, GARCIA, Márcio (Coords.). *Imunidade de jurisdição e o judiciário brasileiro*. Brasília: CEDI, 2002.

MIRANDA, Pontes de. *Comentários ao Código de Processo Civil*. 3. ed. Tomo II. Rio de Janeiro: Forense, 1996.

MOTTA FILHO, Sylvio Clemente; SANTOS, William Douglas Resinente dos. *Direito constitucional*: teoria, jurisprudência e 1000 questões. 13. ed. rev., amp. e atual. até a Emenda Constitucional 40/2003. Rio de Janeiro: Impetus, 2003.

NECCINT, Núcleo de estudos sobre a cooperação e conflitos internacionais. *Convenção de Viena sobre relações diplomáticas*, Viena, 18 abr. 1961.

PASSOS, Calmon José Joaquim. *Estudo na coletânea os poderes do juiz e o controle das decisões judiciais*. São Paulo: RT, 2008.

PELLET, Alain; DAILLIER, Patrick; DINH, Nguyen Quoc. *Direito internacional público*. Tradução: Vítor Marques Coelho. 2 ed. Lisboa: Fundação Calouste Gulbenkian, 2003.

PORTUGAL. Acórdão do Tribunal da Relação de Lisboa. *Processo: 750/2007-6*. Rel. Fátima Galante. Descritores: Revisão de Sentença estrangeira. Imunidade Judiciária. Consulado Português. Data do Acórdão: 10.5.2007. Disponível em: <www.dgsi.pt/jtrl.nsf/33182fc732316039802565fa00497eeec/6dddf2103e33f61f8>. Acesso em: 1º fev. 2014.

PORTUGAL. Acórdão do Tribunal da Relação de Lisboa. *Processo: 327/09.6TTFUN.L1-4*. Rel: Leopoldo Soares. Descritores: Imunidade Jurisdicional. Lisboa, 16 maio 2012. Votação: unanimidade. Apelação.

PORTUGAL. Acórdão do Tribunal da Relação de Lisboa. *Processo: 137/06.TVLSB.L1-7*. Rel. Tomé Gomes. Descritores: Personalidade Jurídica. Citação. Imunidade Jurisdicional. Estado Estrangeiro. Lisboa, 17 maio 2011. Apelação.

PORTUGAL. Acórdão do Supremo Tribunal de Justiça de Lisboa. *Processo: 01S2172*. N. Convencional: JSTJ000. Rel: Mário Torres. Descritores: Estado Estrangeiro. Imunidade Jurisdicional. Acção de Impugnação de Despedimento. Lisboa, 13 nov. 2002.

PORTUGAL. Acórdão do Supremo Tribunal de Justiça de Lisboa. *Processo: 002927*. No. Convencional: JSTJ00007650. Rel. Roberto Valente. Descritores: Estado Estrangeiro. Imunidade Jurisdicional. Contrato de Trabalho. Competência Territorial. Lisboa, 30 jan. 1991.

PORTUGAL. Constituição de 1978. *Constituição da república portuguesa*. Disponível em: <http://www.parlamento.pt/Legislacao/Documents/constpt2005.pdf>. Acesso em: 1º fev. 2014.

PORTUGAL. Tribunal da Relação de Lisboa. *Processo: 4107/2005-4*. Relª: Maria João Romba. Descritores: Competência Internacional. Imunidades. Lisboa, 21 set. 2005. Disponível em: <http://www.dgsi.pt/jtrl.nsf/33182fc732316039802565fa00497eec/98cff20fb55931b8025709f0033c537?OpenDocument>. Acesso em: 23 fev. 2012.

RECHSTEINER, Beat Walter. *Direito internacional privado*: teoria e prática. São Paulo: Saraiva. 1996.

REZEK, Francisco. *Direito internacional público*: curso elementar. 13. ed. São Paulo:Saraiva, 2011.

_____. A imunidade das Organizações Internacionais no século XXI. In: MADRUGA FILHO, Antenor Pereira; GARCIA, Márcio. (Coords.). *Imunidade de jurisdição e o judiciário brasileiro*. Brasília: CEDI, 2002.

ROCHA, Carmen Lúcia Antunes. O direito constitucional à jurisdição. In: TEIXEIRA, Sávio de Figueiredo (Coord.). *As garantias do cidadão na Justiça*. São Paulo: Saraiva, 1993.

ROMITA, Arion Sayão. Entes de direito público externo: a questão da imunidade de jurisdição. *Revista Ciências Sociais*, Rio de Janeiro, v. 11, n. 1 e 2, p. 49-59, nov. 2005.

RT, Revistas dos Tribunais. *CLT, CPC, CF/88 e legislação trabalhista e processual trabalhista e legislação previdenciária*. Mini Códigos. 12. ed. rev., ampl. e atual. São Paulo: Revista dos Tribunais, 2011.

SARLET, Ingo Wolfgang. *A eficácia dos Direitos Fundamentais*: uma teoria geral dos direitos fundamentais na perspectiva constitucional. 10. ed. Porto Alegre: Livraria do Advogado, 2011.

SEITENFUS, Ricardo Antônio Silva. *Manual das organizações internacionais*. 5. ed. Porto Alegre: Livraria do Advogado, 2008.

SILVA, G. E. do Nascimento. *Convenção de Viena sobre Relações Diplomáticas*. Ministério das Relações Exteriores. Seção de Publicações, 1967.

SILVA, Luiz de Pinho Pedreira da. A concepção relativista das imunidades de jurisdição e execução do Estado estrangeiro. *Revista de Informação Legislativa*, Brasília, a. 35, n. 140, p. 232, out./dez. 1998.

SILVEIRA, Rubens Curado. *A imunidade de jurisdição dos organismos internacionais e os direitos humanos*. São Paulo: LTr, 2007.

SOARES, Guido Fernando da Silva. *Das imunidades de jurisdição e de execução*. Rio de Janeiro: Forense, 1984.

SOARES, Guido Fernando da Silva. Origens e justificativas da imunidade de jurisdição. In: MADRUGA FILHO, Antenor Pereira; GARCIA, Márcio (Coords.). *Imunidade de jurisdição e judiciário brasileiro*. Brasília: CEDI, 2002.

SOARES, Orlando. *Curso de direito internacional público*. Rio de Janeiro: Científica, 1979.

SOIBELMAN, Leib. *Enciclopédia do advogado*. 4. ed. Rio de Janeiro: Rio, 1983.

STRENGER, Irineu. *Relações internacionais*. São Paulo: LTr, 1998.

TORNAGHI, Helio. *Comentário ao Código de Processo Civil*. Rio de Janeiro: Forense, 1974. v. 1, p. 302.

TORRES, Eneas Bazzo. Questões procedimentais das ações contra estados e organizações internacionais. In: MADRUGA FILHHO, Antenor Pereira (Coord.). *Imunidade de jurisdição e o judiciário brasileiro*. Brasília: CEDI, 2002.

TRINDANDE, Antônio Augusto Cançado. *Direito das organizações internacionais*. 3. ed. Belo Horizonte: Del Rey, 2003.

UNITED NATIONS. Status of Multilateral Treaties Deposited with the Secretary General. *The United Nations Convention on Jurisdictional Immunities of States and their property was adopted on 2 December 2004, and opened for signature from 17 January 2005 to 17 January 2007*. may 2010. Disponível em: <http://www.unorg/law/jurisdictionalimmunities/index.html > Acesso em: 21 jun. 2013.

VALLEJO, Manuel Diez de Velasco. *Las organizaciones interancionales*. 10. ed. Madrid: Tecnos, 1997.

VARELA, João de Matos Antunes. *Das obrigações em geral*. Coimbra: Almedina, 2003.

WAMBIER, Luiz Rodrigues; ALMEIDA, Flávio Renato Correia de; TALAMINI, Eduardo. *Curso de direito avançado de processo civil*. 3. ed. São Paulo: Revista dos Tribunais, 2000. v. 1, p. 65.

WOLKMER, Antônio Carlos. Direitos políticos, cidadania e teoria das necessidades. *Revista de Informação Legislativa*, v. 31, n. 122, p. 275-280, abr./jun. 1994.

WILLERMAN, Flávio de Araújo. A responsabilidade civil das pessoas jurídicas de direito público e o Código Civil de 2002. *Fórum Administrativo. Direito Público*. Belo Horizonte, a. 5, n. 56, p. 625, out. 2005.

Anexo A
Convenção de Viena sobre Relações Diplomáticas de 1961

Presidência da República
Casa Civil
Subchefia para Assuntos Jurídicos

Decreto n. 56.435, de 8 de Junho de 1965.

Promulga a Convenção de Viena sôbre Relações Diplomáticas.

O PRESIDENTE DA REPÚBLICA, Havendo o CONGRESSO NACIONAL aprovado pelo Decreto Legislativo n. 103, de 1964, a Convenção de Viena sôbre Relações Diplomáticas, assinada a 18 de abril de 1961;

E havendo a referida Convenção entrado em vigor para o Brasil, de acôrdo com o art. 51, parágrafo 2, a 24 de abril de 1965, trinta dias após o depósito do Instrumento brasileiro de ratificação, que se efetuou a 25 de março de 1965,

DECRETA:

Que o mesmo, apenso por cópia ao presente decreto, seja executado e cumprido tão inteiramente como se contém.

Brasília, 8 de junho de 1965; 144º da Independência e 77º da República.

H. CASTELLO BRANCO
V. da Cunha

CONVENÇÃO DE VIENA SÔBRE RELAÇÕES DIPLOMÁTICAS

Os Estados Partes na presente Convenção,

Considerando que, desde tempos remotos, os povos de tôdas as Nações têm reconhecido a condição dos agentes diplomáticos;

Conscientes dos propósitos e princípios da Carta das Nações unidas relativos à igualdade soberana dos Estados, à manutenção da paz e da segurança internacional e ao desenvolvimento das relações de amizade entre as Nações;

Estimando que uma Convenção Internacional sôbre relações, privilégios e imunidades diplomáticas contribuirá para o desenvolvimento de relações amistosas entre as Nações, independentemente da diversidade dos seus regimes constitucionais e sociais;

Reconhecendo que a finalidade de tais privilégios e imunidades não é beneficiar indivíduos, mas, sim, a de garantir o eficaz desempenho das funções das Missões diplomáticas, em seu caráter de representantes dos Estados;

Afirmando que as normas de Direito internacional consuetudinário devem continuar regendo as questões que não tenham sido expressamente reguladas nas disposições da presente Convenção;

Convieram no seguinte:

Artigo 1

Para os efeitos da presente Convenção:

a) "Chefe de Missão" é a pessoa encarregada pelo Estado acreditante de agir nessa qualidade;

b) "Membros da Missão" são o Chefe da Missão e os membros do pessoal da Missão;

c) "Membros do Pessoal da Missão" são os membros do pessoal diplomático, do pessoal administrativo e técnico e do pessoal de serviço da Missão;

d) "Membros do Pessoal Diplomático" são os membros do pessoal da Missão que tiverem a qualidade de diplomata;

e) "Agente Diplomático" é o Chefe da Missão ou um membro do pessoal diplomático da Missão;

f) "Membros do Pessoal Administrativo e Técnico" são os membros do pessoal da Missão empregados no serviço administrativo e técnico da Missão;

g) "Membros do Pessoal de Serviço" são os membros do pessoal da Missão empregados no serviço doméstico da Missão;

h) "Criado particular" é a pessoa do serviço doméstico de um membro da Missão que não seja empregado do Estado acreditante,

i) "Locais da Missão" são os edifícios, ou parte dos edifícios, e terrenos anexos, seja quem fôr o seu proprietário, utilizados para as finalidades da Missão inclusive a residência do Chefe da Missão.

Artigo 2

O estabelecimento de relações diplomáticas entre Estados e o envio de Missões diplomáticas permanentes efetua-se por consentimento mútuo.

Artigo 3

As funções de uma Missão diplomática consistem, entre outras, em:

a) representar o Estado acreditante perante o Estado acreditado;

b) proteger no Estado acreditado os interêsses do Estado acreditante e de seus nacionais, dentro dos limites permitidos pelo direito internacional;

c) negociar com o Govêrno do Estado acreditado;

d) inteirar-se por todos os meios lícitos das condições existentes e da evolução dos acontecimentos no Estado acreditado e informar a êsse respeito o Govêrno do Estado acreditante;

e) promover relações amistosas e desenvolver as relações econômicas, culturais e científicas entre o Estado acreditante e o Estado acreditado.

2. Nenhuma disposição da presente Convenção poderá ser interpretada como impedindo o exercício de funções consulares pela Missão diplomática.

Artigo 4

1. O Estado acreditante deverá certificar-se de que a pessoa que pretende nomear como Chefe da Missão perante o Estado acreditado obteve o *Agrément* do referido Estado.

2. O Estado acreditado não está obrigado a dar ao Estado acreditante as razões da negação do "*agrément*".

Artigo 5

1. O Estado acreditante poderá depois de haver feito a devida notificação aos Estados creditados interessados, nomear um Chefe de Missão ou designar qualquer membro do pessoal diplomático perante dois ou mais Estados, a não ser que um dos Estados acreditados a isso se oponha expressamente.

2. Se um Estado acredita um Chefe de Missão perante dois ou mais Estados, poderá estabelecer uma Missão diplomática dirigida por um Encarregado de Negócios *adinterim* em cada um dos Estados onde o Chefe da Missão não tenha a sua sede permanente.

3. O Chefe da Missão ou qualquer membro do pessoal diplomático da Missão poderá representar o Estado acreditante perante uma organização internacional.

Artigo 6

Dois ou mais Estados poderão acreditar a mesma pessoa como Chefe de Missão perante outro Estado, a não ser que o Estado acreditado a isso se oponha.

Artigo 7

Respeitadas as disposições dos artigos, 5, 8, 9 e 11, o Estado acreditante poderá nomear livremente os membros do pessoal da Missão. No caso dos adidos militar, naval ou aéreo, o Estado acreditado poderá exigir que seus nomes lhes sejam prèviamente submetidos para efeitos de aprovação.

Artigo 8

1. Os membros do pessoal diplomático da Missão deverão, em princípio, ter a nacionalidade do Estado acreditante.

2. Os membros do pessoal diplomático da Missão não poderão ser nomeados dentre pessoas que tenham a nacionalidade do Estado acreditado, exceto com o consentimento do referido Estado, que poderá retirá-lo em qualquer momento.

3. O Estado acreditado poderá exercer o mesmo direito com relação a nacionais de terceiro Estado que não sejam igualmente nacionais do Estado acreditante.

Artigo 9

1. O Estado acreditado poderá a qualquer momento, e sem ser obrigado a justificar a sua decisão, notificar ao Estado acreditante que o Chefe da Missão ou qualquer membro do pessoal diplomático da Missão é persona *non grata* ou que outro membro do pessoal da Missão não é aceitável. O Estado acreditante, conforme o caso, retirará a pessoa em questão ou dará por terminadas as suas funções na Missão. Uma Pessoa poderá ser declarada *non grata* ou não aceitável mesmo antes de chegar ao território do Estado acreditado.

2. Se o Estado acreditante se recusar a cumprir, ou não cumpre dentro de um prazo razoável, as obrigações que lhe incumbem, nos têrmos do parágrafo 1 dêste artigo, o Estado acreditado poderá recusar-se a reconhecer tal pessoa como membro da Missão.

Artigo 10

1. Serão notificados ao Ministério das Relações Exteriores do Estado acreditado, ou a outro Ministério em que se tenha convindo:

a) a nomeação dos membros do pessoal da Missão, sua chegada e partida definitiva ou o têrmo das suas funções na Missão;

b) a chegada e partida definitiva de pessoas pertencentes à família de um membro da missão e, se fôr o caso, o fato de uma pessoa vir a ser ou deixar de ser membro da família de um membro da Missão;

c) a chegada e a partida definitiva dos criados particulares a serviço das pessoas a que se refere a alínea *a*) dêste parágrafo e, se fôr o caso, o fato de terem deixado o serviço de tais pessoas;

d) a admissão e a despedida de pessoas residentes no Estado acreditado como membros da Missão ou como criados particulares com direito a privilégios e imunidades.

2. Sempre que possível, a chegada e a partida definitiva deverão também ser prèviamente notificadas.

Artigo 11

1. Não havendo acôrdo explícito sôbre o número de membros da Missão, o Estado acreditado poderá exigir que o efetivo da Missão seja mantido dentro dos limites que considere razoável e normal, tendo em conta as circunstâncias e condições existentes nesse Estado e as necessidades da referida Missão.

2. O Estado acreditado poderá igualmente, dentro dos mesmos limites e sem discriminação, recusar-se a admitir funcionários de uma determinada categoria.

Artigo 12

O Estado acreditado não poderá, sem o consentimento expresso e prévio do Estado acreditado, instalar escritórios que façam parte da Missão em localidades distintas daquela em que a Missão tem a sua sede.

Artigo 13

1. O Chefe da Missão é considerado como tendo assumido as suas funções no Estado acreditado no momento em que tenha entregado suas credenciais ou tenha comunicado a sua chegada e apresentado as cópias figuradas de suas credenciais ao Ministério das Relações Exteriores, ou ao Ministério em que se tenha convindo, de acôrdo com a prática observada no Estado acreditado, a qual deverá ser aplicada de maneira uniforme.

2. A ordem de entrega das credenciais ou de sua cópia figurada será determinada pela data e hora da chegada do Chefe da Missão.

Artigo 14

1. Os Chefes de Missão dividem-se em três classes:

a) Embaixadores ou Núncios acreditados perante Chefes de Estado, e outros Chefes de Missões de categoria equivalente;

b) Enviados, Ministro ou internúncios, acreditados perante Chefe de Estado;

c) Encarregados de Negócios, acreditados perante Ministros das Relações Exteriores.

2. Salvo em questões de precedência e etiqueta, não se fará nenhuma distinção entre Chefes de Missão em razão de sua classe.

Artigo 15

Os Estados, por acôrdo, determinarão a classe a que devem pertencer os Chefes de suas Missões.

Artigo 16

1. A precedência dos Chefes de Missão, dentro de cada classe, se estabelecerá de acôrdo com a data e hora em que tenham assumido suas funções, nos têrmos do Artigo 13.

2. As modificações nas credenciais de um Chefe de Missão, desde que não impliquem mudança de classe, não alteram a sua ordem de precedência.

3. O presente artigo não afeta a prática que exista ou venha a existir no Estado acreditado com respeito à precedência do representante da Santa Sé.

Artigo 17

O Chefe da Missão notificará ao Ministério da Relações Exteriores, ou a outro Ministério em que as partes tenham convindo, a ordem de precedência dos Membros do pessoal diplomático da Missão.

Artigo 18

O Cerimonial que se observe em cada Estado para recepção dos Chefes de Missão deverá ser uniforme a respeito de cada classe.

Artigo 19

1. Em caso de vacância do pôsto de Chefe da Missão, ou se um Chefe de Missão estiver impedido de desempenhar suas funções, um Encarregado de Negócios *adinterim* exercerá provisòriamente a chefia da Missão. O nome do Encarregado de Negócios *ad interim* será comunicado ao Ministério das relações Exteriores do Estado acreditado, ou ao Ministério em que as partes tenham convindo, pelo Chefe da Missão ou, se êste não poder fazê-lo, pelo Ministério das Relações Extintores do Estado acreditante.

2. Se nenhum membro do pessoal diplomático estiver presente no Estado acreditado, um membro do pessoal administrativo e técnico poderá, com o consentimento do Estado acreditado, ser designado pelo Estado acreditante para encarregar-se dos assuntos administrativos correntes da Missão.

Artigo 20

A missão e seu Chefe terão o direito de usar a bandeira e o escudo do Estado acreditante nos locais da Missão, inclusive na residência do Chefe da Missão e nos seus meios de transporte.

Artigo 21

1. O Estado acreditado deverá facilitar a aquisição em seu território, de acôrdo com as suas leis, pelo Estado acreditado, dos locais necessários à Missão ou ajudá-lo a consegui-los de outra maneira.

2. Quando necessário, ajudará também as Missões a obterem alojamento adequado para seus membros.

Artigo 22

1. Os locais da Missão são invioláveis. Os Agentes do Estado acreditado não poderão nêles penetrar sem o consentimento do Chefe da Missão.

2. O Estado acreditado tem a obrigação especial de adotar tôdas as medidas apropriadas para proteger os locais da Missão contra qualquer intrusão ou dano e evitar perturbações à tranquilidade da Missão ou ofensas à sua dignidade.

3. Os locais da Missão, em mobiliário e demais bens nêles situados, assim como os meios de transporte da Missão, não poderão ser objeto de busca, requisição, embargo ou medida de execução.

Artigo 23

1. O Estado acreditante e o Chefe da Missão estão isentos de todos os impostos e taxas, nacionais, regionais ou municipais, sôbre os locais da Missão de que sejam proprietários ou inquilinos, excetuados os que representem o pagamento de serviços específicos que lhes sejam prestados.

2. A isenção fiscal a que se refere êste artigo não se aplica aos impostos e taxas cujo pagamento, na conformidade da legislação do Estado acreditado, incumbir as pessoas que contratem com o Estado acreditante ou com o Chefe da Missão.

Artigo 24

Os arquivos e documentos da Missão são invioláveis, em qualquer momento e onde quer que se encontrem.

Artigo 25

O Estado acreditado dará tôdas as facilidades para o desempenho das funções da Missão.

Artigo 26

Salvo o disposto nas leis e regulamentos relativos a zonas cujo acesso é proibido ou regulamentado por motivos de segurança nacional, o Estado acreditado garantirá a todos os membros da Missão a liberdade de circulação e trânsito em seu território.

Artigo 27

1. O Estado acreditado permitirá e protegerá a livre comunicação da Missão para todos os fins oficiais. Para comunicar-se com o Govêrno e demais Missões e Consulados do Estado acreditante, onde quer que se encontrem, a Missão poderá empregar todos os meios de comunicação adequados, inclusive correios diplomáticos e mensagens em códigos ou cifra. Não obstante, a Missão só poderá instalar e usar uma emissora de rádio com o consentimento do Estado acreditado.

2. A correspondência oficial da Missão é inviolável. Por correspondência oficial entende-se tôda correspondência concernente à Missão e suas funções.

3. A mala diplomática não poderá ser aberta ou retida.

4. Os volumes que constituam a mala diplomática deverão conter sinais exteriores visíveis que indiquem o seu caráter e só poderão conter documentos diplomáticos e objetos destinados a uso oficial.

5. O correio diplomático, que deverá estar munido de um documento oficial que indique sua condição e o número de volumes que constituam a mala diplomática, será, no desempenho das suas funções, protegido pelo Estado acreditado.

6. O Estado acreditante ou a Missão poderão designar correios diplomáticos *"ad hoc"*. Em tal caso, aplicar-se-ão as disposições do parágrafo 5 dêste artigo, mas as imunidades nêle mencionadas deixarão de se aplicar, desde que o referido correio tenha entregado ao destinatário a mala diplomática que lhe fôra confiada.

7. A mala diplomática poderá ser confiada ao comandante de uma aeronave comercial que tenha de aterrissar num aeroporto de entrada autorizada. O comandante será munido de um documento oficial que indique o número de volumes que constituam a mala, mas não será considerado correio diplomático. A Missão poderá enviar um de seus membros para receber a mala diplomática, direta e livremente, das mãos do comandante da aeronave.

Artigo 28

Os direitos e emolumentos que a Missão perceba em razão da prática de atos oficiais estarão isentos de todos os impostos ou taxas.

Artigo 29

A pessoa do agente diplomático é inviolável. Não poderá ser objeto de nenhuma forma de detenção ou prisão. O Estado acreditado trata-lo-á com o devido respeito e adotará tôdas as medidas adequadas para impedir qualquer ofensa à sua pessoa, liberdade ou dignidade.

Artigo 30

A residência particular do agente diplomático goza da mesma inviolabilidade e proteção que os locais da missão.

2. Seus documentos, sua correspondência e, sob reserva do disposto no parágrafo 3 do artigo 31, seus bens gozarão igualmente de inviolabilidade.

Artigo 31

1. O agente diplomático gozará de imunidade de jurisdição penal do Estado acreditado. Gozará também da imunidade de jurisdição civil e administrativa, a não ser que se trate de:

a) uma ação real sôbre imóvel privado situado no território do Estado acreditado, salvo se o agente diplomático o possuir por conta do Estado acreditado para os fins da missão.

b) uma ação sucessória na qual o agente diplomático figure, a titulo privado e não em nome do Estado, como executor testamentário, administrador, herdeiro ou legatário.

c) uma ação referente a qualquer profissão liberal ou atividade comercial exercida pelo agente diplomático no Estado acreditado fora de suas funções oficiais.

2. O agente diplomático não é obrigado a prestar depoimento como testemunha.

3. O agente diplomático não esta sujeito a nenhuma medida de execução a não ser nos casos previstos nas alíneas "*a*", "*b*" e "*c*" do parágrafo 1 dêste artigo e desde que a execução possa realizar-se sem afetar a inviolabilidade de sua pessoa ou residência.

4. A imunidade de jurisdição de um agente diplomático no Estado acreditado não o isenta da jurisdição do Estado acreditante.

Artigo 32

1. O Estado acreditante pode renunciar à imunidade de jurisdição dos seus agentes diplomáticos e das pessoas que gozam de imunidade nos têrmos do artigo 37.

2. A renuncia será sempre expressa.

3. Se um agente diplomático ou uma pessoa que goza de imunidade de jurisdição nos têrmos do artigo 37 inicia uma ação judicial, não lhe será permitido invocar a imunidade de jurisdição no tocante a uma reconvenção ligada à ação principal.

4. A renuncia à imunidade de jurisdição no tocante às ações civis ou administrativas não implica renúncia a imunidade quanto as medidas de execução da sentença, para as quais nova renúncia é necessária.

Artigo 33

1. Salvo o disposto no parágrafo 3 dêste artigo o agente diplomático estará no tocante aos serviços prestados ao Estado acreditante, isento das disposições sôbre seguro social que possam vigorar no Estado acreditado.

2. A isenção prevista no parágrafo 1 dêste artigo aplicar-se-á também aos criados particulares que se acham ao serviço exclusivo do agente diplomático, desde que.

a) Não sejam nacionais do Estado acreditado nem nêle tenham residência permanente; e

b) Estejam protegidos pelas disposições sôbre seguro social vigentes no Estado acreditado ou em terceiro estado.

3. O agente diplomático que empregue pessoas a quem não se aplique a isenção prevista no parágrafo 2 dêste artigo deverá respeitar as obrigações impostas aos patrões pelas disposições sôbre seguro social vigentes no Estado acreditado.

4. A isenção prevista nos parágrafos 1 e 2 dêste artigo não exclui a participação voluntária no sistema de seguro social do Estado acreditado, desde que tal participação seja admitida pelo referido Estado.

5. As disposições dêste artigo não afetam os acôrdos bilaterais ou multilaterais sôbre seguro social já concluídos e não impedem a celebração ulterior de acôrdos de tal natureza.

Artigo 34

O agente diplomático gozará de isenção de todos os impostos e taxas, pessoais ou reais, nacionais, regionais ou municipais, com as exceções seguintes:

a) os impostos indiretos que estejam normalmente incluídos no preço das mercadorias ou dos serviços;

b) os impostos e taxas sôbre bens imóveis privados situados no território do Estado acreditado, a não ser que o agente diplomático os possua em nome do Estado acreditante e para os fins da missão;

c) os direitos de sucessão percebidos pelo Estado acreditado, salvo o disposto no parágrafo 4 do artigo 39;

d) os impostos e taxas sôbre rendimentos privados que tenham a sua origem no Estado acreditado e os impostos sôbre o capital referentes a investimentos em emprêsas comerciais no Estado acreditado.

e) os impostos e taxas que incidem sôbre a remuneração relativa a serviços específicos;

f) os direitos de registro, de hipoteca, custas judiciais e impôsto de selo relativos a bens imóveis, salvo o disposto no artigo 23.

Artigo 35

O estado acreditado devera isentar os agentes diplomáticos de tôda prestação pessoal, de todo serviço público, seja qual fôr a sua natureza, e de obrigações militares tais como requisições, contribuições e alojamento militar.

Artigo 36

1. De acôrdo com leis e regulamentos que adote, o estado acreditado permitirá a entrada livre do pagamento de direitos aduaneiros, taxas e gravames conexos que não constituam despesas de armazenagem, transporte e outras relativas a serviços análogos;

a) dos objetos destinados ao uso oficial da missão;

b) dos objetos destinados ao uso pessoal do agente diplomático ou dos membros da sua família que com êle vivam, incluídos os bens destinados à sua instalação.

2. A bagagem pessoal do agente diplomático não está sujeita a inspeção, salvo se existirem motivos sérios para crer que a mesma contém objetos não previstos nas isenções mencionadas no parágrafo 1 dêste artigo, ou objetos cuja importação ou exportação é proibida pela legislação do Estado acreditado, ou sujeitos aos seus regulamentos de quarentena. Nesse caso a inspeção só poderá ser feita em presença de agente diplomático ou de seu representante autorizado.

Artigo 37

1. Os membros da família de um agente diplomático que com êle vivam gozarão dos privilégios e imunidade mencionados nos artigos 29 e 36, desde que não sejam nacionais do estado acreditado.

2. Os membros do pessoal administrativo e técnico da missão, assim como os membros de suas famílias que com êles vivam, desde que não sejam nacionais do estado acreditado nem nêle tenham residência permanente, gozarão dos privilégios e imunidades mencionados nos artigos 29 a 35 com ressalva de que a imunidade de jurisdição civil e administrativa do estado acreditado, mencionado no parágrafo 1 do artigo 31, não se estenderá aos atos por êles praticados fora do exércto de suas funções; gozarão também dos privilégios mencionados no parágrafo 1 do artigo 36, no que respeita aos objetos importados para a primeira instalação.

3. Os membros do pessoal de serviço da Missão, que não sejam nacionais do Estado acreditado nem nêle tenham residência permanente, gozarão de imunidades quanto aos atos praticados no exercício de suas funções, de isenção de impostos e taxas sôbre os salários que perceberem pêlos seus serviços e da isenção prevista no artigo 33.

4. Os criados particulares dos membros da Missão, que não sejam nacionais do Estado acreditado nem nêle tenham residência permanente, estão isentos de impostos e taxas sôbre os salários que perceberem pelos seus serviços. Nos demais casos, só gozarão de privilégios e imunidades na medida reconhecida pelo referido Estado. Todavia, o Estado acreditado deverá exercer a sua jurisdição sôbre tais pessoas de modo a não interferir demasiadamente como o desempenho das funções da Missão.

Artigo 38

1. A não ser na medida em que o Estado acreditado conceda outros privilégios e imunidades, o agente diplomático que seja nacional do referido Estado ou nêle tenha residência permanente gozará da imunidade de jurisdição e de inviolabilidade apenas quanto aos atos oficiais praticados no desempenho de suas funções.

2. Os demais membros do pessoal da Missão e os criados particulares, que sejam nacionais do Estado acreditado ou nêle tenham a sua residência permanente, gozarão apenas dos privilégios e imu-

nidades que lhes forem reconhecidos pelo referido Estado. Todavia, o Estado acreditado deverá exercer a sua jurisdição sôbre tais pessoas de maneira a não interferir demasiadamente como o desempenho das funções da Missão.

Artigo 39

1. Tôda a pessoa que tenha direito a privilégios e imunidades gozará dos mesmos a partir do momento em que entrar no território do estado acreditado para assumir o seu pôsto ou, no caso de já se encontrar no referido território, desde que a sua nomeação tenha sido notificada ao Ministério das Relações Exteriores ou ao Ministério em que se tenha convindo.

2. Quando terminarem as funções de uma pessoa que goze de privilégios e imunidades êsses privilégios e imunidades cessarão normalmente no momento em que essa pessoa deixar o país ou quando transcorrido um prazo razoável que lhe tenha sido concedido para tal fim mas perdurarão até êsse momento mesmo em caso de conflito armado. Todavia a imunidade subsiste no que diz respeito aos atos praticados por tal pessoal no exercício de suas funções como Membro da Missão.

3. Em caso de falecimento de um membro da Missão os membros de sua família continuarão no gôzo dos privilégios e imunidades a que tem direito até a expiração de um prazo razoável que lhes permita deixar o território do Estado acreditado.

4. Em caso de falecimento de um membro da Missão, que não seja nacional do Estado acreditado nem nêle tenha residência permanente, ou de membro de sua família que com êle viva, o Estado acreditado permitirá que os bens móveis do falecido sejam retirados do país com exceção dos que nêle foram adquiridos e cuja exportação seja proibida no momento do falecimento. Não serão cobrados direitos de sucessão sôbre os bens móveis cuja situação no Estado acreditado era devida unicamente à presença do falecimento no referido Estado, como membro da Missão ou como membro da família de um membro da Missão.

Artigo 40

1. Se o agente diplomático atravessa o território ou se encontra no território de um terceiro Estado, que lhe concedeu visto no passaporte quando êsse visto fôr exigido, a fim de assumir ou reassumir o seu pôsto ou regressar ao seu país, o terceiro Estado conceder-lhe-á inviolabilidade e tôdas as outras imunidades necessárias para lhe permitir o trânsito ou o regresso. Esta regra será igualmente aplicável aos membros da família;que gozem de privilégios e imunidades, que acompanhem o agente diplomático quer viagem separadamente. Para reunir-se a êle ou regressar ao seu país.

2. Em circunstâncias análogas às previstas no parágrafo 1 dêste artigo, os terceiros Estados não deverão dificultar a passagem através do seu território dos membros do pessoal administrado e técnico ou de serviço da Missão e dos membros de suas famílias.

3. Os terceiros Estados concederão à correspondência e a outras comunicações oficiais em trânsito inclusive às mensagens em código ou cifra a mesma liberdade e proteção concedida pelo Estado acreditado. Concederão aos correios diplomáticos a quem um visto no passaporte tenha sido concedido quando êsse visto fôr exigido bem como às malas diplomáticas em trânsito a mesma inviolabilidade e proteção a que se acha obrigado o Estado acreditado.

4. As obrigações dos terceiros Estados em virtude dos parágrafos 1, 2 e 3 dêste artigo serão aplicáveis também às pessoas mencionadas respectivamente nesses parágrafos, bem como às comunicações oficiais e às malas diplomáticas quanto as mesmas se encontrem no território do terceiro Estado por motivo de fôrca maior.

Artigo 41

1. Sem prejuízo de seus privilégios e imunidade tôdas as pessoas que gozem dêsses privilégios e imunidades deverão respeitar as leis e os regulamentos do Estado acreditado. Têm também o dever de não se imiscuir nos assuntos internos do referido Estado.

2. Todos os assuntos oficiais que o Estado acreditante confiar à Missão para serem tratados com o Estado 0acreditado deverão sê-lo com o Ministério das Relações Exteriores ou por seu intermedio ou com outro Ministério em que se tenha convindo.

3. Os locais da Missão não devem ser utilizados de maneira incompatível com as funções da Missão tais como são enunciadas na presente Convenção em outras normas de direito internacional geral ou em acordos especiais em vigor entre o Estado acreditado.

Artigo 42

O agente diplomático não exercerá no Estado acreditado nenhuma atividade profissional ou comercial em proveito próprio.

Artigo 43

As funções de agente diplomático terminarão, inter-alia.

a) pela notificação do Estado acreditante ao Estado acreditado e que as funções do agente diplomático terminaram;

b) pela notificação do Estado acreditado ao Estado acreditante de que, nos têrmos do parágrafo 2 do artigo 9, se recusa a reconhecer o agente diplomático como membro da Missão.

Artigo 44

O Estado acreditado deverá, mesmo no caso de conflito armado conceder facilidades para que as pessoas que gozem de privilégios e imunidades e não sejam nacionais do Estado acreditado, bem como os membros de suas famílias, seja qual fôr a sua nacionalidade, possam deixar o seu território o mais depressa possível. Especialmente, deverá colocar à sua disposição se necessário, os meios de transporte indispensáveis para tais pessoas e seus bens.

Artigo 45

Em caso de ruptura das relações diplomáticas entre dois Estados ou se uma Missão e retirada definitiva ou temporariamente:

a) o Estado acreditado está obrigado a respeitar e a proteger, mesmo em caso de conflito armado, os locais da Missão bem como os seus bens e arquivos;

b) o Estado acreditante poderá confiar a guarda dos locais da Missão bem como de seus bens e arquivos a um terceiro Estado aceitável para o Estado acreditado;

c) o Estado acreditante poderá confiar a proteção de seus interêsses e dos de seus nacionais a um terceiro Estado acreditado.

Artigo 46

Com o consentimento prévio do Estado acreditado e a pedido de um terceiro Estado nêle não representado, o Estado acreditante poderá assumir a proteção temporária dos interêsses do terceiro Estado e de seus nacionais.

Artigo 47

1. Na aplicação das disposições da presente Convenção, o Estado acreditado não fará nenhuma discriminação entre Estado.

2. Todavia, não será considerada discriminação:

a) o fato de o Estado acreditante aplicar restritivamente uma das disposições da presente Convenção, quando a mesma fôr aplicada de igual maneira à sua Missão no Estado acreditado;

b) o fato de os Estados em virtude de costume ou convênio se concederem reciprocamente um tratamento mais favorável do que o questionado pelas disposições da presente Convenção.

Artigo 48

A presente Convenção ficará aberta para assinatura de todos os Estados Membros das Nações Unidas de uma organização especializada bem como dos Estados Partes no Estatuto da Côrte Internacional de Justiça e de qualquer outro Estado convidado pela Assembleia Geral das Nações Unidas a tornar-se Parte na Convenção, da maneira seguinte: ate 31 de outubro de 1961, no Ministério Federal dos Negócios Estrangeiros da Áustria e, depois, ate 13 de marco de 1962, na sede das Nações Unidas, em *Nova York* .

Artigo 49

A presente Convenção será ratificada, os instrumentos de ratificação serão depositados perante o Secretário-Geral das Nações Unidas.

Artigo 50

A presente Convenção permanecerá aberta à adesão de todo o Estado pertencente a qualquer das quatro categorias mencionadas no artigo 48. Os instrumentos de adesão serão depositados perante o Secretário-Geral das Nações Unidas.

Artigo 51

1. A presente Convenção entrará em vigor no trigésimo dia que se seguir à data do deposito perante o Secretário-Geral das Nações Unidas do vigésimo-segundo instrumento de ratificação ou adesão.

2. Para cada um dos Estados que ratificarem a Convenção ou a ela aderirem depois do depósito do vigésimo segundo instrumento de ratificação ou adesão, a Convenção entrará em vigor no trigésimo dia após o depósito, por êsse Estado, do instrumento de ratificação ou adesão.

Artigo 52

O Secretario-Geral das Nações Unidas comunicará a todos os Estados pertencentes a qualquer das quatro categorias mencionadas no artigo 48:

a) as assinaturas apostas à presente Convenção e o deposito dos instrumentos de ratificação ou adesão nos têrmos dos artigos 48, 49 e 50,

b) a data em que a presente Convenção entrara em vigor, nos têrmos do artigo 51.

Artigo 53

O original da presente Convenção, cujos textos em chinês, espanhol, francês, inglês e russo, fazem igualmente fé, será depositado perante o Secretario-Geral das Nações Unidas, que enviará cópias certificadas conforme a todos os Estados pertencentes a qualquer das quatro categorias mencionadas no artigo 48.

Em fé do que, os plenipotenciários os assinados, devidamente autorizados pelos respectivos Governos assinaram a presente Convenção.

Feito em Viena, aos dezoito dias do mês de abril de mil novecentos e sessenta e um.

Anexo B
Convenção de Viena sobre Relações Consulares de 1963

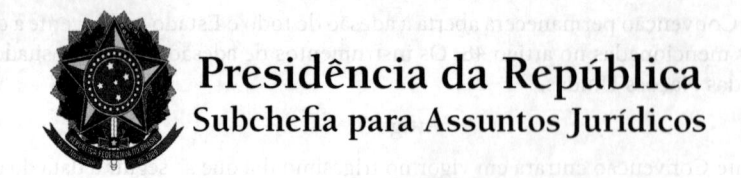

Presidência da República
Subchefia para Assuntos Jurídicos

Decreto n. 61.078, de 26 de Julho de 1967.

Promulga a Convenção de Viena sôbre Relações Consulares.

O PRESIDENTE DA REPÚBLICA, HAVENDO o CONGRESSO NACIONAL aprovado pelo Decreto Legislativo número 6, de 1967, a Convenção de Viena sôbre Relações Consulares, assinada nessa cidade, a 24 de abril de 1963; E HAVENDO a referida Convenção entrado em vigor para o Brasil, de conformidade com seu artigo 77, parágrafo 2º a 10 de junho de 1967, isto é, trinta dias após o depósito do instrumento brasileiro de ratificação junto ao Secretário-Geral, das Nações Unidas realizado a 11 de maio de 1967;

DECRETA que a mesma, apensa por cópia ao presente Decreto, seja executada e cumprida tão inteiramente como nela se contém.

Brasília, 26 de julho de 1967; 146º da Independência e 79º da República.

A. COSTA E SILVA

José de Magalhães Pinto

CONFERÊNCIA DAS NAÇÕES UNIDAS SÔBRE RELAÇÕES CONSULARES

Convenção de Viena sôbre Relações Consulares.

Os Estados Partes na presente Convenção, Considerando que, desde tempos remotos, se estabeleceram relações consulares entre os povos, Conscientes dos propósitos e princípios da Carta das Nações Unidas relativos à igualdade soberana dos Estados, à manutenção da paz e da segurança internacionais e ao desenvolvimento das relações de amizade entre as nações, Considerando que a Conferência das Nações Unidas sôbre as Relações e Imunidades Diplomáticas adotou a Convenção de Viena sôbre Relações Diplomáticas, que foi aberta à assinatura no dia 18 de abril de 1961,

Persuadidos de que uma convenção internacional sôbre as relações, privilégios e imunidades consulares contribuiria também para o desenvolvimento de relações amistosas entre os países, independentemente de seus regimes constitucionais e sociais, Convencidos de que a finalidade de tais privilégios e imunidades não é beneficiar indivíduos, mas assegurar o eficaz desempenho das funções das repartições consulares, em nome de seus respectivos Estados,

Afirmando que as normas de direito consuetudinário internacional devem continuar regendo as questões que não tenham sido expressamente reguladas pelas disposições da presente convenção, Convieram no seguinte:

Artigo 1º
Definições

1. Para os fins da presente Convenção, as expressões abaixo devem ser entendidas como a seguir se explica:

a) por "repartição consular", todo consulado geral, consulado, vice-consulado ou agência consular;

b) por "jurisdição consular" o território atribuído a uma repartição consular para o exercício das funções consulares;

c) por "chefe de repartição consular", a pessoa encarregada de agir nessa qualidade;

d) por "funcionário consular", tôda pessoa, inclusive o chefe da repartição consular, encarregada nesta qualidade do exercício de funções consulares;

e) por "empregado consular", tôda pessoa empregada nos serviços administrativos ou técnicos de uma repartição consular;

f) por "membro do pessoal de serviço", tôda pessoa empregada no serviço doméstico de uma repartição consular;

g) por "membro da repartição consular", os funcionários consulares empregados consulares e membros do pessoal de serviço;

h) por "membros do pessoal consular", os funcionários consulares, com exceção do chefe da repartição consular, os empregados consulares e os membros do pessoal de serviço;

i) por "membro do pessoal privado", a pessoa empregada exclusivamente no serviço particular de um membro da repartição consular;

j) por "locais consulares", os edifícios, ou parte dos edifícios, e terrenos anexos, que qualquer que, seja seu proprietário, sejam utilizados exclusivamente para as finalidades da repartição consular;

k) por "arquivos consulares", todos os papéis, documentos, correspondência, livros, filmes, fitas magnéticas e registros da repartição consular, bem como as cifras e os códigos, os fichários e os móveis destinados a protegê-los e conservá-los.

2. Existem duas categorias de funcionários consulares: os funcionários consulares de carreira e os funcionários consulares honorários. As disposições do capítulo II da presente Convenção aplicam-se às repartições consulares dirigidas por funcionários consulares de carreira; as disposições do capítulo III aplicam-se às repartições consulares dirigidas por funcionários consulares honorários.

3. A situação peculiar dos membros das repartições consulares que são nacionais ou residentes permanentes do Estado receptor rege-se pelo artigo 71 da presente Convenção.

Capítulo PRIMEIRO
As relações Consulares em Geral

Seção I
Estabelecimento e Exercício das Relações Consulares

Artigo 2º
Estabelecimento das Relações Consulares

1. O estabelecimento de relações consulares entre Estados far-se-á por consentimento mútuo.

2. O consentimento dado para o estabelecimento de relações diplomáticas entre os dois Estados implicará, salvo indicação em contrário, no consentimento para o estabelecimento de relações consulares.

3. A ruptura das relações diplomáticas não acarretará *ipso facto* a ruptura das relações consulares.

Artigo 3º
Exercício das funções consulares

As funções consulares serão exercidas por repartições consulares. Serão também exercidas por missões diplomáticas de conformidade com as disposições da presente Convenção.

Artigo 4º
Estabelecimento de uma repartição consular

1. Uma repartição consular não pode ser estabelecida no território do Estado receptor sem seu consentimento.

2. A sede da repartição consular, sua classe e a jurisdição consular serão fixadas pelo Estado que envia e submetidas à aprovação do Estado receptor.

3. O Estado que envia não poderá modificar posteriormente a sede da repartição consular, sua classe ou sua jurisdição consular, sem o consentimento do Estado receptor.

4. Também será necessário o consentimento do Estado receptor se um consulado geral ou consulado desejar abrir em vice-consulado ou uma agência consular numa localidade diferente daquela onde se situa a própria repartição consular.

5. Não se poderá abrir fora da sede da repartição consular uma dependência que dela faça parte, sem haver obtido previamente o consentimento expresso do Estado receptor.

Artigo 5º
Funções Consulares

As funções consulares consistem em:

a) proteger, no Estado receptor, os interêsses do Estado que envia e de seus nacionais, pessoas físicas ou jurídicas, dentro dos limites permitidos pelo direito internacional;

b) fomentar o desenvolvimento das relações comerciais, econômicas, culturais e científicas entre o Estado que envia o Estado receptor e promover ainda relações amistosas entre êles, de conformidade com as disposições da presente Convenção;

c) informar-se, por todos os meios lícitos, das condições e da evolução da vida comercial, econômica, cultural e científica do Estado receptor, informar a respeito o govêrno do Estado que envia e fornecer dados às pessoas interessadas;

d) expedir passaporte e documentos de viagem aos nacionais do Estado que envia, bem como visto e documentos apropriados às pessoas que desejarem viajar para o referido Estado;

e) prestar ajuda e assistência aos nacionais, pessoas físicas ou jurídicas, do Estado que envia;

f) agir na qualidade de notário e oficial de registro civil, exercer funções similares, assim como outras de caráter administrativo, sempre que não contrariem as leis e regulamentos do Estado receptor;

g) resguardar, de acôrdo com as leis e regulamentos do Estado receptor, os interêsses dos nacionais do Estado que envia, pessoas físicas ou jurídicas, nos casos de sucessão por morte verificada no território do Estado receptor;

h) resguardar, nos limites fixados pelas leis e regulamentos do Estado receptor, os interêsses dos menores e dos incapazes, nacionais do país que envia, particularmente quando para êles fôr requerida a instituição de tutela ou curatela;

i) representar os nacionais do país que envia e tomar as medidas convenientes para sua representação perante os tribunais e outras autoridades do Estado receptor, de conformidade com a prática e os procedimentos em vigor neste último, visando conseguir, de acôrdo com as leis e regulamentos do mesmo, a adoção de medidas provisórias para a salvaguarda dos direitos e interêsses dêstes nacionais, quando, por estarem ausentes ou por qualquer outra causa, não possam os mesmos defendê-los em tempo útil;

j) comunicar decisões judiciais e extrajudiciais e executar comissões rogatórias de conformidade com os acôrdos internacionais em vigor, ou, em sua falta, de qualquer outra maneira compatível com as leis e regulamentos do Estado receptor;

k) exercer, de conformidade com as leis e regulamentos do Estado que envia, os direitos de contrôle e de inspeção sôbre as embarcações que tenham a nacionalidade do Estado que envia, e sôbre as aeronaves nêle matriculadas, bem como sôbre suas tripulações;

l) prestar assistência às embarcações e aeronaves a que se refere a alínea k do presente artigo e também às tripulações; receber as declarações sôbre as viagens dessas embarcações examinar e visar os documentos de bordo e, sem prejuízo dos podêres das autoridades do Estado receptor, abrir inquéritos sôbre os incidentes ocorridos durante a travessia e resolver todo tipo de litígio que possa surgir entre o capitão, os oficiais e os marinheiros, sempre que autorizado pelas leis e regulamentos do Estado que envia;

m) exercer tôdas as demais funções confiadas à repartição consular pelo Estado que envia, as quais não sejam proibidas pelas leis e regulamentos do Estado receptor, ou às quais este não se oponha, ou ainda as que lhe sejam atribuídas pelos acôrdos internacionais em vigor entre o Estado que envia e o Estado receptor.

Artigo 6º
Exercício de funções consulares fora da jurisdição consular

Em circunstâncias especiais, o funcionário consular poderá, com o consentimento do Estado receptor, exercer suas funções fora de sua jurisdição consular.

Artigo 7º
Exercício de funções consulares em Terceiros Estados

O Estado que envia poderá, depois de notificação aos Estados interessados, e a não ser que um deles isso se opuser expressamente, encarregar uma repartição consular estabelecida em um Estado do exercício de funções consulares em outro Estado.

Artigo 8º
Exercício de funções consulares por conta de terceiro Estado

Uma repartição consular do Estado que envia poderá, depois da notificação competente ao Estado receptor e sempre que êste não se opuser, exercer funções consulares por conta de um terceiro Estado.

Artigo 9º
Categorias de chefes de repartição consular

1. Os chefes de repartição consular se dividem em quatro categorias, a saber:

a) cônsules-gerais

b) cônsules;

c) vice-cônsules;

d) agentes consulares;

2. O parágrafo 1 dêste artigo não limitará, de modo algum, o direito de qualquer das Partes Contratantes de fixar a denominação dos funcionários consulares que não forem chefes de repartição consular.

Artigo 10
Nomeação e admissão dos chefes de repartição consular

1. Os Chefes de repartição consular serão nomeados pelo Estado que envia e serão admitidos ao exercício de suas funções pelo Estado receptor.

2. Sem prejuízo das disposições desta Convenção, as modalidades de nomeação e admissão do chefe de repartição consular serão determinadas pelas leis, regulamentos e práticas do Estado que envia e do Estado receptor, respectivamente.

Artigo 11
Carta-patente ou notificação da nomeação

1. O chefe da repartição consular será munido, pelo Estado que envia, de um documento, sob a forma de carta-patente ou instrumento similar, feito para cada nomeação, que ateste sua qualidade e que indique, como regra geral, seu nome completo, sua classe e categoria, a jurisdição consular e a sêde da repartição consular.

2. O Estado que envia transmitirá a carta-patente ou instrumento similar, por via diplomática ou outra via apropriada, ao Govêrno do Estado em cujo território o chefe da repartição consular irá exercer suas funções.

3. Se o Estado receptor o aceitar, o Estado que envia poderá substituir a carta-patente ou instrumento similar por uma notificação que contenha as indicações referidas no parágrafo 1 do presente artigo.

Artigo 12
Exequatur

1. O Chefe da repartição consular será admitido no exercício de suas funções por uma autorização do Estado receptor denominada «exequatur», qualquer que seja a forma dessa autorização.

2. O Estado que negar a concessão de um exequatur não estará obrigado a comunicar ao Estado que envia os motivos dessa recusa.

3. Se prejuízo das disposições dos artigos 13 e 15, o chefe da repartição consular não poderá iniciar suas funções antes de ter recebido o exequatur.

Artigo 13
Admissão provisória do chefe da repartição consular

Até que lhe tenha sido concedido o exequatur, o chefe da repartição consular poderá ser admitido provisòriamente no exercício de suas funções. Neste caso, ser-lhe-ão aplicáveis as disposições da presente Convenção.

Artigo 14
Notificação às autoridades da jurisdição consular

Logo que o chefe da repartição consular fôr admitido, ainda que provisòriamente, no exercício de suas funções, o Estado receptor notificará imediatamente às autoridades competentes da jurisdição consular.

Estará também obrigado a cuidar de que sejam tomadas as medidas necessárias a fim de que o chefe da repartição consular possa cumprir os deveres de seu cargo e beneficiar-se do tratamento previsto pelas disposições da presente Convenção.

Artigo 15
Exercício a título temporário das funções de chefe da repartição consular

1. Se o chefe da repartição consular não puder exercer suas funções ou se seu lugar fôr considerado vago, um chefe interino poderá atuar, provisòriamente, como tal.

2. O nome completo do chefe interino será comunicado ao Ministério das Relações Exteriores do Estado receptor ou à autoridade designada por êsse Ministério, quer pela missão diplomática do Estado que envia, quer, na falta de missão diplomática do Estado que envia no Estado receptor, pelo chefe da repartição consular, ou, se êste não puder fazer, por qualquer autoridade competente do Estado que envia. Como regra geral, esta notificação deverá ser feita prèviamente. O Estado receptor poderá sujeitar à sua aprovação a admissão, como chefe interino, de pessoa que não fôr nem agente diplomático nem funcionário consular do Estado que envia no Estado receptor.

3. As autoridades competentes do Estado receptor deverão prestar assistência e proteção ao chefe interino da repartição. Durante sua gestão as disposições da presente Convenção lhe serão aplicáveis como o seriam com referência ao chefe da repartição consular interessada. O Estado receptor, entretanto, não será obrigado a conceder a um chefe interino as facilidades, privilégios e imunidades de que goze o titular, caso não esteja aquêle nas mesmas condições que preenche o titular.

4. Quando, nas condições previstas no parágrafo 1 do presente artigo, um membro do pessoal diplomático da representação diplomática do Estado que envia no Estado receptor fôr nomeado chefe interino de repartição consular pelo Estado que envia, continuará a gozar dos privilégios e imunidades diplomáticas, se o Estado receptor a isso não se opuser.

Artigo 16
Precedência entre os chefes de repartições consulares

1. A ordem de precedência dos chefes de repartição consular será estabelecida, em cada classe, em função da data da concessão do exequatur.

2. Se, entretanto, o chefe da repartição consular fôr admitido provisòriamente no exercício de suas funções antes de obter de precedência; esta ordem será mantida após a concessão do exequatur.

3. A ordem de precedência entre dois ou mais chefes de repartição consular, que obtiveram na mesma data o exequatur ou admissão provisória, será determinada pela data da apresentação ao Estado receptor de suas cartas-patentes ou instrumentos similares ou das notificações previstas no parágrafo 3 do artigo 11.

4. Os chefes interinos virão, na ordem de precedência, após todos os chefes de repartição consular. Entre êles, a precedência será determinada pelas datas em que assumirem suas funções como chefes interinos, as quais tenham sido indicadas nas notificações previstas no parágrafo 2 do artigo 15.

5. Os funcionários consulares honorários que forem chefes de repartição consular virão, na ordem de precedência, em cada classe, após os de carreira, de conformidade com a ordem e as normas estabelecidas nos parágrafos precedentes.

6. Os chefes de repartição consular terão precedência sôbre os funcionários consulares que não tenham tal qualidade.

Artigo 17
Prática de atos diplomáticos por funcionários consulares

1. Num Estado em que o Estado que envia não tiver missão diplomática e não estiver representado pela de um terceiro Estado, um funcionário consular poderá ser incumbido, com o consentimento do Estado receptor, e sem prejuízo de seu *status* consular, de praticar atos diplomáticos. A prática desses atos por um funcionário consular não lhe dará direito a privilégios e imunidades diplomáticas.

2. Um funcionário consular poderá, após notificação ao Estado receptor, atuar como representante do Estado que envia junto a qualquer organização intergovernamental. No desempenho dessas funções, terá direito a todos os privilégios e imunidades que o direito internacional consuetudinário ou os acôrdos internacionais concedam aos representantes junto a organizações intergovernamentais; entretanto, no desempenho de qualquer função consular, não terá direito a imunidade de jurisdição maior do que a reconhecida a funcionários consulares em virtude da presente Convenção.

Artigo 18
Nomeação da mesma pessoa, como funcionário consular, por dois ou mais Estados.

1. Dois ou mais Estados poderão, com o consentimento do Estado receptor, nomear a mesma pessoa como funcionário consular nesse Estado.

Artigo 19
Nomeação de membros do pessoal consular

1. Respeitadas as disposições dos artigos 20, 22 e 23, o Estado que envia poderá nomear livremente os membros do pessoal consular.

2. O Estado que envia comunicará ao Estado receptor o nome completo, a classe e a categoria de todos os funcionários consulares, com exceção do chefe de repartição consular, com a devida antecedência para que o Estado receptor, se a desejar, possa exercer os direitos que lhe confere o parágrafo 3 artigo 23.

3. O Estado que envia poderá, se suas leis e regulamentos o exigirem, pedir ao Estado receptor a concessão de exequatur para um funcionário consular que não fôr chefe de repartição consular.

4. O Estado receptor poderá, se suas leis e regulamentos o exigirem, conceder exequatur a um funcionário consular que não fôr chefe de repartição consular.

Artigo 20
Número de membros da repartição consular

Na ausência de acôrdo expresso sôbre o número de membros da repartição consular, o Estado receptor poderá exigir que êste número seja mantido nos limites do que considera razoável e normal, segundo as circunstâncias e condições da jurisdição consular e as necessidades da repartição consular em apreço.

Artigo 21
Precedência entre as funcionários consulares de uma repartição consular.

A ordem de precedência entre os funcionários consulares de uma repartição consular e quaisquer modificações a mesma serão comunicadas ao Ministério das Relações Exteriores do Estado receptor, ou à autoridade indicada por êste Ministério, pela missão diplomática do Estado que envia ou, na falta de tal missão no Estado receptor, pelo chefe da repartição consular.

Artigo 22
Nacionalidade dos funcionários consulares.

1. Os funcionários consulares deverão, em princípio, ter a nacionalidade do Estado que envia.

2. Os funcionários consulares só poderão ser escolhidos dentre os nacionais do Estado receptor com o consentimento expresso dêsse Estado o qual poderá retirá-lo a qualquer momento.

3. O Estado receptor poderá reservar-se o mesmo direito em relação aos nacionais de um terceiro Estado que não forem também nacionais do Estado que envia.

Artigo 23
Funcionário declarado «persona non grata».

1. O Estado receptor poderá a qualquer momento notificar ao Estado que envia que um funcionário consular é «persona non grata» ou que qualquer outro membro da repartição consular não é aceitável.

Nestas circunstâncias, o Estado que envia, conforme o caso, ou retirará a referida pessoa ou porá termo a suas funções nessa repartição consular.

2. Se o Estado que envia negar-se a executar, ou não executar num prazo razoável, as obrigações que lhe incumbem nos têrmos do parágrafo 1º do presente artigo, o Estado receptor poderá, conforme o caso, retirar o exequatur a pessoa referida ou deixar de considerá-la como membro do pessoal consular.

3. Uma pessoa nomeada membro de uma repartição consular poderá ser declarada inaceitável antes de chegar ao território do Estado receptor ou se ai já estiver antes de assumir suas funções na repartição consular. O Estado que envia deverá, em qualquer dos casos, retirar a nomeação.

4. Nos casos mencionados nos parágrafos 1º e 3º do presente artigo, o Estado receptor não é obrigado a comunicar ao Estado que envia os motivos da sua decisão.

Artigo 24
Notificação ao Estado receptor das nomeações, chegadas e partidas

1. O Ministério das Relações Exteriores do Estado receptor, ou a autoridade indicada por êste Ministério será notificado de:

a) a nomeação dos membros de uma repartição consular, sua chegada após a nomeação para a mesma sua partida definitiva ou a cessação de suas funções, bem como de quaisquer outras modificações que afetem seu *status*, ocorridas durante o tempo em que servir na repartição consular;

b) a chegada e a partida definitiva de uma pessoa da família de um membro da repartição consular que com êle viva, e, quando fôr o caso, o fato de uma pessoa se tornar, ou deixar de ser membro da família;

c) a chegada e a partida definitiva dos membros do pessoal privado e quando fôr o caso, o término de seus serviços nessa qualidade;

d) a contratação e a dispensa de pessoas residentes no Estado receptor, seja na qualidade de membros da repartição consular ou de membros do pessoal privado, que tiverem direito a privilégios e imunidades.

2. a chegada e a partida definitiva serão notificadas igualmente com antecedência, sempre que possível.

SEÇÃO II
Término das funções consulares

Artigo 25

Término das funções de um membro da repartição consular As funções de um membro da repartição terminam inter alia:

a) pela notificação do Estado que envia ao Estado receptor de suas funções chegaram ao fim;

b) pela retirada do exequatur;

c) pela notificação do Estado receptor ao Estado que envia de que deixou de considerar a pessoa em aprêço como membro do pessoal consular.

Artigo 26
Partida do território do Estado receptor

O Estado receptor deverá, mesmo no caso de conflito armado, conceder aos membros da repartição consular e aos membros do pessoal privado, que não forem nacionais do Estado receptor, assim como aos seus membros de suas famílias que com eles vivam, qualquer que seja sua nacionalidade o tempo e as facilidades necessárias para preparar sua partida e deixar o território o mais cedo possível depois do término das suas funções. Deverá, especialmente, se fôr o caso pôr a sua disposição os meios de transporte necessários para essas pessoas e seus bens, exceto os bens adquiridos no Estado receptor e cuja exportação estiver proibida no momento da saída.

Artigo 27
Proteção dos locais e arquivos consulares e dos interesses
do Estado que envia em circunstâncias excepcionais.

1. No caso de rompimento das relações consulares entre dois Estados:

a) o Estado receptor ficará obrigado a respeitar e proteger, inclusive em caso de conflito armado, os locais consulares, os bens da repartição consular e seus arquivos;

b) o Estado que envia poderá confiar a custódia dos locais consulares, dos bens que ai se achem e dos arquivos consulares, a um terceiro Estado aceitável ao Estado receptor;

c) o Estado que envia poderá confiar a proteção de seus interesses e dos interesses de seus nacionais a um terceiro Estado aceitável pelo Estado receptor.

2. No caso de fechamento temporário ou definitivo de uma repartição consular, aplicar-se-ão as disposições da alínea a do parágrafo 1 do presente artigo.

Além disso:

a) se o Estado que envia, ainda que não estiver representado no Estado receptor por uma missão diplomática, tiver outra repartição consular no território do Estado receptor, esta poderá encarregar-se da custódia dos locais consulares que tenham sido fechados, dos bens que neles se encontrem e dos arquivos consulares e, com o consentimento dos Estado receptor, do exercício das funções consulares na jurisdição da referida repartição consular; ou,

b) se o Estado que envia não tiver missão diplomática nem outra repartição consular no Estado receptor, aplicar-se-ão as disposições das alíneas b e c do parágrafo 1 deste artigo.

CAPÍTULO II
Facilidades, privilégios e imunidades relativas às repartições consulares,
aos funcionários consulares de carreira e a outros membros da repartição consular.

SEÇÃO I
Facilidades, privilégios e imunidades relativas às repartições consulares

Artigo 28
Facilidades concedidas à repartição consular em suas atividades

O Estado receptor concederá todas as facilidades para o exercício das funções da repartição consular.

Artigo 29
Uso da bandeira e escudo nacionais

1. O Estado que envia terá direito a atualizar sua bandeira e escudo nacionais no Estado receptor, de acôrdo com as disposições do presente artigo.

2. O Estado que envia poderá içar sua bandeira nacional e colocar seu escudo no edifício ocupado pela repartição consular, à porta de entrada, assim como na residência do chefe da repartição consular e em seus meios de transporte, quando estes forem utilizados em serviços oficiais.

3. No exercício do direito reconhecido pelo presente artigo, levar-se-ão em conta as leis os regulamentos e usos do Estado receptor.

Artigo 30
Acomodações

1. O Estado receptor deverá facilitar, de acôrdo com suas leis e regulamentos, a aquisição, em seu território, pelo Estado que envia, de acomodações necessárias à repartição consular, ou ajudá-la a obter acomodações de outra maneira.

2. Deverá igualmente ajudar, quando necessário, a repartição consular a obter acomodações convenientes para seus membros.

Artigo 31
Inviolabilidade dos locais consulares

1. Os locais consulares serão invioláveis na medida do previsto pelo presente artigo.

2. As autoridades do Estado receptor não poderão penetrar na parte dos locais consulares que a repartição consular utilizar exclusivamente para as necessidades de seu trabalho, a não ser com o consentimento do chefe da repartição consular, da pessoa por ele designada ou do chefe da missão diplomática do Estado que envia. Todavia, o consentimento do chefe da repartição consular poderá ser presumido em caso de incêndio ou outro sinistro que exija medidas de proteção imediata.

3. Sem prejuízo das disposições do parágrafo 2 do presente artigo, o Estado receptor terá a obrigação especial de tomar as medidas apropriadas para proteger os locais consulares contra qualquer invasão ou dano, bem como para impedir que se perturbe a tranquilidade da repartição consular ou se atente contra sua dignidade.

4. Os locais consulares, seus móveis, os bens da repartição consular e seus meios de transporte não poderão ser objeto de qualquer forma de requisição para fins de defesa nacional ou de utilidade pública. Se, para tais fins, fôr necessária a desapropriação, tomar-se-ão as medidas apropriadas para que não se perturbe o exercício das funções consulares, e pagar-se-á ao Estado que envia uma indenização rápida, adequada e efetiva.

Artigo 32
Isenção fiscal dos locais consulares

1. Os locais consulares e a residência do chefe da repartição consular de carreira de que fôr proprietário o Estado que envia ou pessoa que atue em seu nome, estarão isentos de quaisquer impostos e taxas nacionais, regionais e municipais, excetuadas as taxas cobradas em pagamento de serviços específicos prestados.

2. A isenção fiscal prevista no parágrafo 1 do presente artigo não se aplica aos mesmos impostos e taxas que, de acôrdo com as leis e regulamentos do Estado receptor, devam ser pagos pela pessoa que contratou com o Estado que envia ou com a pessoa que atue em seu nome.

Artigo 33
Inviolabilidade dos arquivos e documentos consulares

Os arquivos e documentos consulares serão sempre invioláveis, onde quer que estejam.

Artigo 34

Liberdade de movimento Sem prejuízo de suas leis e regulamentos relativos às zonas cujo acesso fôr proibido ou limitado por razões de segurança nacional, o Estado receptor assegurará a liberdade de movimento e circulação em seu território a todos os membros da repartição consular.

Artigo 35
Liberdade de comunicação

1. O Estado receptor permitirá e protegerá a liberdade de comunicação da repartição consular para todos os fins oficiais. Ao se comunicar com o Govêrno, com as missões diplomáticas e outras repartições consulares do Estado que envia, onde quer que estejam, a repartição consular poderá empregar todos os meios de comunicação, apropriados, inclusive correios diplomáticos e consulares, malas diplomáticas e consulares e mensagens em código ou cifra. Todavia, a repartição consular só poderá instalar e usar uma emissora de rádio com o consentimento do Estado receptor.

2. A correspondência oficial da repartição consular é inviolável. Pela expressão «correspondência oficial» entender-se-á qualquer correspondência relativa à repartição consular e suas funções.

3. A mala consular não poderá ser aberta ou retirada. Todavia, se as autoridades competentes do Estado receptor tiverem razões sérias para acreditar que a mala contém algo além da correspondência, documentos ou objetos mencionados no parágrafo 4º do presente artigo, poderão pedir que a mala seja aberta em sua presença por representante autorizado do Estado que envia. Se o pedido fôr recusado pelas autoridades do Estado que envia, a mala será devolvida ao lugar de origem.

4. Os volumes que constituírem a mala consultar deverão ser providos de sinais exteriores visíveis, indicadores de seu caráter, e só poderão conter correspondência e documentos oficiais ou objetos destinados exclusivamente a uso oficial.

5. O correio consultar deverá estar munido de documento oficial que ateste sua qualidade e que especifique o número de volumes que constituem a mala diplomática. Exceto com o consentimento do Estado receptor, o correio não poderá ser nacional do Estado receptor nem, salvo se fôr nacional do Estado que envia, residente permanente no Estado receptor. No exercício de suas funções, o correio será protegido pelo Estado receptor. Gozará de inviolabilidade pessoal e não poderá ser objeto de nenhuma forma de prisão ou detenção.

6. O Estado que envia, suas missões diplomáticas e suas repartições consulares poderão nomear correios consulares ad hoc Neste caso, aplicar-se-ão as disposições do parágrafo 5 do presente artigo, sob a reserva de que as imunidades mencionadas deixarão de ser aplicáveis no momento em que o correio tiver entregue ao destinatário a mala pela qual é responsável.

7. A mala consular poderá ser confiada ao comandante de um navio ou aeronave comercial, que deverá chegar a um ponto de entrada autorizado. Tal comandante terá um documento oficial em que conste o número de volumes que constituem a mala, mas não será considerado correio consular. Mediante prévio acôrdo com as autoridades locais competentes, a repartição consular poderá enviar um de seus membros para tomar posse da mala direta e livremente, das mãos do comandante do navio ou aeronave.

Artigo 36
Comunicação com os nacionais do Estado que envia

1. A fim de facilitar o exercício das funções consulares relativas aos nacionais do Estado que envia:

a) os funcionários consulares terão liberdade de se comunicar com os nacionais do Estado que envia e visitá-los. Os nacionais do Estado que envia terão a mesma liberdade de se comunicarem com os funcionários consulares e de visitá-los;

b) se o interessado lhes solicitar, as autoridades competentes do Estado receptor deverão, sem tardar, informar à repartição consular competente quando, em sua jurisdição, um nacional do Estado que envia fôr preso, encarcerado, posto em prisão preventiva ou detido de qualquer outra maneira. Qualquer comunicação endereçada à repartição consular pela pessoa detida, encarcerada ou presa preventivamente deve igualmente ser transmitida sem tardar pelas referidas autoridades. Estas deverão imediatamente informar o interessado de seus direitos nos têrmos do presente subparágrafo;

c) os funcionários consulares terão direito de visitar o nacional do Estado que envia, o qual estiver detido, encarcerado ou preso preventivamente, conversar e corresponder-se com êle, e providenciar sua defesa perante os tribunais. Terão igualmente o direito de visitar qualquer nacional do Estado que envia encarcerado, preso ou detido em sua jurisdição em virtude de execução de uma sentença, todavia, os funcionário consulares deverão abster-se de intervir em favor de um nacional encarcerado, preso ou detido preventivamente, sempre que o interessado a isso se opuser expressamente.

2. As prerrogativas a que se refere o parágrafo 1 do presente artigo serão exercidas de acôrdo com as leis e regulamentos do Estado receptor, devendo, contudo, entender-se que tais leis e regulamentos não poderão impedir o pleno efeito dos direitos reconhecidos pelo presente artigo.

Artigo 37
Informações em casos de morte, tutela, curatela, naufrágio e acidente aéreo

Quando as autoridades competentes do Estado receptor possuírem as informações correspondentes, estarão obrigadas a:

a) em caso de morte de um nacional do Estado que envia, informar sem demora a repartição consular em cuja jurisdição a morte ocorreu;

b) notificar, sem demora, à repartição consular competente, todos os casos em que fôr necessária a nomeação de tutor ou curador para um menor ou incapaz, nacional do Estado que envia. O fornecimento dessa informação, todavia, não prejudicará a aplicação das leis e regulamentos do Estado receptor, relativas a essas nomeações;

c) informar sem demora à repartição consular mais próxima do lugar do sinistro, quando um navio, que tiver a nacionalidade do Estado que envia, naufragar ou encalhar no mar territorial ou nas águas internas do Estado receptor, ou quando uma aeronave matriculada no Estado que envia sofrer acidente no território do Estado receptor.

Artigo 38
Comunicações com as autoridades do Estado receptor

No exercício de sua funções, os funcionários consulares poderão comunicar-se com:

a) as autoridades locais competentes de sua jurisdição consular;

b) as autoridades centrais competentes do Estado receptor, só e na medida em que o permitirem as leis, regulamentos e usos do Estado receptor, bem como os acôrdos internacionais pertinentes.

Artigo 39
Direitos e emolumentos consulares

1. A repartição consular poderá cobrar no território do Estado receptor os direitos e emolumentos que as leis e os regulamentos do Estado que envia prescreverem para os atos consulares.

2. As somas recebidas a título de direitos e emolumentos previstos no parágrafo 1 do presente artigo e os recibos correspondentes estarão isentos de quaisquer impostos e taxas no Estado receptor.

SEÇÃO II

Facilidades, privilégios e imunidades relativas aos funcionários consulares de carreira e outros membros da repartição consular.

Artigo 40
Proteção aos funcionários consulares

O Estado receptor tratará os funcionários consulares com o devido respeito e adotará todas as medidas adequadas para evitar qualquer atentado a sua pessoa, liberdade ou dignidade.

Artigo 41
Inviolabilidade pessoal dos funcionário consulares

1. Os funcionários consulares não poderão ser detidos ou presos preventivamente, exceto em caso de crime grave e em decorrência de decisão de autoridade judiciária competente.

2. Exceto no caso previsto no parágrafo 1 do presente artigo, os funcionários consulares não podem ser presos nem submetidos a qualquer outra forma de limitação de sua liberdade pessoal, senão em decorrência de sentença judiciária definitiva.

3. Quando se instaurar processo penal contra um funcionário consular, êste será obrigado a comparecer perante as autoridades competentes. Todavia, as diligências serão conduzidas com as deferências devidas à sua posição oficial e, exceto no caso previsto no parágrafo 1 dêste artigo, de maneira a que perturbe o menos possível o exercício das funções consulares. Quando, nas circunstâncias previstas no parágrafo 1 dêste artigo, fôr necessário decretar a prisão preventiva de um funcionário consular, o processo correspondente deverá iniciar-se sem a menor demora.

Artigo 42
Notificação em caso de detenção, prisão preventiva ou instauração de processo

Em caso de detenção, prisão preventiva de um membro do pessoal consular ou de instauração de processo penal contra o mesmo, o Estado receptor deverá notificar imediatamente o chefe da repartição consular. Se êste último fôr o objeto de tais medidas, o Estado receptor levará o fato ao conhecimento do Estado que enviar, por via diplomática.

Artigo 43
Imunidade de Jurisdição

1. Os funcionários consulares e os empregados consulares não estão sujeitos à Jurisdição das autoridades judiciárias e administrativas do Estado receptor pelos atos realizados no exercício das funções consulares.

2. As disposições do parágrafo 1 do presente artigo não se aplicarão entretanto no caso de ação civil:

a) que resulte de contrato que o funcionário ou empregado consular não tiver realizado implícita ou explícitamente como agente do Estado que envia; ou

b) que seja proposta por terceiro como consequência de danos causados por acidente de veículo, navio ou aeronave, ocorrido no Estado receptor.

Artigo 44
Obrigação de prestar depoimento

1. Os membros de uma repartição consular poderão ser chamados a depôr como testemunhas no decorrer de um processo judiciário ou administrativo. Um empregado consular ou um membro do pessoal de serviço não poderá negar-se a depor como testemunha, exceto nos casos mencionados no parágrafo 3 do presente artigo. Se um funcionário consular recusar-se a prestar depoimento, nenhuma medida coercitiva ou qualquer outra sanção ser-lhe-á aplicada.

2. A autoridade que solicitar o testemunho deverá evitar que o funcionário consular seja perturbado no exercício de suas funções. Poderá tomar o depoimento do funcionário consular em seu domicílio ou na repartição consular, ou aceitar sua declaração por escrito, sempre que fôr possível.

3. Os membros de uma repartição consular não serão obrigados a depor sôbre fatos relacionados com o exercício de suas funções, nem a exibir correspondência e documentos oficiais que a elas se refiram.

Poderá, igualmente, recusar-se a depôr na qualidade de peritos sôbre as leis do Estado que envia.

Artigo 45
Renúncia aos privilégios e imunidades

1. O Estado que envia poderá renunciar, com relação a um membro da repartição consular, aos privilégios e imunidades previstos nos artigos 41, 43 e 44.

2. A renúncia será sempre expressa, exceto no caso do disposto no parágrafo 3 do presente artigo, e deve ser comunicada por escrito ao Estado receptor.

3. Se um funcionário consular, ou empregado consular, propôr ação judicial sôbre matéria de que goze de imunidade de jurisdição de acôrdo com o disposto no artigo 43, não poderá alegar esta imunidade com relação a qualquer pedido de reconvenção diretamente ligado à demanda principal.

4. A renúncia à imunidade de jurisdição quanto a ações civis ou administrativas não implicará na renúncia à imunidade quanto a medidas de execução de sentença, para as quais nova renúncia será necessária.

Artigo 46
Isenção do registro de estrangeiros e da autorização de residência

1. Os funcionários e empregados consulares e os membros de suas famílias que com êles vivam estarão isentos de tôdas as obrigações previstas pelas leis e regulamentos do Estado receptor relativas ao registro de estrangeiros e à autorização de residência.

2. Todavia, as disposições do parágrafo 1 do presente artigo não se aplicarão aos empregados consulares que não sejam empregados permanentes do Estado que envia ou que exerçam no Estado receptor atividade privada de caráter lucrativo, nem tampouco aos membros da família dêsses empregados.

Artigo 47
Isenção de autorização de trabalho

1. Os membros da repartição consular estarão isentos, em relação aos serviços prestados ao Estado que envia, de quaisquer obrigações relativas à autorização de trabalho exigida pelas leis e regulamentos do Estado receptor referentes ao emprêgo de mão de obra estrangeira.

2. Os membros do pessoal privado dos funcionários e empregados consulares, desde que não exerçam outra ocupação de caráter lucrativo no Estado receptor, estarão isentos das obrigações previstas no parágrafo 1 do presente artigo.

Artigo 48
Isenção do regime de previdência social

1. Sem prejuízo do disposto no parágrafo 3 do presente artigo, os membros da repartição consular, com relação aos serviços prestados ao Estado que envia, e os membros de sua família que com êles vivam, estarão isentos das disposições de previdência social em vigor no Estado receptor.

2. A isenção prevista no parágrafo 1 do presente artigo aplicar-se-á também aos membros do pessoal privado que estejam a serviço exclusivo dos membros da repartição consular, sempre que:

a) não sejam nacionais do Estado receptor ou nêle não residam permanentemente;

b) estejam protegidos pelas disposições sôbre previdência social em vigor no Estado que envia ou num terceiro Estado.

3. Os membros da repartição consular que empreguem pessoas às quais não se aplique a isenção prevista no parágrafo 2 do presente artigo devem cumprir as obrigações impostas aos empregadores pelas disposições de previdência social do Estado receptor.

4. A isenção prevista nos parágrafo 1 e 2 do presente artigo não exclui a participação voluntária no regime de previdência social do Estado receptor, desde que seja permitida por êste Estado.

Artigo 49
Isenção fiscal

1. Os funcionários e empregados consulares, assim como os membros de suas famílias que com êles vivam, estarão isentos de quaisquer impostos e taxas, pessoais ou reais, nacionais, regionais ou municipais, com exceção dos:

a) impostos indiretos normalmente incluídos no preço das mercadorias ou serviços;

b) impostos e taxas sôbre bens imóveis privados situados no território do Estado receptor sem prejuízo das disposições do artigo 32;

c) impostos de sucessão e de transmissão exigíveis pelo Estado receptor, sem prejuízo das disposições do parágrafo b) do artigo 51;

d) impostos e taxas sôbre rendas particulares, inclusive rendas de capital, que tenham origem no Estado receptor, e impostos sôbre capital, correspondentes a investimentos realizados em emprêsas comerciais ou financeiras situadas no Estado receptor;

e) impostos e taxas percebidos como remuneração de serviços específicos prestados;

f) direitos de registro, taxas judiciárias, hipoteca e sêlo, sem prejuízo do disposto no artigo 32.

2. Os membros do pessoal de serviço estarão isentos de impostos e taxas sôbre salários que recebam como remuneração de seus serviços.

3. Os membros da repartição consular que empregarem pessoas cujos ordenados ou salários não estejam isentos de impostos de renda no Estado receptor deverão respeitar as obrigações que as leis e regulamentos do referido Estado impuserem aos empregadores em matéria de cobrança do impôsto de renda.

Artigo 50
Isenção de impostos e de inspeção Alfandegária

1. O Estado receptor, de acôrdo com as leis e regulamentos que adotar, permitirá a entrada e concederá isenção de quaisquer impostos alfandegários, tributos e despesas conexas, com exceção das despesas de depósito, de transporte e serviços análogos, para:

a) os artigos destinados ao uso oficial da repartição consular;

b) os artigos destinados ao uso pessoal do funcionário consular e aos membros da família que com êle vivam, inclusive aos artigos destinados à sua instalação. Os artigos de consumo não deverão exceder as quantidades que estas pessoas necessitam para o consumo pessoal.

2. Os empregados consulares gozarão dos privilégios e isenções previstos no parágrafo 1 do presente artigo com relação aos objetos importados quando da primeira instalação.

3. A bagagem pessoal que acompanha os funcionários consulares e os membros da sua família que com êles vivam estará isenta de inspeção alfandegária. A mesma só poderá ser inspecionada se houver sérias razões para se supor que contenha objetos diferentes dos mencionados na alínea b) do parágrafo 1 do presente artigo, ou cuja importação ou exportação fôr proibida pelas leis e regulamentos do Estado receptor ou que estejam sujeitos às suas leis e regulamentos de quarentena. Esta inspeção só poderá ser feita na presença do funcionário consular ou do membro de sua família interessado.

Artigo 51

Sucessão de um membro da repartição consular ou de um membro de sua família.

No caso de morte de um membro da repartição consular ou de um membro de sua família que com êle viva o Estado receptor será obrigado a:

a) permitir a exportação dos bens móveis do defundo, exceto dos que, adquiridos no Estado receptor, tiverem a exportação proibida no momento da morte;

b) não cobrar impostos nacionais, regionais ou municipais sôbre a sucessão ou a transmissão dos bens móveis que se encontrem no Estado receptor unicamente por ali ter vivido o defundo, como membro da repartição consular ou membro da família de um membro da repartição consular.

Artigo 52

Isenção de prestação de serviços pessoais

O Estado receptor deverá isentar os membros da repartição consular e os membros de sua família que com êles vivam da prestação de qualquer serviço pessoal, de qualquer serviço de interêsse público, seja qual fôr sua natureza, bem como de encargos militares tais como requisição contribuições e alojamentos militares.

Artigo 53

Começo e fim dos privilégios e imunidades consulares

1. Todo membro da repartição consular gozará dos privilégios e imunidades previstos pela presente Convenção desde o momento em que entre no território do Estado receptor para chegar a seu pôsto, ou, se êle já se encontrar nesse território, desde o momento em que assumir suas funções na repartição consular.

2. Os membros da família de um membro da repartição consular que com êle vivam, assim como, os membros de seu pessoal privado, gozarão dos privilégios e imunidades previstos na presente Convenção, a partir da última das seguintes datas: aquela a partir da qual o membro da repartição consular goze dos privilégios e imunidades de acôrdo com o parágrafo 1 do presente artigo; a data de sua entrada no território do Estado receptor ou a data em que se tornarem membros da referida família ou do referido pessoal privado.

3. Quando terminarem as funções de um membro da repartição consular, seus privilégios e imunidades, assim como os dos membros de sua família que com êles vivam, ou dos membros de seu pessoal privado, cessarão normalmente na primeira das datas seguintes: no momento em que a referida pessoa abandonar o território do Estado receptor ou na expiração de um prazo razoável que lhe será concedido para êste fim subsistindo, contudo, até êsse momento, mesmo no caso de conflito armado. Quanto às pessoas mencionadas no parágrafo 2 do presente artigo, seus privilégios e imunidades cessarão no momento em que deixarem de pertencer à família de um membro da repartição consular ou de estar a seu serviço. Entretanto, quando essas pessoas se dispuserem a deixar o Estado receptor dentro de um prazo razoável seus privilégios e imunidades subsistirão até o momento de sua partida.

4. Todavia, no que concerne aos atos praticados por um funcionário consular ou um empregado consular no exercício das suas funções a imunidade de jurisdição subsistirá indefinidamente.

5. No caso de morte de um membro da repartição consular, os membros de sua família que com êle tenha vivido continuarão a gozar dos privilégios e imunidade que lhe correspondiam até a primeira das seguintes datas; a da partida do território do Estado receptor ou a da expiração de um prazo razoável que lhes será concedido para êsse fim.

Artigo 54
Obrigação dos terceiros Estados

1. Se um funcionário consular atravessa o território ou se encontra no território de um terceiro Estado que lhe concedeu um visto, no caso dêste visto ter sido necessário, para ir assumir ou reassumir suas funções na sua repartição consular ou para voltar ao Estado que envia, o terceiro Estado conceder-lhe-á as imunidades previstas em outros artigos da presente Convenção necessárias para facilitar-lhe a travessia e o regresso. O terceiro Estado concederá o mesmo tratamento aos membros da família que com êle vivam e que gozem dêsses privilégios e imunidades, quer acompanhem o funcionário consular quer viajem separadamente para reunir-se a êle ou regressar ao Estado que envia.

2. Em condições análogas àquelas especificadas no parágrafo 1 do presente artigo, os terceiros Estados não deverão dificultar a passagem através do seu território aos demais membros da repartição consular e aos membros de sua família que com êle vivam.

3. Os terceiros Estados concederão à correspondência oficial e a outras comunicações oficiais em trânsito, inclusive às mensagens em código ou cifra, a mesmo liberdade e proteção que o Estado receptor estiver obrigado a conceder em virtude da presente Convenção. Concederão aos correios consulares, a quem um visto tenha sido concedido caso necessário, bem como às malas consulares em trânsito a mesma inviolabilidade e proteção que o Estado receptor fôr obrigado a conceder em virtude da presente Convenção.

4. As obrigações dos terceiros Estados decorrentes dos parágrafos 1, 2 e 3 do presente artigo aplicar-se-ão igualmente às pessoas mencionadas nos respectivos parágrafos, assim como às comunicações oficiais e às malas consulares, quando as mesmas se encontrem no território de terceiro Estado por motivo de fôrça maior.

Artigo 55
Respeito às leis e regulamentos do Estado receptor

1. Sem prejuízo de seus privilégios e imunidades tôdas as pessoas que se beneficiem dêsses privilégios e imunidades deverão respeitar as lei e regulamentos do Estado receptor. Terão igualmente o dever de não se imiscuir nos assuntos internos do referido Estado.

2. Os locais consulares não devem ser utilizados de maneira incompatível com o exercício das funções consulares.

3. As disposições do parágrafo 2 do presente artigo não excluirão a possibilidade de se instalar, numa parte do edifício onde se encontrem os locais da repartição consular, os escritórios de outros organismos ou agências, contanto que os locais a êles destinados estejam separados dos que utilize a repartição consular. Neste caso, os mencionados escritórios não serão, para os fins da presente Convenção, considerados como parte integrante dos locais consulares.

Artigo 56
Seguro contra danos causados a terceiros

Os membros da repartição consular deverão cumprir tôdas as obrigações impostas pelas leis e regulamentos do Estado receptor relativas ao seguro de responsabilidade civil por danos causados a terceiros pela utilização de qualquer veículo, navio ou aeronave.

Artigo 57
Disposições especiais relativas às atividades privadas de caráter lucrativo

1. Os funcionários consulares de carreira não exercerão, em proveito próprio, nenhuma atividade profissional ou comercial no Estado receptor.

2. Os privilégios e imunidades previstas no presente Capítulo não serão concedidos:

a) aos empregados consulares ou membros do pessoal de serviço que exercerem atividade privada de caráter lucrativo no Estado receptor;

b) aos membros da família das pessoas mencionadas na alínea a) do presente parágrafo e aos de seu pessoal privado;

c) aos membros da família do membro da repartição consular que exercerem atividade privada de caráter lucrativo no Estado receptor.

CAPÍTULO III
Regime aplicável aos funcionários consulares honorários e às repartições consulares por êles dirigidas

Artigo 58
Disposições gerais relativas às facilidades, privilégios e imunidades

1. Os artigos 28, 29, 30, 34, 35, 36, 37, 38 e 39 parágrafo 3 do artigo 54 e os parágrafos 2 e 3 do artigo 55 aplicar-se-ão às repartições consulares dirigidas por um funcionário consular honorário. Ademais, as facilidades, privilégios e imunidades destas repartições consulares serão reguladas pelos artigos 59, 60, 61 e 62.

2. Os artigos 42 e 43, o parágrafo 3 do artigo 44, os artigos 45 e 53, e o parágrafo 1 do artigo 55, aplicar-se-ão aos funcionários consulares honorários. As facilidades, privilégios e imunidades dêsses funcionários consulares reger-se-ão outrossim, pelos artigos 63, 64, 65, 66 e 67.

3. Os privilégios e imunidades previstos na presente Convenção não serão concedidos aos membros da família de funcionário consular honorário nem aos da família de empregado consular de repartição consular dirigida por funcionário consular honorário.

4. O intercâmbio de malas consulares entre duas repartições consulares situadas em países diferentes e dirigidas por funcionários consulares honorários só será admitido com o consentimento dos dois Estados receptores.

Artigo 59
Proteção dos locais consulares

O Estado receptor adotará tôdas as medidas apropriadas para proteger os locais consulares de uma repartição consular dirigida por um funcionário consular honorário contra qualquer intrusão ou dano e para evitar perturbações à tranquilidade da repartição consular ou ofensas à sua dignidade.

Artigo 60
Isenção fiscal dos locais consulares

1. Os locais consulares de uma repartição consular dirigida por funcionário consular honorário, de que seja proprietário ou locatário o Estado que envia, estarão isentos de todos os impostos e taxas nacionais, regionais e municipais, exceto os que representem remuneração por serviços específicos prestados.

2. A isenção fiscal, prevista no parágrafo 1 do presente artigo, não se aplicará àqueles impostos e taxas cujo pagamento de acôrdo com as leis e regulamentos do Estado receptor couber às pessoas que contratarem com o Estado que envia.

Artigo 61
Inviolabilidade dos arquivos e documentos consulares

Os arquivos e documentos consulares de uma repartição consular, cujo chefe fôr um funcionário consular honorário, serão sempre invioláveis onde quer que se encontrem, desde que estejam separados de outros papéis e documentos e, especialmente, da correspondência particular de chefe da repartição consular, da de qualquer pessoa que com êle trabalhe, bem como dos objetos, livros e documentos relacionados com sua profissão ou negócios.

Artigo 62
Isenção de direitos alfandegários

De acôrdo com as leis e regulamentos que adotar, o Estado receptor permitirá e entrada com isenção de todos os direitos alfandegários, taxas e despesas conexas, com exceção das de depósito, transporte e serviços análogos, dos seguintes artigos, desde que sejam destinados exclusivamente ao uso oficial de uma repartição consular dirigida por funcionário consular honorário; escudos, bandeiras, letreiros, sinetes e selos, livros impressos oficiais, mobiliário de escritório, material e equipamento de escritório e artigos similares fornecidos à repartição consular pelo Estado que envia ou por solicitação dêste.

Artigo 63
Processo Penal

Quando um processo penal fôr instaurado contra funcionário consular honorário, êste é obrigado a se apresentar as autoridades competentes. Entretanto, o processo deverá ser conduzido com as deferências devidas ao funcionário consular honorário interessado, em razão de sua posição oficial, e, exceto no caso em que esteja prêso ou detido, de maneira a pertubar o menos possível o exercício das funções consulares. Quando fôr necessário decretar a prisão preventiva de um funcionário consular honorário, o processo correspondente deverá iniciar-se o mais breve possível.

Artigo 64
Proteção dos Funcionários consulares honorários

O Estado receptor é obrigado a conceder ao funcionário consular honorário a proteção de que possa necessitar em razão de sua posição oficial.

Artigo 65

Isenção do registro de estrangeiros e da autorização de residência O funcionários consulares honorários, com exceção dos que exercerem no Estado receptor atividade profissional ou comercial em proveito próprio, estarão isentos de quaisquer obrigações previstas pelas leis e regulamentos do Estado receptor em matéria de registro de estrangeiros e de autorização de residência.

Artigo 66
Isenção Fiscal

Os funcionários consulares honorários estarão isentos de quaisquer impostos e taxas sôbre as remunerações e os emolumentos que recebam do Estado que envia em razão do exercício das funções consulares.

Artigo 67
Isenção de prestação de serviços pessoais

O Estado receptor isentará os funcionários consulares honorários da prestação de quaisquer serviços pessoais ou de interêsse público, qualquer que seja sua natureza, assim como das obrigações de caráter militar, especialmente e requisições, contribuições e alojamentos militares.

Artigo 68
Caráter facultativo da instituição dos funcionários consulares honorários

Cada Estado poderá decidir livremente se nomeará ou receberá funcionários consulares honorários.

CAPíTULO IV
Disposições Gerais

Artigo 69
Agentes consulares que não sejam chefes de repartição consular

1. Cada Estado poderá decidir livremente se estabelecerá ou admitirá agências consulares dirigidas por agentes consulares que não tenham sido designados chefes de repartição consular pelo Estado que envia.

2. As condições em que as Agências consulares poderão exercer suas atividades de acôrdo com o parágrafo 1 do presente artigo, assim como os privilégios e imunidades de que poderão gozar os agentes consulares que as dirijam, serão estabelecidas por acôrdo entre o Estado que envia e o Estado receptor.

Artigo 70
Exercício de funções consulares pelas missões diplomáticas

1. As disposições da presente Convenção aplicar-se-ão também, na medida em que o contexto o permitir, ao exercício das funções consulares por missões diplomáticas.

2. Os nomes dos membros da missão diplomática, adidos à seção consular ou encarregados do exercício das funções consulares da missão, serão comunicados ao Ministério das Relações Exteriores do Estado receptor ou à autoridade designada por êste Ministério.

3. No exercício das funções consulares, a missão diplomática poderá dirigir-se:

a) às autoridades locais da jurisdição consular;

b) às autoridades centrais do Estado receptor, desde que o permitam as leis, regulamentos e usos dêsse Estado ou os acôrdos internacionais pertinentes.

4. Os privilégios e imunidades dos membros da missão diplomática mencionados no parágrafo 2 do presente artigo continuarão a reger-se pelas regras de direito internacional relativas às relações diplomáticas.

Artigo 71
Nacionais ou residentes permanentes do Estado receptor

1. Salvo se o Estado receptor conceder outras facilidades, privilégios e imunidades, os funcionários consulares que sejam nacionais ou residentes permanentes dêsse Estado somente gozarão de imunidade de jurisdição e de inviolabilidade pessoal pelos atos oficiais realizados no exercício de suas funções e do privilégio estabelecido no parágrafo 3 do artigo 44. No que diz respeito a êsses funcionários consulares, o Estado receptor deverá também cumprir a obrigação prevista no artigo 42. Se um processo penal fôr instaurado contra êsses funcionários consulares, as diligências deverão ser conduzidas, exceto no caso em que o funcionário estiver prêso ou detido, de maneira a que se pertube o menos possível o exercício das funções consulares.

2. Os demais membros da repartição consular que sejam nacionais ou residentes permanentes do Estado receptor e os membros de sua família, assim como os membros da família dos funcionários consulares mencionados no parágrafo 1 do presente artigo, só gozarão de facilidades, privilégios e imunidades que lhes forem concedidos pelo Estado receptor. Do mesmo modo, os membros da família de um membro da repartição consular e os membros do pessoal privado que sejam nacionais ou residentes permanentes do Estado receptor só gozarão das facilidades, privilégios e imunidades que lhes forem concedidos pelo Estado receptor. Todavia, o Estado receptor deverá exercer sua jurisdição sôbre essas pessoas de maneira a não perturbar indevidamente o exercício das funções da repartição consular.

Artigo 72
Não discriminação entre Estados

1. O Estado receptor não discriminará entre os Estados ao aplicar as disposições da presente Convenção.

2. Todavia, não será considerado discriminatório:

a) que o Estado receptor aplique restritivamente qualquer das disposições da presente Convenção em consequência de igual tratamento às suas repartições consulares no Estado que envia;

b) que, por costume ou acôrdo, os Estados se concedam reciprocamente tratamento mais favorável que o estabelecido nas disposições da presente Convenção.

Artigo 73
Relação entre a presente Convenção e outros acôrdos internacionais

1. As disposições da presente Convenção não prejudicarão outros acôrdos internacionais em vigor entre as partes contratantes dos mesmos.

2. Nenhuma das disposições da presente Convenção impedirá que os Estados concluam acôrdos que confirmem, completem, estendam ou ampliem suas disposições.

CAPÍTULO V
Disposições Finais
Artigo 74
Assinatura

A presente Convenção ficará aberta à assinatura de todos os Estados Membros da Organização das Nações Unidas ou de qualquer organização especializada, bem como de todo Estado Parte do Estatuto da Côrte Internacional de Justiça e de qualquer outro Estado convidado pela Assembleia-Geral das Nações Unidas a se tornar parte da Convenção, da seguinte maneira, até 31 de outubro de 1963, no Ministério Federal dos Negócios Estrangeiros da Áustria e depois, até 31 de março de 1964, na Sede da Organização das Nações Unidas, em Nova York.

Artigo 75
Ratificação

A presente Convenção está sujeita a ratificação. Os instrumentos de ratificação serão depositados junto ao Secretário-Geral das Nações Unidas.

Artigo 76
Adesão

A presente Convenção ficará aberta à adesão dos Estados pertencentes a qualquer das quatro categorias mencionadas no artigo 74. Os instrumentos de adesão serão depositados junto ao Secretário--Geral das Nações Unidas.

Artigo 77
Entrada em vigor

1. A presente Convenção entrará em vigor no trigésimo dia que se seguir à data em que seja depositado junto ao Secretário-Geral da Organização das Nações Unidas o vigésimo-segundo instrumento de ratificação ou adesão.

2. Para cada um dos Estados que ratificarem a Convenção ou a ela aderirem depois do depósito do vigésimo-segundo instrumento de ratificação ou adesão, a Convenção entrará em vigor no trigésimo dias após o depósito, por êsse Estado, do instrumento de ratificação ou adesão.

Artigo 78
Notificações pelo Secretário-Geral

O Secretário-Geral da Organização das Nações Unidas notificará a todos os Estados pertencentes a qualquer das quatro categorias mencionadas no artigo 74:

a) as assinaturas apostas à presente Convenção e o depósito dos instrumentos de ratificação ou adesão nos têrmos dos artigos 74, 75 e 76;

b) a data em que a presente Convenção entrar em vigor nos têrmos do artigo 77.

Artigo 79
Textos autênticos

O original da presente Convenção, cujos textos em chinês, espanhol, francês, inglês e russo serão igualmente autênticos, será depositado junto ao Secretário-Geral da Organização das Nações Unidas, que enviará cópias autenticadas a todos os Estados pertencentes a qualquer das quatro categorias mencionadas no artigo 74.

Em fé do que os plenipotenciários abaixo assinados, devidamente autorizados por seus respectivos Govêrnos, assinaram a presente Convenção.

Feito em Viena, aos vinte e quatro de abril de mil novecentos e sessenta e três.